让思想流动起来

西方传统 经典与解释
Classici et Commentarii
HERMES
施特劳斯集
刘小枫 ● 主编

论施特劳斯的思索和写作
Essays on the Thought and Writing of Leo Strauss

[美] 塔科夫 著　崔嵬 编

李孟阳　曾俣璇　等译

四川人民出版社

古典教育基金·"传德"资助项目

出版说明

1899年9月20日，施特劳斯出生在德国Hessen地区Kirchhain镇上的一个犹太家庭。人文中学毕业后，施特劳斯先后在马堡大学等四所大学注册学习哲学、数学、自然科学，1921年在汉堡大学以雅可比的认识论为题获得哲学博士学位。1924年，一直关切犹太政治复国运动的青年施特劳斯发表论文"柯亨对斯宾诺莎的圣经学的分析"，开始了自己独辟蹊径的政治哲学探索。

1930年代初，施特劳斯离开德国，先去巴黎、后赴英伦研究霍布斯，1938年移居美国，任纽约社会研究新学院讲师，十一年后受聘于芝加哥大学政治系，直到退休——任教期间，施特劳斯先后获得芝加哥大学"杰出贡献教授"、德国汉堡大学荣誉教授、联邦德国政府"大十字勋章"等荣誉。

施特劳斯在美国学界重镇芝加哥大学执教近二十年，教书育人默默无闻，尽管时有著述问世，挑战思想史和古典学主流学界的治学路向，身前却从未成为学界声名显赫的名人。施特劳斯去世之后，才逐渐成为影响北美学界最重要的流亡哲人，他所倡导的回归古典政治哲学的学问方向，深刻影响了西方文教和学界的未来走向，但也一再引发学界激烈的政治争议。

自由主义知识分子觉得，施特劳斯对自由民主理想心怀敌意，是政治不正确的保守主义师主；后现代主义者宣称，施特劳斯唯古典是从，没有提供应对现代技术文明危机的具体理论方略。为施特劳斯辩护的学人则认为，施特劳斯从来不与某种现实的政治理想或方案为敌，也从不提供解答现实政治难题的哲学论说；那些以自己的思想定位和政治立场来衡量和评价施特劳斯的哲学名流，不外乎是以自己的灵魂高度俯视施特劳斯立足于古典智慧的灵魂深处。施特劳斯关心的问题更具常识品质，而且很陈旧：西方文明危机的根本原因何在？施特劳斯不仅对百年来西方学界的这个老问题做出了超逾所有前人的深刻回答，而且提出了切实可行的应对方略：重新学习古典政治哲学作品。

施特劳斯的学问以复兴苏格拉底问题为基本取向，这迫使所有智识人面对自身的生存德性问题：在具体的政治共同体中，难免成为"主义"信徒的智识人如何为人。如果中国文明因西方文明危机的影响也已经深陷危机处境，那么施特劳斯的学问方向给中国学人的启发首先在于：自由主义也好，保守主义、新左派主义或后现代主义也好，是否真的能让我们应对中国文明所面临的深刻历史危机。

"施特劳斯集"致力于涵括施特劳斯的所有已刊著述（包括后人整理出版的施特劳斯生前未刊文稿和讲稿；已由

· 出版说明 ·

国内其他出版社出版的《霍布斯的政治哲学及其起源》《思索马基雅维利》《城邦与人》《古今自由主义》）除外），并选译有学术水准的相关研究文献。我们相信，按施特劳斯的学问方向培育自己，我们肯定不会轻易成为任何"主义"的教诲师，倒是难免走上艰难地思考中国文明传统的思想历程。

古典文明研究工作坊
西方典籍编译部甲组
2008 年

目　录

编译序 ………………………………… 001

一　政治哲学问题 ………………… 013
施特劳斯与政治哲学问题概述 ………… 015
哲学与历史：冈内尔与施特劳斯论传统与解释 ………………………………… 063
正当的生活方式——《自然权利与历史》中的哲学 ……………………………… 131

二　古典政治哲学 ………………… 149
施特劳斯"论古典政治哲学" ………… 151
《论僭政》日译本前言 ………………… 172

三　现代政治哲学 ………………… 193
施特劳斯与现代性的含义 ……………… 195

施特劳斯论马基雅维利与现代性的起源
································ 215
《关于马基雅维利的思考》日文版前言
································ 234

四 理论与实践 ············· 247
《我们能够从政治理论中学到什么?》导言
································ 249
施特劳斯：论理论与实践之关系 ········ 263
施特劳斯：自由主义的批判与辩护 ······ 276
施特劳斯与美国保守主义思想和政治
································ 297
政治哲学与外交政策：施特劳斯的审慎
与清醒? ························ 327

五 附识 ················· 349
论某种对"施特劳斯主义"的批评 ······ 351

编译序

中国学术界了解塔科夫（Nathan Tarcov）的大名已有些年月。2001年，三联书店曾推出《为了自由：洛克的教育思想》一书，书中介绍他曾参与施特劳斯弟子布鲁姆（Allan Bloom）的研讨会，又师从另一位施特劳斯弟子曼斯菲尔德（Harvey C. Mansfield Jr.）攻读博士学位，[①]数年间一直关注教育问题，多有心得；只是国内学者，虽有不少研究涉及洛克教育问题，但对该书关注较少。

此后，塔科夫又以施特劳斯再传弟子的身份，做了芝加哥大学施特劳斯中心的负责人。塔科夫对教育问题的关注一如既往，未曾改变。施特劳斯在学界与政界声名鹊起，根源在于施特劳斯的政治哲学思索影响了不少人，其中还有学生进入了美国政坛。然而，与这些同门不同，塔科夫始终坚守在教育领域之内。或许，正是对教育的坚守，让塔科夫的声名远不如那些从政的同门。

---

① 参塔科夫，《为了自由：洛克的教育思想》，邓文正译，北京：生活·读书·新知三联书店，2001年。

不过，塔科夫的坚守与他对施特劳斯思想的理解密不可分。这种理解散见于他发表的各式文字之中；读者手中的这部文集收录了这些文字，目的是借助塔科夫的帮助，更好、更深入地理解施特劳斯。整部文集分别从政治哲学问题、古典政治哲学、现代政治哲学、理论与实践的关系及对施特劳斯主义的反驳五个方面论述对施特劳斯的理解。

（一）

理解施特劳斯首先要从最核心的问题入手，理解他的古典政治哲学的内在含义。施特劳斯发现，古典政治哲学审慎地处理哲学追问与政治生活之间的关系，而现代政治哲学抛却了这一审慎传统；现代政治哲学以为理论性、沉思性的哲学，可以直接影响甚至干预政治实践。古典政治哲学却并不认可这一点。回归古典政治哲学，旨在要求用哲学反思自身，学会审慎地与政治生活相融，而非直接干预政事。如此一来，施特劳斯与现代的各式主义论述迥异其趣，他没有解决现实问题的直接方案与原则，因此后世对所谓施特劳斯主义的批驳当然与施特劳斯思想本身无关。

文集从最核心的论述开始，第一篇文章《施特劳斯与政治哲学问题概述》概述了施特劳斯的思想内涵，全面论析了古典政治哲学的核心问题，即政治与哲学的基本关系。政治共同体的生活需要共同的价值信念，而哲学的求真意志却有着质疑一切的天性。政治共同体的共同价值信念无法承受哲学的追问，势必与哲学形同水火。但从另一角度讲，政治生活本身若缺乏哲学的指引又极易堕入盲信之中，缺乏清明的决断。政治既容不下哲学，又离不开哲学。古典政治哲学要处理政治与哲学相容的恰切方式。

为了解决这一问题，施特劳斯发现了政治哲学的隐微写作，把求真的哲学意志隐藏在了关于何为最佳政治制度的追问之中，促成政治与哲学的并行。政治与哲学在古典的"启示与理性"张力中，砥砺前行，耕耘出一段与现代精神迥异的精神痕迹。启示精神宣称，人的理性是神之智慧的影子，人之思辨无法企及神之智慧；古典哲学虽不信神，亦不笃信人智，它确定人所能拥有的确切知识仅有无知之知。总而言之，古典政治哲学不会把研究人类历史当作寻觅智慧的良方，更不会因为历史上关于智慧的表述各异，而就此陷入否定最高智慧的相对主义与历史主义泥潭。

施特劳斯要在与现代精神的抵牾之中，紧随古典文本的步伐，重新走回古人追寻智慧之路，以求在保守与激进的左右之争维系那宝贵的中庸；这一做法当然会为浸淫于现代精神之中的学人所不解。剑桥学派的代表人物波考克（P. G. A. Pocock）和斯金纳（Quentin Skinner）均对施特劳斯的学术方法提出挑战：焦点涉及偶然与永恒、历史与普遍、德性与自由等诸多复杂难解的思想命题。[1] 不过塔科夫以为，

---

[1] 国内新近关于这两位人士对施特劳斯批驳的分析，可参刘小枫，《以美为鉴》，北京：华夏出版社，2017年，页54—99。

剑桥学派虽则有名，其论述远不如政治学学者冈内尔（John G. Gunnell）对施特劳斯文本所作的考察更详实、更贴切。[1]

虽然冈内尔对施特劳斯文本用功颇深，且态度谦和公允，不失学者风范，然而在塔科夫眼里，冈内尔的理解仍然误会颇深，难窥堂奥。施特劳斯反复提醒自己的读者，阅读古典文本应小心语句，注意情境，勿忘文学要素在文本中的作用。细读文本的文学功夫流诸笔端，同样塑造了他自己的写作文风。在解释马基雅维利时，施特劳斯强调了《君主论》和《论李维》的不同类型；在解释迈蒙尼德时，他也强调《迷途指津》和《法典》具有不同的文学特征。我们与冈内尔一样，成长于现代学术架构之中，未曾有过深厚的文学功底，理解这个问题自然不易。

所谓注重文本的文学特征，是指注重文本中对话主题的性格、事件与场景。它们将使某些论述或讲话的意义发生微妙的变化。就好像同一个音乐作品，在不同的演奏家手中，或者在不同的演奏场合中，或者在演奏家的不同时期，乐曲的和声、节律效果各不相同。甚至有钢琴演奏家认为演奏的场景是唯一的，所以不应该有录音，原因大抵与此相类。现代学术训练未曾注重文学训练的基础作用，使得现代学术无法准确理解古典文本的深意。由于学界人士与智识之士，不

---

[1] 中国学术界对冈内尔的作品译介较早，他曾对施特劳斯在《城邦与人》中的论述有较为精当的概述，但正如塔科夫所述，这种概述没有能够注意到文中的细节，详情可参冈内尔，《政治理论：传统与阐释》，王小山译，岳麟章校，杭州：浙江人民出版社，1988年，页41—45。

再如古人一样，借助文学手段体察永恒与具体情境之间的张力，便会造成其对政治原则的盲目信仰与冲动冒行；斯文之丧或正为现代思想及现代政治哲学的危机所在。塔科夫在批评冈内尔之时，巧妙地将自由主义与法西斯主义放到一起，以显现代思潮引发的政治后果。

然而，施特劳斯也不是语境主义者与文本主义者，因为他深知唯有极少数人能理解并掌握意见与真理之间的中庸之道；任何语境与文本的原则均无法在非中庸之士的手中演变为智慧的影像。所以，施特劳斯觉得应该用隐微的写作手法，确保这样的智慧传递到极少数人手中。施特劳斯这一提法引起了不少的怨恨与误解。似乎无法接受他的隐微写作手法之士均是智识上的庸众，低人一等。塔科夫在文中指明，施特劳斯的隐微写作手法区分极少数人和庸众，绝非智识上的区分，或者智力高下之别，而是对两类人的区分，一类人敢于走上自我否定以求问形而上问题，另一类则是对这类事物毫无兴趣之人；那些求问形而上问题的人士，非但并不聪慧，甚至在大家眼中还会显得愚笨。

施特劳斯的经典与解释，将上述"愚笨"的爱欲囊括其中，视作珍奇，护佑有加。谁若意图在施特劳斯的解释中，寻觅某种智慧的法门，无异于缘木求鱼。后人阅读经典文本，解释经典文本的过程仅是一条自我教育之路，追求一种在精神与智识上摆脱过往成见、寻觅自由真谛的过程。于是，我们可以明白，塔科夫留身教育领地，关注教育问题，并进行相关论述的追求所在。

塔科夫深知施特劳斯的回归古典，追慕古风，是为了重识苏格拉底的哲学式生活方式；哲学式生活方式实则并不神秘，甚至会在常人眼里显得乏味与无聊。哲学式生活方式与普通人的生活方式一样，均是属人的充满爱欲的生活方式，差别在于爱欲的对象各不相同。哲学式的生活方式，并非意图将哲学训练服务于政治生活，而是有了哲学式的生活方式，便不再受缚于自身的低俗爱欲，也不会把政治上的承认当作至高伟业。于是，当这类人在被迫参与政治生活之时，他们便能够在混乱的尘世中，保持清明的理智，不受各式欲望裹挟。所谓施特劳斯的教学影响了美国的政治氛围，不过是这种哲学式的生活方式对政治生活产生了影响而已。

古典政治哲学不将政治哲学的应然强加于政治生活之现实境况，反而注重以应然的视角看待现实问题，以求维系实然朝向应然的张力。这就注定古典政治哲学的撰述涉及的问题、术语及方法，不会具有体系化的哲学论述特征，反而显得更平易近人，更懂得用日常语言言说哲学问题。古典政治哲学从现实政治最关心的问题入手：谁应该成为城邦中的治邦者？无论是哪种政治制度，均会选择一个少数人的群体成为治邦者，管理城邦事务；由于人性本身的缺陷使得治邦者难免以权谋私，无法在城邦中践行正义。唯有那些出于高贵与正确本身而行高贵且正义之事的人执掌治邦之权，方能保障政治生活本身的正义。

古典政治哲学要在政治生活之中寻找最优的治邦者，以肃清政事，但它也清楚地意识到，超越政治生活本身才是真正目标的所在。哲学式生活引导高贵而正义之人走向整全，免除了政治生活本身的窠臼。塔科夫未曾言明如何实现该目标，他仅隐约提及，施特劳斯对色诺芬《论僭政》的论述与此相关；似乎正是在古代僭政与现代僭政的对立关系之中，我们拥有了最恰当地理解智慧本身的入口。塔科夫指明，施特劳斯在《论僭政》一书之中看到了色诺芬与马基雅维利之间的差别关键点，即节制。古典哲人意识到政治生活与神圣性之间的联系，因而小心地维系着政治与哲学之间的微妙平衡，以免对神圣性形成过大冲击；马基雅维利为了自己的政治抱负，打破了平衡，遗忘了古典哲人的节制品质，开启了现代政治哲学之路。

（二）

从表面来看，施特劳斯忧心着现代政治生活的问题，毕竟现代政治哲学的危机导致了现代政治生活的危机；不过，从更深刻的意义上讲，现代性的本质是从实质上否定了哲学的可能性。据此来看，施特劳斯更加忧虑哲学的危机。他认同了卢梭、尼采等人对现代思想的批判，但他深觉卢梭、尼采更进激进地推动了现代性，哲学的危机非旦没能消除，反而愈演愈烈；哲学更不审慎地卷入到政治的纷争之中，不再拥有静观的天资。

在施特劳斯看来，要认清卢梭与尼采等人的问题，必须从源头上理解马基雅维利的问题，如此才能理解现代性的起点。塔科夫明确指明，马基雅维利的这一开创性身份是由于其思想中包含着两点不同寻常之处：第一，他拒绝承认古典思想对王与僭主的区分；第二，马基雅维利已沦为教授邪恶的教师。施特劳斯还说，马基雅维利关心自己的祖国，远超过关心自己的灵魂。

初看起来，马基雅维利似乎具有某种爱国主义精神，实质上马基雅维利的所有问题均以放弃哲学生活方式作为基本前提。哲人以关注自身灵魂为己任，而马基雅维利则更关心自己祖国的政治问题，甚至为了实现政治目标不惜放弃对美好事物的追求，最终演变成教授邪恶的教师。古典政治哲学传统的统治效能的发挥并不依靠邪恶的手腕，而是借助神圣法则劝勉民众，以塑造自愿的臣民；僭政与王政的核心区别正是在于统治的对象究竟是自愿的臣民还是不自愿的臣民。马基雅维利故意模糊二者的区别绝非偶然。在《〈关于马基雅维利的思考〉日文版前言》一文中，塔科夫指明他改变了传统哲人对于人性的理解，不再遵守亚里士多德关于人天生是政治的动物的教诲，意图改变尘世的政治生活状态，以求实现大治的宏图。

古典政治哲学没有现代政治哲学那样的政治宏图，也不如现代政治科学那样实用。现代政治科学模糊了实践智慧与理论沉思的界限，使得理论上对完美的渴望进入到实践领域，带来的后果并不会是平和的政治生活，反而极可能带来激进的政治冲突。古典政治哲学保留了政治生活与沉思性理论生活的分野，以提醒治邦者审慎而智慧地处理人世的邪恶：比如恶的存在和持续存在，所有人类制度的最终衰败，权力的持续重要性，正派、人道和正义的不稳定性，不可能永久废除战争以及人类进步的绝对限度。①

古典政治哲学务求维系理论沉思的完美与政治生活的污浊之间的张力，以求审慎地维系着脆弱的尘世生活。这属于理论与实践之间的巨大张力，亦是塔科夫《施特劳斯：论理论与实践之关系》一文的主题。现代自由主义与现代政治科学一样，模糊了理论与实践之间的张力，误把理论的普遍性与实践的审慎性混为一谈。塔科夫显然意识到了施特劳斯对自由主义思潮的批驳。

在《施特劳斯：自由主义的批判与辩护》一文中，塔科夫提到了施特劳斯的犹太人身份与现代自由主义精神起源的内在关系：由于经历长久的政治与宗教迫害，犹太思想家渴望在人世间彻底解决宗教政治问题。若有宽容而自由的政治空间，犹太人的宗教问题即可一劳永逸地解决。塑造这样的政治空间，需要将理性的思维而非启示的精神传递给大众。然而，令那些思想家没有想到的是，他们努力打造出的"宽容"，变成了一种了"纵容"，乃至于对犹太人的敌视情绪，愈演愈烈，不可控制。对犹太人的宗教性歧视与迫害，在理性启蒙之后的社会之中变本加厉，最终演变为大屠杀。施特劳斯敏锐地发现了西方自由主义与法西斯主义的内在关系，亦是西方自由主义的弊病所在；理性启蒙借助哲学的手段打

---

① 参塔科夫，《〈我们能从政治理论中学到什么？〉导言》，见后文。

造了第二洞穴，让民众陷入更狂热的冲动之中，远离了古典政治哲学维系雅典与耶路撒冷张力的中庸之途。

（三）

施特劳斯回归古典政治哲学，让更多的自由派人士认为施特劳斯奉行保守主义。塔科夫没有去申辩施特劳斯与整个保守主义的关系，而是首先考虑他与美国保守主义的关系。实质上，既然施特劳斯的古典政治哲学会与政治的观念存在着永恒的张力，当然不会与美国的保守主义完全相符。无论是自由主义还是保守主义，它们均有一套自己关于美好政治生活的学说，而在政治哲学看来，这套学说无异于盲信。若说自由主义更多地忘记了施特劳斯政治哲学中的政治维度，那么保守主义则忽略了其中的哲学维度。

对于施特劳斯来说，追寻苏格拉底的哲学式生活方式，每天最紧迫的事务是关注自身灵魂的修为，若非迫不得已，绝不会卷入到具体的政治事务之中。若要谈古典政治哲学对现实政治的直接功用，无异缘木求鱼，它唯一的功用便是尽力确保那个历经古典政治哲学训练的人在做出政治决断之时，摆脱各种情绪与盲目欲望的束缚。古典政治哲学从本质上讲是一条实现自我教育的道路。唯有在政治常识陷入到盲目的乌托邦冲动以及固步自封的自大之中时，古典政治哲学才会最大限度地发挥效用。那些误以为可以在施特劳斯的文本之中寻觅现实政治问题答案的人，自然会陷入施特劳斯主义的错误，这与施特劳斯本人并无直接关系。

在这一点上，塔科夫或许最知施特劳斯深意，所以才会抓住一切机会，投身教育事业，既为自己也为他人走上哲学之途劳心尽力，乐此不疲。文中数篇文字的英文原文尚未刊行，首以中文见世，感谢塔科夫先生的信任。恩师刘小枫先生就该书的成型，数次指导，感激不尽；众译者不辞辛劳，于工作之余从事翻译，实属不易，于此致谢。编译水平所限，恐仍难免厄误，望方家不吝赐教。

崔 嵬

北京第二外国语学院

文化与传播学院 中华文化研究院

2019 年 2 月 3 日

一　政治哲学问题

施特劳斯与政治哲学问题概述[①]

李孟阳　译

很不幸的是，我没办法讨论东北亚的传统，不过我希望通过研究工作坊里的其他研究员来更好地了解东北亚的问题。今天，我要尝试按照我的理解勾勒施特劳斯的作品中最重要的特征，这些特征当中的任何一个都可以成为一篇论文甚至是一部专著的主题，所以我希望得到同行们的回应，谈谈这些特征在东北亚传统里的情况。

另外一个问题，我想问在此研究工作坊里的同行们，我们究竟是应该将东北亚的传统视作一个整体，还是应该分成朝鲜半岛、[②] 日本与中国三个不同的区域。作为一个门外汉或者说局外人，在我眼中，大韩民国、日本和中华人民共和国在文化传统、政治历史及现行政治情形与前景方面有显著的不同。所以，施特劳斯的作品在这三个国家产生不同的影

[①] 于9月14—15日，发表于韩国首尔，韩国中央大学政治科学院与崇实大学价值与伦研究中心，"施特劳斯与东北亚语境研究工作坊"。
[②] ［译按］此处应该指韩国，但塔科夫未作区分。

响,并不会让人感到奇怪。

哲　学

我以施特劳斯对哲学的理解开始,因为我认为这是他成熟作品的核心观点,他批评历史主义、实证主义及启示对哲学可能性或必要性的否定。这些批评结合他的社会观念,造成了哲学与社会之间的紧张,因此最终出现了施特劳斯政治哲学的双重概念及他关于显白教诲的学说。在他的文章《什么是政治哲学》中,他写道:"探求(quest for)智慧的哲学是对普遍知识的探求,对整全(the whole)知识的探求。"既然哲学"必然以关于整全的意见为前见",那么它就会"尝试用关于整全的知识取代关于整全的意见",或"取代所有的事物",包括"神、世界和人的知识",或"关于万物本性(natures)的知识"。[①] 因此,哲学预设了真正的知识与意见之间的区分。应该强调的是,施特劳斯用"探求"与"尝试"这些语汇究竟有多严肃。因此,施特劳斯立即补充说明:

> 从根本上讲,哲学并不拥有真理,而是探求真理。哲人与众不同的特点是"他知道自己一无所

---

① 参施特劳斯,《什么是政治哲学》,李世祥等译,北京:华夏出版社,2014,页2—3。感谢豪瑟(Rob Howse)对这篇文字早期版本的评论。

知"，洞察到我们对最重要事物的无知促使他倾尽全力去获取知识。①

哲学对于施特劳斯而言是一种生活方式，而非如德意志古典哲学那样呈现为知识的体系或系统，或由清晰的方法或主题定义的学术规则。

施特劳斯说，"哲学一词的原初意义不过是关于某人的无知的知识，"②或说哲人"知道他自己一无所知"（参柏拉图《苏格拉底的申辩》21d），或"洞察到我们对最重要事情的无知"，并不是说哲学就是无知，或哲人什么都不知道："无知的知识并不是无知。"③恰恰相反，首先由于哲学知道什么是最重要的事情，以及关于它们的问题是什么，还洞见到"我们"对这些事情的无知，那么哲人也就知晓，若是我们当中有人宣讲这些知识，那么他们根本就不懂得这些知识（参《苏格拉底的申辩》21c—22e）。施特劳斯补充道："清楚地把握一个根本问题要求人们理解这个问题所涉及的主题的本性。"④

在《自然权利与历史》里，他更完整地论述了这点：

---

① 参施特劳斯，《古典政治理性主义的重生：施特劳斯思想入门》，郭振华等译，叶然校，北京：华夏出版社，2017，页173—174。
② 参施特劳斯，《重述色诺芬的〈希耶罗〉》，载《什么是政治哲学》，李世祥等译，北京：华夏出版社，2011，页104。
③ 参施特劳斯，《什么是政治哲学》，前揭，页29。
④ 参施特劳斯，《什么是政治哲学》，前揭，页3；"但是，若某人不知道自己不知道的东西，他就无法知道自己不知道"，参《重述色诺芬的〈希耶罗〉》，前揭，页104。

换句话说，只有人们在无法获得对于整体的智慧或对完全的理解的同时，又能够认识到他对于什么是无知的，亦即他能够明了根本性的问题以及根本性的选择——那在原则上说，是与人类思想相伴随的——哲学才有了存在的可能。①

他甚至将苏格拉底"不变的理式"等同于"根本且永恒的问题"。②施特劳斯著作的最终目的并非如人们有时说的，要恢复一整套古代学说或"绝对价值"，相反，正如他在《关于马基雅维利的思考》导言的结尾所说的，其目的是"有助于重新发现永恒的问题"。③

然而，如果哲学要证明自身的合法性或正当性，在施特劳斯看来，它不能只满足于意识到的所有困难：总有某个问题它必须也能够回答。施特劳斯在《论古典政治哲学》一文中写道：

---

① 参施特劳斯，《自然权利与历史》，彭刚译，北京：生活·读书·新知三联书店，2003，页37及页33，及拙著 "Philosophy as the Right Way of Life in Natural Right and History," in Modernity and What Has Been Lost: Considerations on the Legacy of Leo Strauss, ed. Pawel Armada and Arkadiusz Górnisiewicz, South Bend, IN: St. Augustine's Press/Krakow, Poland: Jagiellonian University Press, 2010, pp. 43—52.
② 参施特劳斯，《什么是政治哲学》，前揭，页29。
③ 参施特劳斯，《关于马基雅维利的思考》，申彤译，南京：译林出版社，2003，页8。

哲人，以及那些已经意识到哲学可能性的人，迟早都不得不对下述问题感到惊异："为什么是哲学？"人类生活为何需要哲学，哲学为什么是好的，哲学为什么是正当的，为什么关于整全之自然的意见应当为关于整全之自然的真正知识所取代？①

更宽泛而言，那个哲人必须回答的问题是关于好的或正当生活方式这类苏格拉底式问题。正如开篇所引《什么是政治哲学》的陈述所暗示，即哲人"洞察到我们对最重要事物的无知，促使他倾尽全力去获取知识"，施特劳斯所理解的苏格拉底的无知之知权威性地给出了如何生活这个问题的答案。

因此，在《自然权利与历史》中，施特劳斯不仅论述某个"苏格拉底问题"，也论述了"苏格拉底对人应当如何生活这个问题的回答"，并对该回答解释如下：

> 一经认识到我们对于最重要的事情的无知，我们同时也就认识到，那对于我们最重要的事情或者说最亟须的事情，就是寻求有关最重要的事情的知识或者说寻求智慧。②

---

① 参施特劳斯，《论古典政治哲学》，载于《什么是政治哲学》，前揭，页 80。
② 参施特劳斯，《自然权利与历史》，前揭，页 38。另见页 159："柏拉图从来在讨论任何论题——不管是城邦、还是天体或数目——时，都时时铭记着苏格拉底的根本问题，'什么才是正当的生活方式'而纯然正当的生活方式被证明是哲学生活。"

完成《自然权利与历史》后，施特劳斯在题为《进步还是回归？》的讲座中详细展开了这一论证：

> 极其紧迫的、不容置疑的问题是一个人应该过什么样的生活。对于苏格拉底而言，这个问题已经得到解决，因为他是位哲人。作为一位哲人，他知道我们对于最重要的事情一无所知。这种无知作为显见的事实显然证明，探究关于最重要的事情的知识，就是对于我们而言最重要的事情。那么，哲学显然就是正确的生活方式。此外，在苏格拉底看来，这为如下事实所证实：在他获取所能获取的最高程度的明晰时，他找到了自己的幸福。[①]

据施特劳斯所述，哲学因此不仅是一种生活方式，也是正当生活方式问题的答案，因为它本身就是正当的生活方式。哲人的独特无知和他在哲学活动中经验到的幸福权威地指示了这个答案。

在施特劳斯看来，至少在古典或原初形式那里，哲学的另一个特征与自然的发现或自然与习俗的根本区分的发现有

[①] 参施特劳斯，《进步还是回归？》，载《古典政治理性主义的重生——施特劳斯思想入门》，前揭，页 334；另参施特劳斯，《自然权利与历史》，前揭，页 77：“而人又是生来如此，他要在自由的探寻和破解存在之谜中才能得到满足。”

关。① 因此，哲学的标志是以下两种事物之间的区分：那些无论何时何地都是真的事物，那些只在此时此地依据人们的同意而被视为真的事物。② 它将自然视为评判习俗的标准。③ 自然意指"某一事物或某类事物的本质特性"，也指"初始事物"。关于某一事物或某类事物的本质特性的知识预设了"不变且可知的必然性"；哲学探究预设了初始事物乃是那些总是如此的或不会朽坏的事物，"那些持久而永恒的事物"。④

自然的发现，自然与习俗之分，与引导着哲学探究的两个前哲学的区分紧密相关：耳闻与亲眼所见之分，人造物与非人造物之分。耳闻与直接观察之分，引导哲人去试验传统，或者通过那些能够显露无遗的或能被证明的事物来试验那些耳闻之事。人造与非人造物之分引导着哲人从人造物那里为关于非人造物的所有推论寻求证明。⑤

施特劳斯写道，在发现自然是评判习俗之标准的过程中，哲学"至少按照此种可能性的自我解释，是超历史、超社会、超道德和超宗教的"。最后，自然与习俗之分紧密地相关于"理性与权威之分，而这是哲学得以立足或因此而堕

---

① 参施特劳斯，《自然权利与历史》，前揭，页82—83、89—90、93—94。
② 参施特劳斯著，《我们能从政治理论中学到什么？》，载刘小枫选编，《西方民主与文明危机：施特劳斯读本》，北京：华夏出版社，2018，页55—74。
③ 参施特劳斯，《自然权利与历史》，前揭，页92—93。
④ 参施特劳斯，《自然权利与历史》，前揭，页84注3，页89—91。
⑤ 参施特劳斯，《自然权利与历史》，前揭，页87—90。

落的区分",因为权威要求无须理性思考的服从。①

施特劳斯最根本的关切总是他所理解的哲学的可能性和必然性。施特劳斯把哲学理解为一种生活方式,它尝试以知识取代意见,而这源于无知之知或对根本问题及其选择的理解。我希望我的同行们能就此进行评论,看看施特劳斯的这个思路在东北亚语境或多个语境中会被怎样理解,无论是从他们的传统来看,抑或按照他们从西方思想模式中借用的方式来看。同样,在施特劳斯对哲学的理解中的三个区分,即知识作为标准与意见之分、自然作为标准与习俗之分、理性作为标准与权威之分,这些区分在这些语境中会以怎样的形式出现?

政治哲学

在《什么是政治哲学》里,施特劳斯笔下的政治哲学是哲学的一个分支,是对政治事物的哲学讨论,是直指根柢而包罗万象(comprehensive)的讨论,这个讨论尝试以政治事物本性的知识取代意见,是一个清醒、一贯和不懈的尝试。②由于政治事物的本性主张,某种好或正义才是评判的标准,所以政治哲学力求获得关于这些标准的真知,力求知道最佳

---

① 参施特劳斯,《自然权利与历史》,前揭,页 89—90、92—93;Cf. *"Reason and Revelation,"* in Heinrich Meier, *Leo Strauss and the Theologico—Political Problem*, Cambridge: Cambridge University Press, 2006, p. 147.

② 参施特劳斯,《什么是政治哲学》,前揭,页 1—4。

或正义的政治秩序，即那个无论何时何地都是最佳的秩序。①施特劳斯因此将政治哲学与其他政治思考区别开来，后者不关心意见与知识之分，仅忠于某个具体的政治秩序或政策而非真理的发现，尤其是那些阐述或捍卫一个令人振奋的神话的政治思考。

施特劳斯将政治哲学与政治理论区分开来，这与政治理论领域最广为人知的用法截然不同，至少在美国是如此。在他笔下，政治理论的特征是对政治形势的广泛检讨，而这指向提出一个明晰的政策，并诉诸那些为公共意见或大部分公共意见接纳的原则。②眼下被称为"民主理论"的东西，由于它忠于某个民主政治秩序，因此不会被施特劳斯视为政治哲学。

在其身后出版的1942年讲座《我们能从政治理论中学到什么？》中，施特劳斯一开始就说道：

> 此次讲演的题目并非完全由我自己选择。我不是很喜欢政治理论这个术语；我更愿意谈论政治哲学。③

在接下来的讲座中，他解释了自己偏好的原因："政治

---

① 参施特劳斯，《什么是政治哲学》，前揭，页3—4、页47（《政治哲学与历史》）及页74—75（《论古典政治哲学》）。
② 参施特劳斯，《什么是政治哲学》，前揭，页4—5。
③ 参施特劳斯，《我们能从政治理论中学到什么》，前揭，页55。

理论"一词破坏了科学的传统划分（亚里士多德），即理论科学与实践科学之分，而政治科学是一门实践科学而非理论科学。他指责该词的用法暗中承认所有科学最终都是实践性的，或者理性实践的基础是纯理论的，于是该词的用法就将政治知识划分为可见材料与所谓"理论"的假设性解释。①

我认为以下这点很明确，施特劳斯认为自己讨论的是政治哲学，而非政治思想或政治理论，因为他感兴趣的是澄清判断共同体和政策的标准，而非提出一个明晰的政策，或阐述一个意在振奋现存政治秩序或促成未来政治秩序的神话。

按照施特劳斯的论述，尽管政治哲学是对最佳政治秩序或政体的探究，但在古典政治哲学那里，政体有"一个独特的存在方式……即最佳政制虽优于所有的实际政制却缺乏现实性"。② 在《我们能从政治理论中学到什么》里，施特劳斯写道：

> 这样的哲人便能阻止那些愿意倾听他们的人，将任何无论在诸多方面何等令人满意的实际秩序等同于完美的秩序。

他称此为"这种乌托邦思想正是柏拉图和亚里士多德政

---

① 参施特劳斯，《我们能从政治理论中学到什么》，前揭，页55—56；参施特劳斯，《结语》，收于《古今自由主义》，前揭，页262—263。
② 参施特劳斯，《什么是政治哲学》，前揭，页26。参施特劳斯，《自然权利与历史》，前揭，页141："它存在于言而非行中，这是它的本质所在。"

治哲学的灵魂"。他解释道：

> 他们并不当真相信，完美的社会秩序将会成为现实的必然理由……但是，他们认为，任何现实秩序都能经受改进，经受实质的改进。

按照施特劳斯的说法，他们最希望自己的道德吁求和道德建议能吸引掌权者"竭力以得体和人性的方式行事"。与黑格尔截然不同，他们坚持认为"理想之物与真正存在之物、合理之事与现实之事有着根本的差异"。[①]

在《什么是政治哲学》一书的第一章里，施特劳斯解释道，"在'政治哲学'这一表达里，'哲学'意味着讨论方式"，而"'政治'既是主题也是功能（function）"。然而，该书第三章《论古典政治哲学》以"政治哲学的一个更深的含义"结束，并与"通常含义"区别开来。在这个更深的含义里，

> "政治哲学"的首要含义不是指以哲学的方式来处理政治，而是指以政治的或大众的方式来处理哲学，或者说是指对哲学的政治引导——尝试将有天资的公民，或更准确地说，将他们有天资的后代

---

① 参施特劳斯，《我们能从政治理论中学到什么》，前揭，页64—65；参施特劳斯，《论古典政治哲学》，前揭，页75—76。

从政治生活引入哲学生活。①

政治哲学的这个双重含义对于理解施特劳斯的著作极为重要。对施特劳斯而言，至少在其古典形式里，政治哲学必然促进政治共同体的福利，也因此在政治共同体的法庭面前证明了哲学的合法性。它既直接与政治生活的维度相关，也超越了这一维度。②在施特劳斯看来，在这两个方面，古典政治哲学在对哲学生活的礼赞中达至高潮。施特劳斯写道，"以下这点是古典政治哲学与现代政治哲学最显著的差异"：作为前者最高主题的哲学生活几乎已经不再是后者的主题。③

对施特劳斯而言，不仅政治哲学必须关心哲学生活，哲学也必须关心政治生活。对他来说，政治哲学是哲学的核心。他认为，哲学试图将意见提升为知识，因而哲学的开端是意见，而意见是通向我们之实在的最重要入口。因此，哲学必然与政治领域，与意见之乡相关。④当哲学被迫去问，"为什么是哲学？"或为什么人类生活需要哲学，他就必须问为什么政治生活需要哲学，"因为人类生活是共同生活，更确切地说是政治生活"。⑤

---

① 参施特劳斯，《论古典政治哲学》，前揭，页80—82；参施特劳斯，《迫害与写作艺术》，刘锋译，北京：华夏出版社，2012，页11—12。
② 参施特劳斯，《论古典政治哲学》，前揭，页66—69、78—79；参施特劳斯，《自然权利与历史》，前揭，页155—156。
③ 参施特劳斯，《论古典政治哲学》，前揭，页78—79。
④ 参施特劳斯，《自然权利与历史》，前揭，页126。
⑤ 参施特劳斯，《论古典政治哲学》，前揭，页79—81。

我希望各位同行可以充分讨论施特劳斯所讲的政治哲学双重含义、关于政治的哲学讨论及哲学的政治辩护在东北亚语境中会如何出现。我希望大家也能讨论施特劳斯的主张，即哲学生活是政治哲学的最高主题，以及政治哲学对于哲学本身的核心意义。

政治哲学与政治生活的关系

关于古典形式的政治哲学与实际的政治和政策之间的关系，施特劳斯的说法相当复杂甚至令人困惑。在施特劳斯看来，古典政治哲学以某种与政治生活相关的方式处理政治事物，以启蒙公民或政治家的观点和语言来看待它们，采纳政治生活的区分和问题，并以立法者教师的身份在政治生活的根本争论中担任无偏见的仲裁者。[①] 政治生活中最根本的争论是关于谁应该统治的问题，以及关于最佳政制或政治秩序的问题，而这也是古典政治哲学的主导问题。[②]

按照施特劳斯的理解，政治哲学与政治审慎或实践智慧（phronesis）的关系是极其含混的。一般而言，政治审慎与政治生活首要考虑的是特殊的共同体，而该共同体与其成员

---

① 参施特劳斯，《什么是政治哲学》，前揭，页 1—4、18—20；参施特劳斯，《论古典政治哲学》，前揭，页 79—81、84—85。
② 参施特劳斯，《什么是政治哲学》，前揭，页 24—25；参施特劳斯，《论古典政治哲学》，前揭，页 72—74；参施特劳斯，《自然权利与历史》，前揭，页 136—137。

的关系是偶然的；与此不同，政治哲学首要考虑的是所有政治共同体的本质事物。① 有时，在施特劳斯笔下，与审慎相关的领域在等级上低于理论科学，但"在原则上是自足的或封闭的"，至少在有别于柏拉图的亚里士多德那里是如此，因为我们无须理论科学就能在道德德性那里知道其原则或目的。②

于是，在《我们能从政治理论中学到什么？》里，施特劳斯声称：

> 我根本不怀疑，要设计出明智的国际政策完全有可能，丝毫不用求助于政治哲学。③

无论如何，没有政治哲学的帮助，要审慎地获得合理的政策会因错误的理论意见而陷入危机，因此需要政治哲学来提醒人类愿望与希望固有的限度。就算能免除错误理论意见的影响，而常识意见（common sense）单凭自身也容易受到以下两种极端自满的危害：那些相信现存秩序是完美秩序的非利士人的想法与那些相信未来将出现完美秩序的空想家之梦。因此，公众意见需要政治哲学的援助。这是为审慎所作

---

① 参施特劳斯，《论古典政治哲学》，前揭，页68—69。
② 参施特劳斯，《结语》，页240—1；Cf. Leo Strauss, *The City and Man*, Chicago: University of Chicago Press, 1964, 1978, p. 25.
③ 参施特劳斯，《我们能从政治理论中学到什么？》，前揭，页59及61。

的某种辩护，但不是审慎的基础。①

然而，施特劳斯也主张，不是审慎，而是实践科学（亚里士多德政治哲学的对应物）有条理地阐明了行动的原则和审慎的演变规则，并且更广泛而清晰地把握了人的自然目的及自然秩序。最高的政治行动，即立法或制宪，在首位立法者看来是永恒之法，而这必须处理最根本的和普遍的政治问题，即关于最佳政治秩序的问题；因此，政治哲人能够担任立法者的教师。②道德－政治领域并非绝对与理论科学隔绝。③苏格拉底、柏拉图和亚里士多德开创的政治哲学传统为政治生活贡献了自然法或自然权利的概念，其影响之深远，如施特劳斯在1942年所言：如果没有这个传统，丘吉尔要辩护的事业（或指"正派与人性的根源"或"全球范围内存在的公民自由"）就不会存在。④

施特劳斯笔下这一论题的含混性，反映了他笔下关于柏拉图与亚里士多德之间的异同。亚里士多德认为，理论智慧，即关于整全的知识是能够通达的；他创立了政治科学，使之成为一门独立于理论物理学与形而上学之外的学科，并且从未试图论及德性的纯理论起源。与此不同，柏拉图笔下

---

① 施特劳斯，《结语》，页240—241；施特劳斯，《我们能从政治理论中学到什么？》，前揭，页62、64—65、70—71；Strauss, The City and Man, p. 26.
② 参施特劳斯，《论古典政治哲学》，前揭，页70—73；Strauss, The City and Man, pp. 28—29.
③ 参施特劳斯，《古今自由主义》，前揭，页261—262；Strauss, The City and Man, p. 28.
④ 参施特劳斯，《我们能从政治理论中学到什么？》，前揭，页58、61、70。

的苏格拉底承认他没有关于整全的知识,他只是从人类灵魂的知识中得出德性的知识。但柏拉图与亚里士多德都同意,城邦与整全的关系且由此导致的与哲学的关系既是开放的又是封闭的。[1] 根据自己的行动,施特劳斯本人似乎认同政治哲人角色的有限性,即仅仅是一位反对理论性错误的政治生活捍卫者,而非一位立法者教师。

在其原初意义上,政治哲学尝试以关于政治事物本性的知识取代关于政治事物本性的意见,然而,施特劳斯以相反的笔调写道,"政治生活在本质上受到政治知识和政治意见的共同引导","意见是共同体的基本要素",并先于哲学对有别于习俗的自然之发现。一般认为,如果共同体成员未能凭借关于初始事物的相同意见而团结起来,人类就无法活得好。据此,施特劳斯总结道,哲学"尝试消解共同体赖以生存的基本要素,因此使共同体面临危机。"[2] 哲学与政治之间产生的根本张力是施特劳斯著作的中心。

施特劳斯笔下的政治哲学与政治生活和政策之间的复杂关系并不总能在西方获得很好的理解,而他在西方有时被视为特殊政策的设计师,甚至是某个党派意识形态的军师。我希望他的看法能在东北亚获得更恰当的重视。

---

[1] Cf. Leo Strauss, *The City and Man*, pp. 26、29.
[2] 参施特劳斯,《什么是政治哲学》,前揭,页6—7;参施特劳斯,《自然权利与历史》,前揭,页91—92;参施特劳斯,《论一门被遗忘的写作》,载《什么是政治哲学》,前揭,页215;参施特劳斯,《进步还是回归?》,前揭,页146。

理性与启示

在施特劳斯看来，哲学是以关于整全的知识取代关于整全的意见的尝试，或对根本问题及其选择的把握。这必然引出如下问题：哲学的可能性，人类是否有能力或有把握进行这一尝试，以及哲学的必然性或哲学的好处。此外，将哲学理解为关于我们对最重要事物的无知也会引出以下问题：我们是否这般无知，抑或权威、传统或神圣启示其实赐予了我们这种知识——哲学式无知是某种罪。施特劳斯声称，根本问题是：

> 人类是否能获得关于善的知识——没有了这种知识，他们就不能个别地或集体地指导自己的生活；或者，他们是否依赖于有关天启的知识。没有什么选择比这更为根本：人的指引还是神的指引。①

这个根本冲突反映了在人性中行动与思想之间根本的两重性。②

对此问题的恰当探究超出了这篇综览的范围。施特劳斯坚称，这一冲突无法以任何调和或综合的形式而获得解决。

---

① 参施特劳斯，《自然权利与历史》，前揭，页76—77。
② 参施特劳斯，《进步还是回归？》，前揭，页331—332。

有时，他甚至认为这个问题是无法解决的：无论哲学还是启示都无法反驳对方。他有时总结认为，这一局面构成了启示对哲学的反驳，因为哲学依赖于理性而非专断、信念或信仰。然而，他也指出，两个选择之间未定的张力是"西方文明生命力的秘密"。[①] 施特劳斯总结道：

> 没有人可以身兼哲人和神学家，而且就上述问题而言也不可能超越哲学与神学之间的冲突，或假装能够综合哲学与神学。但我们中的每个人都可以是，而且应该是哲人或神学家，亦即要么是面对神学挑战的哲人，要么是面对哲学挑战的神学家。[②]

有些读者断定，在施特劳斯看来，在与启示的冲突中，哲学被反驳了，因此他被迫以某种形式选择了启示。另一些读者则断定，他并未解决这一张力，希望保存西方的生命力。还有一些读者认为，他是接受神学挑战的哲学家，无论这究竟意味着什么。但施特劳斯并不止于讲出这个张力。

[①] 参施特劳斯，《自然权利与历史》，前揭，页74—77；参施特劳斯，《修昔底德：政治史的意义》，收于《古典政治理性主义的重生——施特劳斯思想入门》，页164、178—179、183—184、190—191、195；参施特劳斯，《斯宾诺莎的宗教批判》，李永晶译，北京：华夏出版社，2013，页30；参施特劳斯，《尼科洛·马基雅维利》，见《柏拉图式政治哲学研究》，张缨等译，北京：华夏出版社，2012，页283—284；对比施特劳斯，《理性与启示》，页141—179，载施特劳斯，《苏格拉底问题与现代性》，刘振、彭磊等译，北京：华夏出版社，2016，页204—244。
[②] 参施特劳斯，《进步还是回归？》，前揭，页346。

例如,《自然权利与历史》开篇写道,"如果我们鸟瞰哲学与神学的世俗争执,我们几乎不能避免这一印象:对立双方都从未真正成功地反驳对方"。① 鸟瞰而得出的这个印象似乎不可能是这一主题的结论,而且随后结束于"哲学被启示反驳"的句子里充满"看似""显得"和"可能"等词。在论及马基雅维利的章节里,施特劳斯提出了如下的问题:

> 难道我们必须承认,人类智慧无法解决这一问题,而且每个答案都建立在某个信仰的行动(act of faith)之上吗?②

同样,在《进步还是回归》的结尾处,施特劳斯说:

> 如果有人说(仅说说而已),哲人们从未驳倒启示,神学家们也从未驳倒哲学;那么鉴于无论从哪方面来看都存在巨大的难题,这种说法听来有几分道理。③

在1962年《斯宾诺莎的宗教批判》的"自传式"前言中,施特劳斯更准确地总结道:

---

① [校按] 塔柯夫手稿,未能注明出处,译文为译者据英文自译,特此说明。
② [校按] 塔柯夫手稿,未能注明出处,译文为译者据英文自译,特此说明。
③ 参施特劳斯,《自然权利与历史》,前揭,页75—78;施特劳斯,《尼科洛·马基雅维利》,前揭,页283;施特劳斯,《进步还是回归》,前揭,页345。

其他的各种观察和经验确认了这样的疑虑，即宣称告别理性恐有不智之虞。因此，我开始想要知道，理性的自我毁灭是否是现代理性主义——它不同于前现代的理性主义，尤其不同于中世纪犹太理性主义及其古典根基（亚里士多德式和柏拉图式理性主义）——不可避免的结果。[1]

面对启示的挑战，现代理性主义的失败让施特劳斯回到前现代的理性主义。

哲学一开始就遭遇神圣法律的挑战，但这一挑战在中世纪伊始变得更为激烈，按照施特劳斯的看法，就是当哲学遭遇圣经挑战之际。此前，哲学面对众多互相矛盾的神话与神圣法律，而它们又源自众多服从命运或必然性的神明。与此不同，哲学在中世纪面对一个拒斥神话及其诸神的神圣法律，而这个神圣法律来自一个神秘的、全知全能的创造者上帝，它不服从命运和必然性，它提供关于好的知识，要求信

---

[1] 参施特劳斯，《斯宾诺莎的宗教批判》，前揭，页57。同样，他在1935年的《哲学与法律》的导言中已经指出，"这个处境不仅看似不能解决，而且事实上就是如此，只要人们抓住现代预设不放"。同样，在《进步还是回归》里，施特劳斯称之为"当前争论"，页335、341、342。

仰和服从，并惩罚那些试图自己去获得关于好的知识的人。①

我尤其渴望知道，施特劳斯对哲学与启示间张力或冲突的说法在东北亚的语境里会怎样出现。首先，我宽泛地说的东北亚宗教传统如何与施特劳斯所谓的神圣启示或神圣法律，尤其是其圣经形式进行对比，此外，这些传统也与哲学有相似的张力吗？别言之，作为施特劳斯所谓的"西方文明生命力的秘密"的这一张力是否也适用于在西方世界之外的东北亚？

历史主义

对施特劳斯而言，在他的时代，对原初意义上的哲学可能性最彻底的挑战是他所谓的"历史主义"。据施特劳斯所述，哲学在其原初意义上关心自然与普遍问题，而政治哲学

---

① 参施特劳斯，《进步还是回归》，前揭，页330；参施特劳斯，《理性与启示》，前揭，页148－149。关于理性与启示张力的论题，参如下文献：Leora Batnitzky, "Leo Strauss and the 'Theologico－Political Predicament,'" in *The Cambridge Companion to Leo Strauss*, ed. Steven B. Smith (Cambridge: Cambridge University Press, 2009); David Janssens, *Between Athens and Jerusalem: Philosophy, Prophecy, and Politics in Leo Strauss's Early Thought* (Albany: State University of New York Press, 2008); David Novak, ed., *Leo Strauss and Judaism: Jerusalem and Athens Critically Revisited*, (Lanham, MD.: Rowman & Littlefield, 1996); Steven B. Smith, "Leo Strauss: Between Athens and Jerusalem," in *Leo Strauss: Political Philosopher and Jewish Thinker*, ed. Kenneth L. Deutsch and Walter Nicgorski (Lanham, MD.: Rowman & Littlefield, 1994); Daniel Tanguay, *Leo Strauss: An Intellectual Biography* (New Haven: Yale University Press, 2007); and above all Heinrich Meier, *Leo Strauss and the Theologico－Political Problem*.

尤其关心政治事物的本性和最佳政治秩序，这有别于历史学关心个别群体、人类、文明及其进程的史学问题。与此相反，历史主义否认这一区分，试图融合哲学与历史，并最终认为所有人类思想包括哲学在本质上受制于其历史处境的种种限制，而历史处境无法被察觉或克服。①因此，历史的问题可能"等同于哲学自身的本性问题"。②

施特劳斯坚称，必须把历史主义应用到它自身之上，亦即它无法坚持认为，它对人类思想的历史主义洞察是一个超历史的例外，而非它自身历史处境的产物。提出这一主张的理论的历史主义的必须让位于（海德格尔的）彻底的历史主义，后者承认这一洞察是命运的分配。③施特劳斯拒绝承认，历史主义是对人类思想史或哲学史无偏见的史学研究的结果；相反，它不得不依赖于某种对人类思想的哲学批判。

史学研究只能表明，过去的哲学家有不同的意见，以及他们的写作和他们的历史处境之间有一定的联系，但这个结果不能排除如下可能性：他们中的一个可能已经在一个尤其有助于发现真理的历史处境中发现了真理，而这只能通过对他们的思想进行哲学批判才能证实。恰恰相反，施特劳斯本人的史学研究意在指出，尽管过去的哲学家有着明显的分

---

① 参施特劳斯，《政治哲学与历史》，载《什么是政治哲学》，前揭，页56—57；参施特劳斯，《自然权利与历史》，前揭，页21—23。
② 参施特劳斯，《迫害与写作艺术》，前揭，页144。
③ 参施特劳斯，《政治哲学与历史》，前揭，60—62、65；参施特劳斯，《自然权利与历史》，前揭，页24—32。

歧，但根本问题却始终不变。先不考虑过去哲学家们的对错，要确定他们的思想与其历史处境的关系，人们首先不得不"历史地"理解他们，这就意味着，要按照他们理解自身那样理解他们的思想。

因此，可能颇令人惊讶的是，施特劳斯是历史理解的捍卫者和践行者，并将历史理解作为批判和摆脱历史主义的方式。施特劳斯认为，历史主义在本质之上无法对过去的非历史主义思想有一个真正的历史理解，也无法像它理解自身那样理解它，因为历史主义必然会试图比过去的非历史主义思想更好地理解它自身，亦即在它与其历史处境的关系中理解它，然而它却将自身理解为那个真理。[1]

施特劳斯总结道，我们最迫切需要的事情是明白历史主义与非历史主义哲学间争执的解决办法只有一个，即以非历史主义的方式来对非历史主义哲学与历史主义之起源进行史学研究，例如施特劳斯自己在《自然权利与历史》和其他地方所做的尝试。[2] 他认为，尽管历史主义者最初承认人类思想是其时代的表达，历史主义者其实对过去的非历史主义思想有所体会，并因此复兴了非历史主义思想，但这却相当于

---

[1] 参施特劳斯，《政治哲学与历史》，前揭，页53—54、55—56、65；参施特劳斯，《自然权利与历史》，前揭，页18—21、22—25、31—33、32—34；参施特劳斯，《如何着手研究中世纪哲学》，载潘戈编，《古典政治理性主义的重生》，前揭，页209—211。

[2] 参施特劳斯，《自然权利与历史》，前揭，页31—34；参施特劳斯，《迫害与写作艺术》，前揭，页155—158。

037

"历史主义的自我毁灭"。①

因此，从施特劳斯对历史主义的批判推断出他反对史学研究，这是一个彻底的误解。相反，施特劳斯认为政治哲学总是需要史学研究来提出政治事物本性的问题，以免将一时一地的政治哲学的特征混同于其本性。在施特劳斯的时代，政治哲学尤其迫切需要史学研究，以便从历史主义的教条中解放出来。此外，施特劳斯承认，现代哲人尤其应该反省自己的历史处境并尽可能地摆脱该处境的偏见。②

我希望我的同行们能告诉我，施特劳斯描述的历史主义的各种形式在多大程度上支配着东北亚的各个国家，以及施特劳斯的批判在这些国家有多大的影响。

解释学

在史学问题与哲学问题之间、在解释与批评之间、在确定作者传达的意思与他所传达的是否真实之间，施特劳斯进行了严格的区分。然而，我们不应该理解为，这意味施特劳斯认为这些活动在实际上可以被严格分开。一方面，上文关于他批判历史主义的讨论已经表明，他认为史学研究有助于哲学探究。另一方面，如果哲学史要成功地以过去的思想家

---

① 参施特劳斯，《迫害与写作艺术》，前揭，页158；Leo Strauss, "*The Living Issues of German Postwar Philosophy*," in Meier, *Leo Strauss and the Theologico—Political Problem*, pp. 121—122.
② 参施特劳斯，《政治哲学与历史》，前揭，页70—71。

理解自身的方式理解那些思想家,它需要某种哲学激励:

> 要理解一种真正的学说,我们必须真正对它有兴趣,必须认真对待它,也就是说,我们必须愿意考虑这一可能性——它完全正确。①

施特劳斯写道:

> 如果我们想要理解过去的哲人,我们必须用指引着他们的基本兴趣来指引自己——对那个真理的兴趣,即关于整全的真理,而非史学兴趣,即关于其他人的意见。②
>
> 对过去某个思想家思想的解释,这一历史性的解释活动包含着思考该作者思想的哲学活动。③

施特劳斯解释学方面最为人注意的是他如下的论题:要理解过去那些采用"字里行间的写作"方法的伟大作家著作,就要进行"字里行间的阅读";也就是说,施特劳斯区分了这些作家的显白教导和隐微教导。显白教导是一种适合

---

① 参施特劳斯,《政治哲学与历史》,前揭,页 68;参施特劳斯,《迫害与写作艺术》,前揭,页 8、151—152。
② *Living Issues*, p. 121.
③ 关于施特劳斯著作中哲学与史学的关系问题,参拙文 "*Philosophy and History: Tradition and Interpretation in the work of Leo Strauss,*" Polity 16: 1 (Fall 1983): 5—29.

非哲学大众的教化。避免受到迫害是这种显白教导"最明显也是最拙劣的理由"。因为意见是社会的基本要素，也因为哲学试图以知识取代意见，不仅哲学面临着来自共同体的危险，而且共同体也面临着来自哲学的危险。

因此，同意这一看法的哲人以这种方式进行写作，以此保护哲学和共同体。但据施特劳斯所述，采用这种写作方式的最高理由是一步步地将潜在的哲人从他们最初的意见中引出来，越过各种障碍，最终通向对真理的追寻。①

施特劳斯所描述的显白写作现象支持了他对历史主义的批判。过去的哲人对当时正统或传统观点的明显采纳常常被视为证实了历史主义的论题，即所有人类思想都是该时代的精神或主导性意见的表达。施特劳斯认为，恰恰相反，这样的采纳常常只是对那些意见的显白调和，背后却是对它们的隐微批判。②

将施特劳斯的解释学视为某种"文本主义"是对他的误解，就好像说他断定可以不考虑其历史语境而理解某个文本。施特劳斯试图结合伟大作家的语境来阅读文本，但他试

---

① 参施特劳斯，《迫害与写作艺术》，前揭，页 17—18、24—26、34—37；参施特劳斯，《论一种被遗忘的写作方式》，载《什么是政治哲学》，前揭，页 221—222。

② 参施特劳斯，《政治哲学与历史》，前揭，页 63—64；关于两者之间的联系，see Arnaldo Momigliano, "Hermeneutics and Classical Political Thought in Leo Strauss," in Momigliano, *Essays in Ancient and Modern Judaism*, (Chicago: University of Chicago Press, 1997), pp. 178—89; and Arthur Melzer, "Esotericism and the Critique of Historicism", in *American Political Science Review* 100 (2006): pp. 279—295.

着以作家为指引,而不是将作家置于我们当代学者构建的语境中。当代学者预设,只能从过去伟大作家的同时代人来考虑他们,而不能从他们引用的古典先驱者、也不能从他们孕育的后继者的角度来考虑。例如,关于斯宾诺莎,施特劳斯写道:

> 为了理解他的著作,我们需要那些他本人未提供的资料,以及那些无论何时何地都不能被每个明知读者轻易获得的资料。但我们一定不能忘记以下的事实:严格来讲,这类资料是具有附属功能,或者说,这类资料必须被整合进斯宾诺莎本人真正或明显提供的框架里……这类枝节永远不可能提供关于斯宾诺莎教导的线索,除非以下这点已经被毫无疑问地证明了:彻底搞清他笔下的教导是不可能的。①

施特劳斯进一步承认,因为斯宾诺莎采用的哲学传统术语已经过时,今天的读者必须学习斯宾诺莎认为其同时代人理所当然熟悉的那门语言的基础。施特劳斯更宽泛地承认,解释者必须重构不可或缺的"背景",但

> 在其重构的著作中,解释者必须遵循斯宾诺莎

---

① [校按] 塔柯夫手稿,未能注明出处,译文为译者据英文自译,特此说明。

041

本人树立的标志物，以及斯宾诺莎写作中偶然留下的提示。他的出发点必须是一幅斯宾诺莎先驱者的清晰图景，不仅要按照斯宾诺莎对他们的理解，而且要建立在斯宾诺莎明确的陈述上。[①]

施特劳斯自己的解释常常包含解读文本及其"出处"之间的仔细对比。由于采用"字里行间的阅读"方式，对施特劳斯而言，必须尤其留心以下方面：作者的语境、引证、神圣文本、所处共同体的支配意见，以及他面对这些意见时的潜在盟友。

我非常有兴趣知道，施特劳斯的解释学，包括他对许多位作家所作的争议极大的显白与隐微之分，是否或在多大程度上对解释东亚古典著作上是有用的。

古人与今人

施特劳斯最特别的主张之一是重启古人与今人之争。但我们很难精准确定施特劳斯如何表述这一论题。在古人中，他首先关心他所谓的古典政治哲学，即苏格拉底、柏拉图、亚里士多德及其随后的中世纪追随者所形成的传统，而非诸如伊壁鸠鲁和卢克莱修的传统。

---

① 参施特劳斯，《迫害与写作艺术》，前揭，页 159—61；另参拙著 "Philosophy and History", pp. 11—12.

古典政治哲学是前文简述的施特劳斯政治哲学概念的最佳例子。古典政治哲学既直接与这种生活相关又超出政治生活，是对最佳政制的追寻；尽管古典政治哲学缺乏现实性，却可以作为标准的最佳政制揭示着所有现存政制的缺陷。在概括性的《什么是政治哲学》里，施特劳斯写道，古典政治哲人对如下说法有着根本的一致性：

> 政治生活的目标是德性，而最有益于德性的秩序是贵族共和或混合政制。①

同样，他在该文中评论道，

> 古典派反对民主制是因为他们认为，人类生活乃至社会生活的目标不是自由而是德性。②

例如，柏拉图关心哲学的可能性，以及对一个有利于温和政治进程的稳定的政治秩序的提升。

施特劳斯主张，尽管现代"有许多种根本不同的政治哲学"，他们"共享一个根本原则"，"这一原则从反面才能得到最好的表达：它指责古典方案不现实"。③ 关于现代政治哲学的肯定性特征，施特劳斯在《什么是政治哲学》里有一个

---

① 参施特劳斯，《什么是政治哲学》，前揭，页31。
② 参施特劳斯，《什么是政治哲学》，前揭，页27。
③ 参施特劳斯，《什么是政治哲学》，前揭，页31。

颇为周全的表述：

> 现代政治哲学是一场世俗运动，试图保证理想的实现，或证明理性事物与实在事物（the rational and the real）的必然巧合，或消除本质上超越每一种可能的人类实在的事物。①

至少在马基雅维利那里，施特劳斯自19世纪40年代起就将其描述为现代政治哲学的创始人，并将其原则表述如下：

> 为使正当或可欲的社会秩序有可能——即便不是确定的话——实现，或者说，为了征服机运，人们必须降低标准；人们必须使重点从道德品质转向制度。②

只要现代政治哲人仍然关心公民德性，那么这一原则就只是保存可欲的社会秩序的方法，而非保存人的自然目的或社会秩序为之服务之目的的方法。

在施特劳斯看来，现代或马基雅维利对古典传统的拒斥，是对古典传统在基督教影响下发生变形的反映。人对同

---

① 参施特劳斯，《什么是政治哲学》，前揭，页51。
② 参施特劳斯，《什么是政治哲学》，前揭，页38。

类的责任和为同类所承担的责任已被无限地加强了，关心众人灵魂的拯救导致了宗教迫害。非人性和残暴性的增长似乎是目标太高带来的始料未及的后果，因此人性似乎在要求目标的降低。①

施特劳斯对现代性的批判首先意味着对他所谓"西方危机"的回应。西方已对其目标不再那么肯定，这个普世目标由现代政治哲学提出，即一个以征服自然为基础的共同体，这个共同体由自由的平等男女构成，并能够使得所有人发展天赋。实证主义与历史主义的主流权威论述否认理性能捍卫该目标，或者理性能对其好坏进行任何普遍判断。施特劳斯指出，这个推论并不是完全偶然的，而是整个现代发展的后果。为了在制度、经济或历史进程中寻求一个前现代道德诉求的替代品，现代最终丧失了一切标准。现代倾向于将理性从自然中划分出来，这导致对理性的贬低，也导致了现代无法为自身的好而辩护。②

然而，施特劳斯关于现代性的宏大叙事并非一个不断衰落的故事。在施特劳斯看来，不仅马基雅维利对古典传统变形的反叛是古典派也会谴责的，开启第一和第二次现代性危机的卢梭和尼采既是向古典古代（classical antiquity）回归，更向一个更高的现代性迈进。尼采和海德格尔所动摇的传统

---

① 参施特劳斯，《什么是政治哲学》，前揭，页33—35。
② Cf. Leo Strauss, *The City and Man*, pp. 2—4, 6—7；参施特劳斯，《进步还是回归》，前揭，页270—271、273—274。

使得重返古典哲学变得必要而且可能。① 值得追问的是，施特劳斯对那些伟大的现代政治哲人思想的详细解释是否与他关于现代性的整体叙述相吻合。②

施特劳斯重启古人与今人之争意在使它成为一个开放性的问题，并不是一味支持古人。在他笔下，重返古典政治哲学"既是必要的，也是暂时的或实验性的"。③ 借助古典政治哲学的视野，施特劳斯得以批评西方现代性，这个批判不再是针对现代的，但仍然是针对西方的；或者从其实质而非年代或地域的角度来看，这个对现代理性主义的批判仍然是理性主义的，而这与所谓的后现代主义不同，后者的特征是对理性主义的拒斥。施特劳斯的回归是理论上的而不是实践上的，是对古典政治哲学的回归而不是对古典城邦的回归。他写道：

> 我们不可能指望对古典政治哲学的重新理解会为我们当下的问题提供处方。因为，现代政治哲学的相对成功形成了某种对古典派而言陌生的社会，而古典派所表述和分析的古典原则无法直接应用到

---

① 参施特劳斯，《自然权利与历史》，前揭，页 251—254、31—32；Strauss, *The City and Man*, p. 9；参施特劳斯，《一段未宣读的开场白》，张缨译，载《犹太哲人与启蒙：施特劳斯讲演与论文集：卷一》，刘小枫编，北京：华夏出版社，2010，页 450。

② See Heinrich Meier, "*The History of Philosophy and the Intention of the Philosopher: Reflections on Leo Strauss*," in *Leo Strauss and the Theologico-Political Problem*.

③ Cf. Leo Strauss, *The City and Man*, p. 11.

这样的社会中。只有活在当下我们有可能找到解决当下问题的办法。①

在这个层面上，施特劳斯与支持古典共和主义或支持积极生活这个古代观念的政治理论家分道扬镳。

施特劳斯对西方的古人与今人之争的重启与东北亚的相关性似乎是成问题的，因为古典性与现代性严格来说是西方的分期或现象。由于东北亚国家有自己漫长的政治思想传统的基础，他们接触到西方古典政治哲学和现代政治哲学的时间相对较晚。我猜想，他们对施特劳斯笔下这一争论的理解会带来独特的视野。

自由主义与保守主义

在本文最后一节，我会讨论施特劳斯对美国自由主义与保守主义的立场，这是一个具有美国地方色彩的论题，而这在东北亚语境中可能只有间接的联系。为了让大家容易理解施特劳斯与自由主义，我必须首先按照施特劳斯的用法区分几个含义不同的术语，而我主要根据1968年《古今自由主义》②的前言来进行区分。首先，自由主义一词在当代美国生活中的用法与保守主义相对，举例而言，总统奥巴马

---

① Cf. Leo Strauss, *The City and Man*, p. 11.
② 本节括号中数字是此书的页码。

(Obama)被称为自由派，而他的共和党对手罗姆尼（Mitt Romney）则被称为保守派。施特劳斯解释道：

> 当下［（引按）意即1968年美国］，一个支持"向贫困开战"而反对越南战争的人通常无疑地被视为自由派，而一个支持越南战争但反对"向贫困开战"的人则通常无疑地被视为保守派［（引按）"向贫困开战"是约翰逊（Lyndon Johnson）国内政策的鲜明标志］。

施特劳斯在前言中指出的自由主义第二种含义是自由民主制，是美国自由派和美国保守派都捍卫的那种政制或社会。在重刊于《古今自由主义》的《论政治学的科学研究》的《结语》中，他补充解释道，自由民主制的民主基础是"基于普选的自由竞选"，并给出了一个自由民主制之自由主义的例子："不构成一个明确而现实的危险的言论都是绝对自由的。"施特劳斯更通俗地解释道，自由主义国家的"成败系于国家与社会之分或对私人领域的承认，即一个受法律保护但不危害法律的私人领域"。①

在施特劳斯笔下，美国自由派的特征是他们对一个普世的或无阶级的共同体或联邦充满热情；这与保守派不同，保

---

① 参施特劳斯，《古今自由主义》，叶然等译，上海：华东师范大学出版社，2019，页296—304。

守派更同情"特殊事物或特殊主义者和异质事物",而且他们更愿意"尊重并延续一个更根本的多样性,而非那个通常被自由派尊重乃至视为当然的唯一性(the one)"(viii)。尽管自由主义似乎与共产主义共享一个普世和无阶级共同体的终极目标,但两者形成对比的区别在于,自由主义通向该目标的道路是偏民主的或和平的,而且其目标始终将"神圣化",而这一权利"是每个人都有的,无论他多么卑微、古怪、拙于辞令"(vii—viii)。施特劳斯写道,自由派的政治普遍主义是"建立在源于理性的普遍主义之上"。然而,他指出,美国自由派面临忽视西方理性主义传统衰败的危险,而这是他们自由主义的根基渊源。

施特劳斯写道,当代保守主义和自由主义最终都根源于共产主义(尽管与共产主义不同,自由主义将"批评政府包括批评地位最高之人的权利视为神圣的权利"),如果人们回到"现代性的起源……回到古人与今人之争"(ix)。因此,他指出自由主义的另一个含义:作为某种政治理论或学说的自由主义捍卫着这样的自由社会。施特劳斯举例而言:

> 倘若我们可以把自由主义称之为这样的一种政治学说,它将与义务判然有别的人的权利视为基本的政治事实,并认为国家的职能在于保卫或维护那些权利。①

---

① 参施特劳斯,《自然权利与历史》,前揭,页181—183。

施特劳斯对比了现代自由主义和他称之为"前现代意义上"或"在该词原初意义上"的自由（ix—x）。施特劳斯解释道，在原初意义上的自由意味着践行慷慨（liberality）的德性，或更简单而言是有德性的状态。施特劳斯在前言中从自由的原初的前哲学含义，亦即有德的状态，突然过渡到古典政治哲学的自由主义，而它受到"如下意识的引导：所有人天生追寻好，而非祖传或传统之物"。

有时，施特劳斯会提及"宗教自由主义"，这试图从现代科学和现代自由主义的角度来更新传统宗教正统信仰，并给个人判断而非传统留下选择的余地。

由此我们获得了自由派或自由主义含义的范围：

1. 美国自由主义，一种政治党派性；
2. 自由民主制，一种政治政制；
3. 现代自由主义，一种源自现代政治哲学的政治理论或学说；
4. 原初的前现代、前哲学的自由状态，是某种德性；
5. 古典政治哲学的自由主义，一种政治哲学；以及
6. 宗教自由主义，一种宗教或神学。

在1932年著名的《施密特〈政治的概念〉评述》里，施

特劳斯这样总结，他声称施密特"在自由主义的视野里批判自由主义"，而且，"除非能够获得一个超出自由主义的视野"，我们才能完成"对自由主义的彻底批判"。施特劳斯没有明确指出这个更宽广的视野会在哪里。在 1962 年《斯宾诺莎的宗教批判》的前言里，施特劳斯写道，让他从历史主义解放出来的"基本方向之转变"在他那篇"评述施密特"中"首次表达出来"。①

然而，这个基本方向之转变已经在未完成和未发表的名为《当前宗教处境》("*The Religious Situation of the Present*")讲座草稿中有一个更完整的表达，这个讲座原本打算在 1930 年 12 月在一个犹太复国主义青年的静修活动（Zionist youth retreat）中宣读。② 施特劳斯在该文中声称，那个问题乃是什么是正当的生活，首先由苏格拉底提出，然而启蒙运动（与现代自由主义紧密相关）只赢得了回答这个问题的自由，但并未获得提出这个问题的自由。

超出自由主义的更宽广的视野正是回到提出苏格拉底问题的可能性，而这使得施特劳斯能够尝试对现代自由主义进行彻底的批判。他对现代自由主义学说的根本不满是，它终

---

① 施特劳斯，《〈政治的概念〉评注》，收于亨利希·迈尔《隐匿的对话：施米特与施特劳斯》，朱雁冰、汪庆华译，北京：华夏出版社，2008，页 122。另参施特劳斯，《斯宾诺莎的宗教批判》，前揭，页 31。
② Cf. Leo Strauss, "*Religiöse Lage der Gegenwart*" in Strauss, *Gesammelte Schriften*, vol. 2: *Philosophie und Gesetz — Frühe Schriften*, ed. Heinrich Meier with Wiebke Meier (Stuttgart: J. B. Metzler, 1997), pp. 377—391.

结了提出关于好生活的问题,却以权利与利益的考虑取而代之。他甚至以此反对其他一些版本的现代自由主义,它们并不根据功利主义的德性而是根据真正德性的自决本质来为自身定位,而且它们还主张"国家不应关心德性与邪恶本身,不是因为德性不重要,而是它的沉重和崇高",这带来的后果是德性与宗教成为私人的事务。①

然而,施特劳斯对现代自由主义学说的不满,以及他随后向古典政治哲学的回归,并未让他拒斥自由民主制的政制。② 在冷战的背景里,施特劳斯强调"自由民主制与共产主义两种政体之间的冲突已经升级到质的不同"。③施特劳斯并不认为自由民主制在任何地方都适用,他对德国的自由民主制不抱什么希望,例如他 1933 年 5 月 19 日给洛维特(Karl Löith)的信,以及 1943 年 11 月 7 日关于德国再教育的讲座都可以体现出这一点。不论他所讲的"自由民主制有着复杂的利弊"(页259),他始终认为,"自由或立宪民主制比我们时代任何其它可行的选择更接近古典派要求的政制",

---

① Cf. *The City and Man*, pp. 32—33, 38—41.
② Cf. Nasser Behnegar, "The Liberal Politics of Leo Strauss," in *Political Philosophy and the Human Soul: Essays in Memory of Allan Bloom*, ed. Michael Palmer and Thomas L. Pangle (Lanham, MD.: Rowman & Littlefield, 1995), pp. 251—67; Steven B. Smith, *Reading Leo Strauss: Politics, Philosophy, Judaism* (Chicago: University of Chicago Press, 2006), pp. 104—7; and William Galston, "Leo Strauss's Qualified Embrace of Liberal Democracy," in Smith, *Cambridge Companion to Leo Strauss*, pp. 193—214.
③ 参施特劳斯,《古今自由主义》,前揭,页 274。

而且自由民主制从西方传统的前现代思想中获得强有力的支持。[1] 施特劳斯将现代自由民主制作为一种政制或社会加以赞美，这是基于古典政治哲学的自由主义，而不是基于现代自由主义的学说。

施特劳斯对现代民主制的保留或考虑完全可以被视为是自由主义的。他警告，美国社会正在受到如下事物的折磨：

> 美国社会正朝着同质或同一化的方向发展，也就是说，个性和差异性正受到非政治手段的压迫。所有的美国人都将以"典型美国人"的模样重塑自己。[2]

同样，他哀叹道：

> 把好人等同于有风度的人、有协作精神的家伙和"老好人"，也就是过分强调社会德性中的某一部分，相应地忽视那些在私下，更不用说在孤独

---

[1] Leo Strauss to Karl Löwith, May 19, 1933, Strauss, *Gesammelte Schriften*, vol. 3: *Hobbes' politische Wissenschaft und zugehörige Schriften—Briefe*, ed. Heinrich Meier and Wiebke Meier, 2nd ed. (Stuttgart: J. B. Metzler, 2001, 2008), pp. 624 – 25; Leo Strauss, "*The Re-education of Axis Countries Concerning the Jews*," ed. Nathan Tarcov, *Review of Politics* 69: 4 (Fall 2007), pp. 530—538; 参施特劳斯、科耶夫，《论僭政：色诺芬〈希耶罗〉义疏》，古热维奇、罗兹编，彭磊译，北京：华夏出版社，2016，页194；参施特劳斯，《现代性的三次浪潮》，《苏格拉底问题与现代性：施特劳斯讲演与论文集》，卷五，彭磊、丁耘等译，北京：华夏出版社，2008，页98。

[2] 参施特劳斯，《古今自由主义》，前揭，页349—350。

中，成熟起来（即便不是繁盛起来的话）的德性：只是教育人们以友好的精神彼此合作，还不能教育出不因循守旧的人，不能教育出那些准备独自承受、独自战斗的人以及"粗鲁的个人主义者"。①

施特劳斯为私人性、个人性和多样性而忧虑顺从主义，这既是古典意义上，也是现代意义上的自由主义。

近年来，施特劳斯已经被等同于当代美国保守主义思想和政治其中一个主要来源。② 我将这个问题留给思想史家，看看对施特劳斯思想的各种理解与误解、盗用与滥用、应用与误用对美国保守主义思想与政治的各个部分有多大程度的影响。我只会尝试确定施特劳斯对美国保守主义思想的态度和

---

① 参施特劳斯，《什么是政治哲学》，前揭，页28—29。
② 关于施特劳斯和美国保守主义，see Robert Devigne, *Recasting Conservatism: Oakeshott, Strauss, and the Response to Postmodernism* (New Haven: Yale University Press, 1994); Shadia B. Drury, *Leo Strauss and the American Right* (New York: St. Martin's Press, 1997); Steven Lenzner, "Leo Strauss and the Conservatives," *Policy Review* (April/May 2003), pp. 75—82; Anne Norton, *Leo Strauss and the Politics of American Empire* (New Haven: Yale University Press, 2004); Kenneth R. Weinstein, "Philosophic Roots, the Role of Leo Strauss, and the War in Iraq," in *The Neocon Reader*, ed. Irwin Stelzer (New York: Grove Press, 2004), pp. 203—12; Douglas Murray, *Neoconservatism: Why We Need It* (New York: Encounter Books, 2006), pp. 1—21; Francis Fukuyama, *America at the Crossroads: Democracy, Power, and the Neoconservative Legacy* (New Haven: Yale University Press, 2006), pp. 21—31; Andrew Sullivan, *The Conservative Soul: How We Lost It, How to Get It Back* (New York: Harper Collins, 2006), pp. 256—65; and Thomas L. Pangle, *Leo Strauss: An Introduction to His Thought and Intellectual Legacy* (Baltimore: Johns Hopkins University Press, 2006), pp. 83—86.

政治的立场，以及他对此所思所想的一些可能的隐含意义。

据施特劳斯所述，美国保守派与自由派不同，他们认为"普世同质的国家尽管是可能的，却不可欲，或者是既不可能也不可欲的"(viii)。这并不是因为他们是民族主义者，因为他说他们并不否认比民族国家更大联合体的必然性或可欲性。例如，他们不反对一个联合的自由欧洲。不是因为他们是帝国主义者，因为"无论好坏"他们都不再可能是帝国主义者，但他没有进一步解释。（有许多人声称施特劳斯是民族主义或帝国主义，以及美国保守主义的鼻祖。）

保守派拒斥普遍同质的国家，而这正是自由派和共产主义者以不同方式追求目标所在，这不是因为保守派"比自由派对特殊事物或特殊主义者和异质事物有更大的同情"，或者他们只是比自由派更愿意"尊重或延续一个更根本的多样性"。施特劳斯将保守派对特殊主义的同情追溯到他们对理性的不信任或对传统的信任。因此，他认为保守主义"面临着由真理统一性概念所引导的批判"。他批评"那些建立历史学派的杰出保守派"，因为"他们否认普遍规范的重要性，先不说普遍规范的存在"，因而破坏了"所有超越现实事物的努力唯一坚实基础"。①

保守主义对理性的不信任和对传统的不信任与哲学对理性的依赖和对传统的质疑构成对立，然而这并不必然意味着保守主义立场不适合政治。施特劳斯问："通常而言，保守主

---

① 参施特劳斯，《自然权利与历史》，前揭，页14—19。

055

义是关于实践的智慧准则，那么它是理论的神圣法则吗？"（页254—255；另见页14—15）施特劳斯说保守主义只是"通常而言"关于时间的智慧准则。他在此处讨论的保守主义并不是"教条式的传统主义"，而是"忠于传统和喜爱重塑或重新解释传统之人"。施特劳斯警告道，"以几十年、几个世纪乃至几千年来未受争议的经验作为正当性基础的准则，可能由于无法预见的变化而需要修正"（页216—217）。忠于传统的保守主义需要用审慎或普遍理性加以补充和更正。

施特劳斯"回到更接近表面"的地方说，保守主义对普遍同质国家的不信任根源于对变化的不信任，而保守派却相信进步。美国保守主义在这个"通过一次变革、一次剧变或一次与过去的决裂而形成"的国家中，处于一个反对变化的尴尬位置。他指出，在保守派与自由派的对立首次兴起时（欧洲19世纪初期），这个对立的本质相当不同：保守派支持"王座与圣坛"，自由派支持人民主权和宗教的私人性。他指出，"这个意义上的保守主义不再在政治上具有重要性"。（许多人断言，施特劳斯相信一个逐步摆脱民主制或重建宗教的实际计划。）与此相反，施特劳斯写道，我们时代的保守主义"等同于最初的自由主义，它的修正多少受到当今自由主义转向的影响"（ix）。

施特劳斯从自由派与保守派的当代对立上升到古人与今人之争，而他认为这更为根本。他首先求助于"自由"的原初含义，亦即践行慷慨的德性，或更一般意义上的践行德性，然后回到古典政治哲学的自由主义（ix—x）。古典政治哲学不是信任传统的保守主义，尽管它可能采取"某种保守主义姿态"以示对传统的尊重，但他也审慎而理性地知道超越、重塑和背弃传统的需要。

与保守主义信任传统与不信任变化的原则不同，古典政治哲学以"一个实质原则"（a substantive principle）反对普遍同质国家。它声称，一个封闭社会对人而言是自然的，这个社会"依赖于一个特殊的根本意见，这个意见无法被知识所取代，因此必然是一个特殊的或特殊主义的社会"（x）。实际中的特殊论是与施特劳斯所倡导的古典政治哲学与普遍、同质国家相对而生，这种特殊论并非基于对传统的信任，或对理智的不信任，而是基于对自由之脆弱和邪恶之坚韧的体认。[①]

至此我讨论的传统主义只是当代美国保守主义思想和政治的几股主要思潮之一。这些思潮有时互相纠缠，有时分道扬镳：文化保守主义、自由市场保守主义、社会保守主义、人民党保守主义，以及"强硬的"外交政策。关于施特劳斯思想与它们每一个的关系，我将冒险给出几点仓促的、试探性的评论。

施特劳斯常常被不无道理地与那些自认捍卫西方文化或西方传统的文化保守主义者联系在一起。施特劳斯警告，

> 尤其是那些知道他们的热望植根于西方传统中

[①] 参施特劳斯，《自然权利与历史》，前揭，页130—133；Cf. Leo Strauss, *The City and Man*, pp. 5—6。

的自由派，并未充分考虑如下事实：正是在他们要求或赞赏的大同世界（One World）的方向上发生的种种转变不断在侵蚀这个传统（ix）。①

然而，他将此视为20世纪典型的历史主义的特征，并对此加以批评，即关于正当生活方式的哲学问题被"西方文明的理想"所取代。②尽管施特劳斯捍卫自由教育，而这已"几乎等同于对公认的伟大著作的阅读"，但他提倡，阅读这些书籍是要让我们记起人类的伟大，而不是将它们视为我们传统的来源。他补充道，"我们应当聆听的最大伟大的心灵绝不只属于西方人"（页3、6、7、24）。施特劳斯无法要求重返我们的传统本身，因为我们的传统包含着互相矛盾的元素，而这需要我们去寻找我们自己的方向并思考我们自身（页7—8）。③

施特劳斯将洛克关于理性生活的洞察刻画为"对快乐的毫无乐趣的追寻"，而且他声称"经济主义是马基雅维利主义的成熟产物"，这些暗示了他的思想与自由市场的保守主义有很大的差别。他似乎赞同古典派，认为社会生活的目标不是自由而是德性，而且自由"本身的正当性在于追寻人类

---

① 参施特劳斯，《进步还是回归》，前揭，页101。［校按］中译文未标注原文页码，查找不易，现译文为译者英文直译，页码为原文页码。
② 参施特劳斯，《什么是政治哲学》，前揭，页49—50。
③ 参施特劳斯，《进步还是回归》，前揭，页104、113；Leo Strauss, "German Nihilism," *Interpretation* 26: 3 (Spring 1999), p. 367.

卓越",因此听起来他不像是一位自由论者(页24、64)。①

由于某些原因,施特劳斯的思想似乎与自由市场的或自由论的保守主义有很大差别,但他可能看起来会同情社会保守主义对德性和宗教的关切。他认为,关心自由不应妨碍关心德性,但并不清楚他所讲的德性如何与社会保守派的执念有紧密关联。我看不出有什么办法可以确定施特劳斯关于社会保守主义议题(如同性恋和堕胎)所思所想的含义。

同样,施特劳斯一生思考的神学—政治学问题的在实际中的含义是不确定的。一方面,宗教对道德、政治的用处及表达着人类深层欲求和恐惧的宗教的永恒性都意味着,政策的目的不应是根除宗教或将它从公共广场中清除出去。另一方面,启示宗教对理性和哲学的敌意及宗教在精明权术(prudent politics)上的偶然失效,意味着政治应该享有宗教之外的独立性。②施特劳斯认为,自由主义国家将宗教视为私人领域的一部分,受到法律的保护而不危害法律,这样的国家无法解决犹太人的问题,但这个尴尬的"解决办法"也高于共产主义道路,即拆毁自由主义国家并废除私人领域(页230—231)。

尽管人民党保守主义和人民党自由主义支持的民众和谴

---

① 参施特劳斯,《自然权利与历史》,前揭,页256、132—133;参施特劳斯,《什么是政治哲学》,前揭,页40—41、25—27。Steven B. Smith, *Reading Leo Strauss: Politics, Philosophy, Judaism* (Chicago: University of Chicago Press, 2006), p. 171.

② 参施特劳斯,《自然权利与历史》,前揭,页166—167;参施特劳斯,《什么是政治哲学》,前揭,页34—35。

责的精英有所不同，但施特劳斯对"大众民主制"的批判无疑表明他不是一个人民党人。他甚至给予一个受过自由教育的文职人员很高的评价。他对"暗中形成的顺从主义和对隐私日益增长的侵害"的谴责表明他远非人民党主义者，而更像是他那个时代左右两翼均有的社会批判。①

对施特劳斯著作中隐含的关于外交政策的充分描述超出了本文的范围。② 人们不应期盼施特劳斯重返古典政治哲学会引出对外交政策的具体指导，因为他主张，引导着古典政治哲学的问题是关于政治共同体的内部结构，而非其外部关系。③ 对此，他的理由是，"外交政策的最终目标（政治共同体的生存与独立）在本质上不会引起争议"。他认为，政治共同体"最紧迫和首要的任务是自我保存，而……最高的任务是自我提升"。他承认，军事力量很重要，而且有时需要动用它；他不相信通过合众国形成的普世联邦。所有这些都表明，施特劳斯的立场既接近于无论是保守派还是自由派中的外交政策的"现实派"（realists），也类似于近来主要出现在保守派中的"单边派"（unilateralists）。

---

① 参施特劳斯，《什么是政治哲学》，前揭，页27—28。
② 关于这一主题，参 Thomas G. West, "Leo Strauss and American Foreign Policy," *Claremont Review of Books* 4：3（Summer 2004），pp. 13—16; Smith, *Reading Leo Strauss*, pp. 184—201; "Will the Real Leo Strauss Please Stand Up?" *The American Interest* 2：1（September/October 2006），pp. 120—128; and Rob Howse, *Man of Peace：Rehearing the Case Against Leo Strauss*, in *The Legacy of Leo Strauss*, ed. Tony Burns and James Connelly（Exeter UK：Imprint Academic, 2010）.
③ 参施特劳斯，《论古典政治哲学》，前揭，页71—72。

但他也认为，他们当中在观念、政制与道德上的差异也很重要。在他的时代，这些是西方自由民主制、二战时期的轴心国势力以及冷战时期的苏维埃集团之间的差异。述及外交政策时，施特劳斯的言说对象不是美国，而是二战时期的盟军和冷战时期的西方，仿佛美国惯于从自己与普世目标的关系中理解自身的社会，而必然认为自己是一个关心自身保存的更大整体的一部分。① 他接受对立政制的共存，而不是坚持普世的自由民主制，他对德国在战后强制推行的自由民主制表示怀疑。

这些都令我怀疑，他应该会认同某些期盼着通过军事征服传布自由民主制的新保守主义者的乐观看法。他认为，公民道德必须要面对以下两个矛盾：第一个是尚武习性和正义的要求之间的矛盾；第二个矛盾是，一方面它主张适用于战时的准则与和平时期不同，另一方面它又至少将某些据说只适用于和平时期的准则视为普遍有效。② 尽管他提醒我们这一张力，但他并不认为我们可以忽视正义的要求，仿佛正义逼迫我们无视战争的紧急状况。

如果要从施特劳斯的政治哲学讨论中推出他可能会认为就我们的具体境遇而言合理的政策，这将是对施特劳斯的歪曲。因为就算在他明确提出具体政策的少数情况下，他也不

---

① Cf. Leo Strauss, "*The Re-Education of Axis Countries Concerning the Jews*," *Review of Politics*, 69: 4 (Fall 2007), pp. 530—538; Cf. Leo Strauss, *The City and Man*, pp. 2—6.
② 参施特劳斯，《自然权利与历史》，前揭，页149—150、161。

是从对政治哲学的思考中推出这些政策。对施特劳斯而言，哲人不是任何现实政制、党派或计划的坚定支持者，而是一位在党派之间的仲裁者及一位立足于最佳政制的现实政制的批评者。

哲人像是一位在某个正派的现实政制中行事的好公民，正如苏格拉底在民主雅典所做的，而苏格拉底选择在雅典生活，为她而战，并服从她的法律（正如他拒绝为三十僭主做事），也正如施特劳斯在美国所做的。① 按照施特劳斯，古典政治哲人将政策问题留给审慎的政治家们，他们不从政治哲学中推出政策，但他们需要政治哲人的帮助，并保护他们远离错误的政治学说或理论，以免这些学说危及审慎，还要求政治哲人指导政策制定。我认为，这就是施特劳斯在批评现代自由主义学说时所做的事情。

施特劳斯对政治哲学及其在政治共同体中的角色的理解与我们这个时代的政治哲人有着很大的不同。当今的政治哲人正是将他们的任务理解为从他们的哲学原则中推出具体政策或达致具体政策的方式。②如果人们试图将施特劳斯说成是这种政治哲人，他们就并未真正理解施特劳斯。施特劳斯既不简单地是一位保守派，也不简单地是一个自由派，但他能提醒保守派和自由派留心那些他们打算忽视的永恒问题。

---

① 参施特劳斯，《论古典政治哲学》，前揭，页 80—81、90；参施特劳斯，《我们能从政治理论中学到什么》，页 522。
② Cf. Meier, *Leo Strauss and the Theologico—Political Problem*, pp. 14—15.

哲学与历史：冈内尔与施特劳斯论传统与解释[①]

李孟阳 译

"传统的神话"

施特劳斯可能仍然是唯一一个最具影响力和争议性的政治哲学史家。过去十年，波考克（P. G. A. Pocock）和斯金纳（Quentin Skinner）已向施特劳斯的研究路径发出挑战，他们批评古典文本传统的惯常观点、强调语言语境的重要性、坚持彻底历史学的研究路径。他们未曾尝试系统检讨施特劳斯的著作。与此不同，冈内尔（John Gunnell）最近做

[①] ［校按］该文载 John S. Nelson ed., *Tradition, Interpretation, and Science*, New York: State University of New York Press, 1986, pp. 69–112.

了此项工作，并以方法论反思作为开端。① 我将考察冈内尔就施特劳斯著作特点所提出的有趣问题：施特劳斯著作是否是历史的和科学的？它们在传统的意义、解释与批评的关系上预设了何种概念？

冈内尔提醒，"要理解施特劳斯需要全面理解他的事业，还要仔细检讨他就此不得不谈的内容"，因为这项事业的特征迄今"仍然晦暗不明"。但冈内尔也想用他对施特劳斯著作的解释"来指出并显明"一种"文学类型"的"结构特征和主导的意图特征"（《传统的神话》，前揭，页122）。冈内尔声称，施特劳斯的著作"属于这样一种类型，它已在该领域的教学和研究中统治了一段时间"（《传统的神话》，前揭，页123）。具体而言，冈内尔声称，"施特劳斯关于政治哲学传统的概念是规控性范式（regulative paradigm）的范例"（《传统的神话》，前揭，页122）。而这也见于阿伦特（Hannah Arendt）、沃格林（Eric Voeglin）和沃林（Sheldon Wolin），并源自较早的学者如邓宁（William A. Dunning）

---

① 参冈内尔，《传统的神话》（"The Myth of the Tradition", in *American Political Science Review*, 1978, 72 (1), pp. 122—134）；及冈内尔著，《政治理论：传统与阐释》（*Political Theory: Tradition and Interpretation*, Winthrop Publishers, 1979）。该论文对施特劳斯的讨论超出了该书的范围，但该书是有益的补充。本文早前曾提交到美国政治科学学会1979年年会的"解释政治理论"板块中，冈内尔是主持人。在修订本文时，我获得了Christopher Bruell、David Greenstone、Ira Katznelson的帮助和批评。本文的删减版见于 *Polity*, 16: 1 (Fall, 1983)。［校按］中译文参冈内尔，《政治理论：传统与阐释》，王小山译，岳麟章校，杭州：浙江人民出版社，1988。《传统的神话》正是该书第三章的内容。中译文未曾录入原文页码，查找不便，现译文为译者据英文直译，且注释保留原页码不变。

和萨拜因（George H. Sabine）。① 冈内尔将此范式称为"传统的神话"。

这个范式的首个特征是，贯穿其中的是"建立对当代政治与政治思想批评的关切"，一个"实践性的"和"工具性的"关切（《传统的神话》，前揭，页 122；《政治理论》，前揭，页 67—77）。其基本语境是如下信念："古典文本的传统年代学……构造了一个真实的历史传统或前后相承的思想形式。"（《传统的神话》，前揭，页 122。对比《传统的神话》，前揭，页 131）别言之，它预设了"一个有历史分界、由一流人物有意识地参与其中的活动"（《传统的神话》，前揭，页 132）。它认为这些著作"属于一个特定类型"，而不理会"某个具体古典作家的意图和目的、文学作品类型以及创作环境之间的明显差异"（《传统的神话》，前揭，页 122、131）。它假定，他们关心"一系列共同的问题或观念"（选举制、自由、权威、权力、正义、义务等）（《传统的神话》，前揭，页 131）。最后，它假定，这个传统深刻地影响着晚近的政治思想和实践，并认为后者作为一个危机，既要求也容许传统的复兴（《传统的神话》，前揭，页 122、131—132；《政治理论》，前揭，页 34—45、58）。

冈内尔认为，这种做法并非"不合法"，而且他并不意在"诋毁"它，但他不满认同此点的人忽视了其"神话"特

---

① 参冈内尔，《传统的神话》，页 130—132。对比参冈内尔，《政治理论》，前揭，页 12—22、34—59、69—90。

征,而且没有意识到蕴含其中的"一些比较明显的方法论困难",尽管这些困难"不难发现"(《传统的神话》,前揭,页132—133;《政治理论》,前揭,页90)。他总结道:

> 没有什么比那些传播传统的神话的文献作品更能模糊大多数政治哲学的古典作品的意义,也没有比它们更能让人偏离关于这些意义的判断标准(《传统的神话》,前揭,页133)。

尽管冈内尔的讨论既非论战也非辩护,但它们对施特劳斯的著作有一些常见于施特劳斯批评者和仰慕者中的误解。

冈内尔认为,施特劳斯是"传统的神话"的主要鼓吹者之一。冈内尔认为施特劳斯的著作有着神话的特征,甚至是有意神话化的,他的这个看法基于如下几个说法中:(1)施特劳斯对于作为规范的"传统"的解释幼稚而刻板,只有放在其实际目标中才是可理解的;(2)施特劳斯关于隐微写作的主题是不科学的;(3)施特劳斯破坏了他在历史与哲学、解释与批评之间做出的非历史主义的简单区分。我对这些说法的解释将呈现出施特劳斯著作中最成问题的特征。具体而言,我将强调,历史对施特劳斯而言有着极其严肃(非神话)的重要性,以及在多大程度上他与简单的非历史主义不同(我所谓的"简单的非历史主义"包括一个惯常观点,即人总能直接获取真理,以及一个特殊观点,即我们可以无需任何历史的帮助而讨论过去的文本,仿佛它们与我们同时代)。

冈内尔重述了施特劳斯的开端，即"西方的危机"，而其原因是政治哲学的衰落，特别是实证主义和历史主义对政治哲学的拆毁（《传统的神话》，前揭，页123－125）。他指出，该危机既要求历史研究，也使历史研究成为可能，而这自相矛盾地要求复兴一个非历史的政治哲学（《传统的神话》，前揭，页125－126）。他认为施特劳斯有如下的主张：始于苏格拉底的古典政治哲学是真正的政治哲学（《传统的神话》，前揭，页127）。按照冈内尔的描述，施特劳斯以马基雅维利笔下的"进步的衰落"或"层累的错误"为界，将"伟大的传统"分为古典的与现代的（《传统的神话》，前揭，页127－129）。

冈内尔认为施特劳斯有一个"非常实际的目标"：显露出深藏现代政治哲学之中的意义，并破坏其可信性，由此"拆毁现代自由主义、共产主义及其相关学说的根基"（《传统的神话》，前揭，页127）。他强调，施特劳斯"关于政治哲学传统的具体重建，只有在实际推行的策略分析中才是可理解的"（《传统的神话》，页130）。冈内尔不满施特劳斯并未提供任何一般的解释理论来支持他对客观性的要求，而且未能通过"解释具体人物观念间真实的历史关联或其对政治的影响"来"证明这个传统的存在"（《传统的神话》，前揭，页130－131。对比《传统的神话》，前揭，68页）。与按照思想家理解自身那样理解他们不同，

> 施特劳斯预设了这些作家着手要写政治哲学，

而且是施特劳斯定义的政治哲学，预先将他们视为那个传统的参与者。施特劳斯赋予作家们的真实"意图"（例如马基雅维利转变古典政治哲学或霍布斯修正马基雅维利的教导的意图）通常而言具有一个位置性的功能，使得施特劳斯将他们摆置在他重构的传统里，但却不是从他们著作中清楚得出的东西（《传统的神话》，前揭，页132）。

冈内尔声称，由于施特劳斯"预设了这个传统的存在及其特征"，这些作家的意义"在他着手解释他们的著作之前"就已经被设定好了（《传统的神话》，前揭，页133）。最后，冈内尔最引人注目的说法是，施特劳斯的著作反映了"历史主义思想模式结构"，尤其是海德格尔的，而且这破坏了他坚持的在哲学与历史、解释与批评之间的区分。[①] 在这些主张的基础上，冈内尔总结认为，施特劳斯并非错在讨论谬误的历史，因为他根本没有讨论历史。相反，施特劳斯以一种柏拉图游戏的口吻将神话置于历史形式之中，而这是对我们时代的妥协。他并未"进入与过去的对话"，但却"构建了一场与过去的对话"（《传统的神话》，前揭，页131，133—134）。

[①] 《传统的神话》，前揭，页132—133。对比《政治理论》，前揭，页80—82。冈内尔在书中不确定施特劳斯与海德格尔的关联，但在文章中忽略了这点。

施特劳斯的传统

尽管冈内尔就施特劳斯著作中哲学与历史、批评与解释的关系提出了一个重要问题，他对于该著作的解释并不准确，亦不充分。冈内尔忽视了施特劳斯在一系列关键议题中给出的限定、条件与确切含义。

施特劳斯并未简单地将习传传统视为某种规范。就连施特劳斯"认为政治哲学始于苏格拉底"这种基本说法也忽视了施特劳斯的限定（《政治理论》，前揭，页37。对比《传统的神话》，前揭，页132）。施特劳斯说的是，"按照传统观点"，苏格拉底是政治哲学的奠基者，但施特劳斯随即提醒，这个看法"需要某些限定，或者甚至需要解释；但比起其它看法而言，它的误导成分较少"。[①] 数页后，施特劳斯解释道，关于自然权利的学说"起源于苏格拉底之前"，尽管"它在苏格拉底和古典政治哲学那里进一步发展，但后者总体而言与先前的观点大有不同"。[②] 在别处，施特劳斯对此同样谨慎。他写道，苏格拉底"据说"是政治哲学的奠基者，

[①] 参施特劳斯，《政治哲学史〈导言〉》，收于施特劳斯、克罗波西编，《政治哲学史》，李洪润等译，北京：法律出版社，2010，页1—6，尤其页1—2。
[②] 参施特劳斯，《政治哲学史〈导言〉》，前揭，页4。

并将他随后的评论限定为"如果这个说法为真"。① 在进一步论述之前,他讨论了"前苏格拉底的自然权利"。② 在另一个地方,他不仅将这个说法归给"传统看法",而且他注意到,由于智术师的政治诉求,该看法"不再被认可";于是他讨论了相反的主张。③ 在那里,他还讨论了"首位政治哲人"希波达莫斯(Hippodamus)(施特劳斯,《城邦与人》,前揭,页 17—23)。

冈内尔表达了一个广为人知的观点,"施特劳斯的关键说法之一是,'古典政治哲学是关于政治事务的真科学',而且他认为'所有政治处境的本质特征都为旧政治科学所理解'"(《传统的神话》,前揭,页 127)。冈内尔引用的文字的确是施特劳斯的,但施特劳斯在首段所讲的是,那些试图理解古典政治哲学的社会科学家"被迫去思考是否古典政治哲学而非当今社会科学才是关于政治事务的真科学"(施特劳斯,《城邦与人》,前揭,页 10)。施特劳斯随后给出了一个明确的说法,这个对古典政治哲学的回归是"暂时的或实验性的"(施特劳斯,《城邦与人》,前揭,页 11)。同样,冈内

---

① 参施特劳斯,《自然权利与历史》,前揭,页 122—123;施特劳斯,《苏格拉底与阿里斯托芬》,李小均译,北京:华夏出版社,2011,页 3;施特劳斯,《色诺芬的苏格拉底言辞:〈齐家〉义疏》,杜佳译,上海:华东师范大学出版社,2010,页 83。
② 参施特劳斯,《自然权利与历史》,前揭,页 118—120。
③ Strauss, *The City and Man*, pp. 13—17. 对比施特劳斯,《古今自由主义》,前揭,页 41—42、57—64、67—80。

尔引述的第二段也以"那么如果……"开始。①

在书中，冈内尔认为施特劳斯将古典政治哲学视为"那个真正的政治哲学"和"那个政治真理"（《政治理论》，前揭，页39）。前者根本没有出现在脚注里，而后者只出现在如下说法当中：历史学家不能"排除如下可能性——某个具体的政治哲学的历史背景是发现那个政治真理的理想条件"。② 两个短语的确出现了，不过是在数页之前。但这里，正如在冈内尔在书中对施特劳斯的重述那样，它们没有具体谈及古典政治哲学。③ 施特劳斯的意图是重启古今之争，使它成为一个开放的问题。他的确表示，只有蠢人才会认为这个问题完全是为了支持古人而提的。④ 因为施特劳斯真的不这样看，他并没有"追寻一个古典教导之基础的实际或政治的意图"。⑤

---

① Cf. Leo Strauss, "*Epilogue*," in Walter Berns, Leo Weinstein, Robert Horwitz and Leo Strauss and Herbert J. Storing, *Essays on the Scientific Study of Politics*, New York: Holt, Rinehart and Winston, 1962, pp. 305—327, on 313；[校按] 施特劳斯，《后记一则》，载施特劳斯，《古今自由主义》，前揭，页258—288。

② 参施特劳斯，《什么是政治哲学》，前揭，页57—58。

③ 参施特劳斯，《什么是政治哲学》，前揭，页53—54。对比《传统的神话》，页127。

④ Leo Strauss, "*On a New Interpretation of Plato's Political Philosophy*," *Social Research*, 13, 3, September 1946, pp. 326—327, on 326. 对比施特劳斯，《自然权利与历史》，前揭，页8—10；施特劳斯，《什么是政治哲学》，前揭，页163—164。

⑤ Strauss, "*On a New Interpretation of Plato's Political Philosophy*", p. 332.

冈内尔、波考克[1]和斯金纳[2]认为施特劳斯将现代政治哲学的奠基人马基雅维利描述为"一个恶魔"和"一位邪恶的教师"。(《传统的神话》,前揭,页129。《政治理论》,前揭,页40)前一个名号来自施特劳斯的一个条件句,该句以"即便如果,确实如果,我们被迫承认他的教导是极其恶劣的,以及他本人是一个恶魔……"开始。在该段中,施特劳斯建议从这个"不充分……而简单的意见"中"适当上升"到考虑"什么是马基雅维利真正令人赞许的"。[3] 同样,第二个名号来自《关于马基雅维利的思考》臭名昭著的第一句话:

假如我们承认,我们倾向于同意关于马基雅维利传授邪恶这个老派的简朴观点的话,那么我们不会是在危言耸听。[4]

随后施特劳斯认为这个观点"不充分",尽管它"断然

---

[1] Cf. J. G. A. Pocock, "*Prophet and Inquisitor: Or, a Church Built upon Bayonets Cannot Stand: A Comment on Mansfield's 'Strauss's Machiavelli'*" in *Political Theory*, 3, 4, November, 1975, pp. 385—401, on 387, 391.
[2] Cf. Quentin Skinner, *The Foundations of Modern Political Thought, Volume one: The Renaissance*, Cambridge: Cambridge University Press, 1978, p. 137.
[3] 参施特劳斯,《关于马基雅维里的思考》,前揭,页12—13。
[4] 这本书常常被总结为论证了马基雅维利是邪恶的教师。这似乎表明许多读者只读了第一句。参施特劳斯,《关于马基雅维利的思考》,前揭,页1。对比施特劳斯,《迫害与写作艺术》,前揭,页25。

优于其它流行的智术式观点"。① 正如施特劳斯在某处问他的读者那样,"以条件句的方式表述将某个说法,难道不会改变它的意义吗?"(施特劳斯,《迫害与写作艺术》,前揭,页70—71)顽固地无视写作者的条件句表述,或者重复他临时的初步陈述而不考虑他随后的限定,这永远是不合适的;这对施特劳斯的精巧说法非常不公平。②

在冈内尔笔下,施特劳斯认为传统是某个"进步的堕落",始于马基雅维利的"层累的错误"(《传统的神话》,前揭,页128)。这个描述并未传达施特劳斯关于现代性解释的独特复杂性。在施特劳斯笔下,卢梭和尼采分别作为现代性第二次与第三次"浪潮"的关键人物,都既是"对古代的回归"也是"对现代的推进"(施特劳斯,《自然权利与历史》,前揭,页257—258)。更准确来说,他认为在第二次浪潮中:

> 回到前现代思想只不过是一场运动的第一步,这场运动有意或无意地导致了一种更为彻底的现代性形式——对古典思想来说,这种现代性的形式要比17、18世纪的思想更为陌生。③

---

① 参施特劳斯,《关于马基雅维利的思考》,前揭,页9—10、12。对比施特劳斯,《迫害与写作艺术》,前揭,页25。
② 参施特劳斯,《迫害与写作艺术》,前揭,页16、62—65、185;Strauss, "On a New Interpretation of Plato's Political Philosophy", p. 353.
③ 施特劳斯,《什么是政治哲学》,前揭,页31—32。

施特劳斯似乎更接受卢梭对第一次浪潮和尼采对第二次浪潮的批评。卢梭的思考始于霍布斯的批评，然而霍布斯却并不一贯。① 由于尼采对现代理性主义的批评，我们不能"回到现代思想的较早形式"。② 那个"最彻底的历史主义"（施特劳斯显然以此指海德格尔）是现代思想的"顶端"和"最高的自我意识"。③ 我们受惠于此，因为它"迫使我们……意识到我们需要不偏不倚地重新审视那些有效性是由哲学设定了的最根本的前提"。④ 引人注意的是，就连施特劳斯关于古典政治哲学的表述也受惠于彻底虚无主义的洞见或构想，即所有知识都预设了一个视域。⑤

施特劳斯说法的辩证特征似乎"反映了历史主义思想形式的结构"。⑥ 因为，按照施特劳斯的描述，"重建早前教导是不可能的，或任何有意的重建必然彻底地改变了该教导"，

---

① 参施特劳斯,《自然权利与历史》, 前揭, 页267—283。
② Cf. Strauss, *Political Philosophy*, Hilail Gilden, ed., Indianapolis, IN, Pegasus, 1975, p. 98.［校按］后文简称《政治哲学》, 不再注明。
③ 参施特劳斯,《什么是政治哲学》, 前揭, 页45—46。Cf. Strauss, *Political Philosophy*, p. 27.
④ 参施特劳斯,《自然权利与历史》, 前揭, 页33—34。Cf. Leo Strauss, "An Unspoken Prologue to a Public Lecture at St. John's", *The College*, 30, 3, January, 1979, pp. 30—31, on 31.
⑤ 另参施特劳斯,《自然权利与历史》, 前揭, 页125—127、226—228。
⑥ 《传统的神话》, 页132—133。注意冈内尔提到施特劳斯"浪潮"的意象；《传统的神话》, 页133。冈内尔似乎认为施特劳斯赞同历史主义"构建了'我们的时代精神'"这个观点, 却忽视了施特劳斯与历史主义保持距离的限定: "在我们能够谈论某个时代精神的意义上"（《传统的神话》, 页124; 施特劳斯,《什么是政治哲学》, 前揭, 页47）。另参施特劳斯,《自然权利与历史》, 前揭, 页58—59。

"这些预设"是"历史主义的特征"。① 差别在于，对施特劳斯而言，重建的不可能性并非基于某种普遍的必然性，而是基于现代思想的基本内在前提，或者说只要我们不去重新考虑（而不仅仅预设）最根本的哲学预设，那么重建均不可能。无论在哪里，施特劳斯关于重建早前教导的困难的看法与简单的非历史主义都有所不同。

说施特劳斯有"一个相当实际的目的"，即"显露出深藏于现代政治哲学之中的意义"，以便"拆毁现代自由主义、共产主义及其相关学说的根基……因为在他看来，这是西方危机的核心"，这是不对的（《传统的神话》，前揭，页127）。冈内尔在脚注中引用施特劳斯的一个文段来支持他的说法。在该文段里，施特劳斯写道：

> 尼采认为，鄙夷轻视英国哲人，尤其是培根和霍布斯，公道合理。不过，培根和霍布斯是第一代权力哲人，而尼采自己的哲学就是权力哲学。是不是由于忽视了其真正的祖先，"权力意志"才会如此动人心弦？②

如果我们要把施特劳斯的说法翻译成意识形态习语，我们或许不得不说施特劳斯的实际目的是拆毁法西斯主义的根

---

① 参施特劳斯，《什么是政治哲学》，前揭，页41—42。
② 参施特劳斯，《什么是政治哲学》，前揭，页155。

基,方式则是通过展示其深藏在自由主义中的根源。按照施特劳斯的说法,现代政治哲学提供了当今保守主义、自由主义和共产主义的根基;而自由民主制有着前现代思想的强大支持。①

冈内尔正确地指出施特劳斯的目的与他关于"西方危机"的说法之间的关联,但却不满道,"这场危机及其征兆和原因"在施特劳斯的分析中"变得有点模糊"(《传统的神话》,前揭,页123—124;《政治理论》,前揭,页37—38)。然而,施特劳斯对他说法的界定还算清楚:"西方事实上已经不能确信自己的危机。"② 他明确否认共产主义的危险构成了这场危机。③ 他关心"理论危机"而非"实际的危机"。④ 此外,他对这个目的的界定也算清楚,而西方对此失去了信心。这个目的见于"两次世界大战期间著名的官方宣言"(Cf. Strauss, The City and Man, p. 3)。在美国,它体现在《独立宣言》里的那些自明的真理中。⑤ 这个目的"最初是以最受欢迎的现

---

① 参施特劳斯,《古今自由主义》,前揭,页7;施特劳斯,《政治哲学》,前揭,页98。
② Cf. Strauss, The City and Man, p. 3;参施特劳斯,《我们时代的危机》,载刘小枫编,《苏格拉底问题与现代性——施特劳斯讲演与论文集:卷二》,彭磊、丁耘等译,北京:华夏出版社,2008,页1—17,尤参页2、5。
③ Cf. Strauss, The City and Man, p. 3;参施特劳斯,《我们时代的危机》,前揭,页2—5。
④ 施特劳斯,《政治哲学史》,前揭,页98。
⑤ 施特劳斯,《自然权利与历史》,前揭,页1—3。

代政治哲学的（即洛克的）形式来表述"，① 它是自由主义和自由民主制。② 经过充分发展后，它是：

> 普遍社会，其中有着各个互相平等的民族，每个民族有着自由平等的男女，借助科学，所有这些民族在其生产能力方面得以获得完全的发展。③

据施特劳斯所述，有三个主要问题令人对西方目的产生怀疑：普遍主义是否优于特殊主义，在富裕与正义和幸福之间是否存在关联，以及科学是否在本质上服务于人的力量。④ 他认为，对该目标失去信心的原因，一部分源于历史事件，尤其是共产主义经验，一部分源于实证主义和历史主义对如下说法否定，即可以理性地证明任何普遍目标的正当性。但"自由民主制危机最深的原因"是"无法不予理睬或忘记尼采对现代理性主义或对现代对理性的信念进行的批评"。⑤ 因此，冈内尔将施特劳斯的前提作为其目标。不是现代自由主

---

① Cf. Strauss, *The City and Man*, p. 3。关于这里可能涉洛克，另参施特劳斯，《我们时代的危机》，前揭，页6；施特劳斯，《自然权利与历史》，前揭，页165—6；施特劳斯，《什么是政治哲学》，前揭，页49。

② Leo Strauss, "*Quelques remarques sur la science politique de Hobbes*", *Recherches Philosophiques*, 2, 1933, pp. 609—622, on 609；英文为笔者翻译。

③ 参施特劳斯，《我们时代的危机》，前揭，页2；Cf. Strauss, "On a New Interpretation of Plato's Political Philosophy," p. 327.

④ 参施特劳斯，《我们时代的危机》，前揭，页4。

⑤ Cf. Strauss, *The City and Man*, pp. 1—2, 4—8；参施特劳斯，《自然权利与历史》，前揭，页1—5；参施特劳斯，《什么是政治哲学》，前揭，页17—18、26—27；参施特劳斯，《政治哲学》，前揭，页98。

义而是对此失去信心构成了危机。① 施特劳斯的目的不是要在实际上削弱自由主义,而是要在理论上找到这个问题(即自由主义已经被削弱)的解决办法。与此相反的印象可能构成了对其著作在政治上的敌意。

比起施特劳斯的著作"只能从它支持的当代政治和政治观点及其论争来理解"(《政治理论》,前揭,页73;《传统的神话》,前揭,页130),更易遭受批评的是与此相反的怨言,即施特劳斯的著作对当代危机的劝导是令人不快的嘲弄。施特劳斯似乎要把我们对当代危机的关切引向古典哲学的航行,以使我们不再陷入这场危机,或者至少不再带着某个明确的解决办法或"关于当代政治的论争"而回到这场危机。他提醒我们,古典派不能"给今天的我们开药方",但最能为我们对当今社会的分析和对当前问题的解决办法提供一个出发点。② 施特劳斯提醒我们注意一些来自古典的危险后果,比如我们还未注意到"古典派的教导可以产生一些间接的实际影响"。③

这样的历史主义批评,即认为施特劳斯的解释只能在当下论争的语境中才是可理解的,或认为他缺乏"对过去的开

---

① 在《传统的神话》的 123 页,冈内尔用"现代自由主义"替代了施特劳斯的"自由主义相对主义",后者与"自然权利(洛克的)自由主义"不同:参施特劳斯,《自然权利与历史》,前揭,页 5—7。
② Cf. Strauss, *The City and Man*, p. 11;参冈内尔,《传统的神话》,前揭,页 126。
③ Cf. Strauss, "*On a New Interpretation of Plato's Political Philosophy*," pp. 332—333.

· 哲学与历史：冈内尔与施特劳斯论传统与解释 ·

放心态"，等于把他看成他口中的教条主义的历史学家。① 按照施特劳斯的叙述，这样的历史学家，关于政治哲学的问题及其解决方案始于一个固定的且强烈维护的观点。对于自己思考的各种学说，他主要不是从其本身来看，而是将它们放在一个框架内来看，我们可以说，这个框架是他个人观点所提供的。

如果这样的描述也适用于施特劳斯本人，他的观点肯定清楚明白，他的声音必然"比他讨论的作家更清楚"。② 与此截然相反，对于施特劳斯在道德、政治、形而上学和神学的观点，他的学生和仰慕者并不十分确定，意见不一。③ 如果施特劳斯自己的观点是不清楚的，很难认为他对过去作家的解释只不过反映了他的个人观点。

冈内尔认为，施特劳斯关于该传统的观点"在很大程度上直接在该学术领域上回应了当代政治科学家的攻击"（《政治理论》，前揭，页72）。冈内尔并未论述施特劳斯的"思想与生平"，但他应该知道施特劳斯对该传统的基本论述及其

---

① 参冈内尔，《政治理论》，前揭，页125；参施特劳斯，《什么是政治哲学》，前揭，页258—259。
② 参施特劳斯，《什么是政治哲学》，前揭，页258—259。
③ 例如，对比James Steintrager为施特劳斯的辩护，反对一些作家谴责他无视神启甚至谴责他的无神论和相对主义：Cf. James Steintrager, "*Political Philosophy, Political Theology, and Morality*", *Thomost*, 32, 3, July, 1968, pp. 307—332. 以及对比Daniel Oliver将施特劳斯描述为"这一代人中伟大的保守主义思想家之一"，Werner J. Dannhauser认为施特劳斯是保守主义的批评者：Oliver, "In This Issue…", *National Review*, 25, December 7, 1973, 1326; Dannhauser, *The Achievement of Leo Strauss*, IV, *National Review*, 25, December 7, 1973, pp. 1355—1357.

079

重启古今之争的努力都在施特劳斯进入政治科学的学术专业领域之前，也在冈内尔所谓对当代政治科学家的攻击之前。[1]

很难评价冈内尔关于施特劳斯的说法，因为冈内尔的"首要关切"并非施特劳斯本人而是某"种"、某"类"、某个"类型"的文学，包括阿伦特、沃格林和沃林（Wolin）（《传统的神话》，前揭，页122—123、130、131—132、133；《政治理论》，前揭，页 xx，27、36、57—59、68—70）。要理解冈内尔关于施特劳斯的这些说法，我们只能考察他对施特劳斯笔下其他论题的说法，因为这些说法夹杂在一起。例如，在冈内尔笔下，施特劳斯认为"古典政治哲学的出现与政治学在希腊城邦（polis）中的起源相关，而这发生在希腊文化的一个危机时刻"（《政治理论》，前揭，页39。对比《政治理论》，前揭，页52—53、89、142）。但我并未看到施特劳斯谈到任何关于政治学的起源或者希腊文化的危机。

在冈内尔看来，施特劳斯认为经典著作"都关心一系列问题或观念（选举制、自由、权威、权力、正义、义务等）"（《传统的神话》，前揭，页131。对比《政治理论》，前揭，页85）。施特劳斯的读者不会找到这个系列。事实上，一个不俗的读者应该会看到，施特劳斯的贡献之一正是说明了这些传统话题并不是大部分政治哲人的核心关切。就算施特劳

---

[1] Cf. Strauss, "*Quelques remarques sur la science politique de Hobbes*", p. 622；参施特劳斯，《霍布斯的政治哲学》，申彤译，南京：译林出版社，2001，页7—8，［校按］该中译本未曾标注原文页码，查找不便，全文所用该书页码均保留原文页码；参冈内尔，《政治理论》，前揭，页4—11。

斯认为存在着一些永恒问题，这也并未妨碍他承认，"并非所有政治哲人都面对这些永恒问题"。①

此外，施特劳斯也不是那些将"文学作品类型"迥异的著作视为同一种类型（《传统的神话》，前揭，页122－123、131；《政治理论》，前揭，页69）。施特劳斯本人坚称，就他考察的那些作品而言，不同的文学特征是具有重要意义的：

> 必须要给予那些明确的表述以不同的分量，一方面是斯宾诺莎科学的《神学—政治论》，另一方面是霍布斯科普的《利维坦》，洛克成心不科学的《政府论》，孟德斯鸠故意晦涩费解的《论法的精神》或伯克具有修辞色彩的《法国革命论》。②

施特劳斯强调，柏拉图的《理想国》，"与《政治学》相反，不是一篇论文，而是一篇对话"，而施特劳斯的整个解释基于对话者性格特征。③ 在解释马基雅维利时，他强调了《君主论》和《论李维》的不同类型。④ 在解释迈蒙尼德时，他也强调《迷途指津》和《法典》（The Code）具有不同的文学特征。⑤

---

① 参施特劳斯，《关于马基雅维利的思考》，前揭，页14。
② 参施特劳斯，《什么是政治哲学》，前揭，页259；对比施特劳斯，《迫害与写作艺术》，前揭，页22－23。
③ Cf. Strauss, *The City and Man*, p. 50.
④ 参施特劳斯，《关于马基雅维利的思考》，前揭，页24、55－56、62。
⑤ 参施特劳斯，《迫害与写作艺术》，前揭，页70－87。

施特劳斯自身的著作也有不同类型。冈内尔注意到，"施特劳斯大部分学术著作都含有历史探究"（《传统的神话》，前揭，页133）。然而，冈内尔只有一条关于施特劳斯的脚注提到他对"历史探究"的解释。[1] 其余所有的都是序言和导言，一般性论文，或对其他学者的批评。不过古热维奇（Victor Gourevitch）认为，施特劳斯的序言和导言写作富于大众趣味，而在其历史探究里，他在文本评论的外衣中表达自己的看法。[2]

冈内尔强调理论与解释活动之间的差别。（《政治理论》，前揭，页102、119—122）但冈内尔对施特劳斯解释理论的理解却完全基于冈内尔对施特劳斯解释活动站不住脚的判断。对施特劳斯的解释活动进行系统的或单篇的论述都有助理解施特劳斯关于解释的说法。这样的论述将表明，施特劳斯对其他作家的讨论可以进一步划分为真正的文本解释和对解释结果进行总结或其他类型的评述。

那些仅仅总结解释结果的例子有《什么是政治哲学》中关于作家的简要论述，以及在《自然权利与历史》中更长的

---

[1] 参冈内尔，《传统的神话》，前揭，注80；《政治理论》，页75，注12。Strauss, "Parabi's Plato," *Louis Ginzberg Jubilee Volume*, New York: American Academy for Jewish Research, 1945, pp. 357—393, on 367—377.

[2] Cf. Victor Gourevitch, "Philosophy and Politics, I," *Review of Politics*, 22, 1, 1986, pp. 58—84, on 61. 这里引用的是：施特劳斯，《迫害与写作艺术》，前揭，页7—8。这段与冈内尔另一处引用相似：Strauss, "Parabi's Plato," *Louis Ginzberg Jubilee Volume*, New York: American Academy for Jewish Research, 1945, pp. 357—393, on 376—377.

论述。在施特劳斯仅仅进行这类论述的地方，我们会有这样的印象，即他对具体作家和文本的解释处于一个更宏大的计划中，而这些作家和文本被"安排"到该传统的某个"位置"中。但施特劳斯进行文本解释时，他并未从一开始就明显地将该作家或文本放进某个更大的框架中。如果说施特劳斯是这样做的，那么就必须说明这些预设是从哪里来的，它们又怎样在不被察觉的情况下歪曲了解释。

在真正的文本解释里，通过讨论多种暂时性的说法，施特劳斯把读者从最初的不理解引向一个更完整的理解，这常常（但不总是）贯穿解释的始终。以这种方式，施特劳斯展示了某种解释的过程，而不单单是结果。例如，在《关于马基雅维利的思考》中关于《君主论》和《论李维》的章节，或者在《论僭政》中对《希耶罗》的解释。

冈内尔解释施特劳斯著作本身的说法引出了重要的解释学问题，尤其是解释者要提供何种理据去证明他的具体说法。冈内尔并未提供施特劳斯思想生平的证据以论证自己的说法：

> 被施特劳斯选取以构造传统的那些人物，在他着手解释他们的著作之前，已经在他试图阐述的这个传统中获得意义（《传统的神话》，前揭，页133）。

然而，冈内尔给出的例子却恰恰可以用来反对冈内尔的说法。马基雅维利并未被视为古典政治哲学的革新者，而霍布斯才是。只有在解释马基雅维利之后，施特劳斯才看到他对该传统的解释已经被修正。① 他对马基雅维利的解释始于马基雅维利自身意图的明确陈述。② 这个例子表明，施特劳斯的文本解释先于并限定了他对该传统的解释，而非相反。

冈内尔也没有证明施特劳斯的文本解释错得离谱以至于施特劳斯无法将它们称为历史解释，而不过是该传统必要内容的填充（就算冈内尔意思是施特劳斯在进行显白写作，他也仍然要找到证据表明施特劳斯并未把他的解释理解为史学探究）。冈内尔声称，由于施特劳斯的著作不是历史学的，因此"指出其方法上的错误无助于理解他的论证"（《政治理论》，前揭，页 73。对比《传统的神话》，前揭，页 131、133）。但施特劳斯认为他的解释是历史学的；而且，除非这些错误是清楚无误的，我们才需要考虑其论证特征的另一种可能性。

评判冈内尔说法的最后一个困难来自他的如下立场：他不是要批评施特劳斯传播神话，而是他关心那些接受这些神话的人（《传统的神话》，前揭，页 132。对比《政治理论》，前揭，页 70—71；冈内尔否认作家要对其著作如何被阅读负责。这或许解释了为什么冈内尔否认该传统及其影响的真实性）。当然，施特劳斯的著作成了"其学生和追随者"眼中

---

① 参施特劳斯，《霍布斯的政治哲学》，前揭，页 15—16。
② 参施特劳斯，《霍布斯的政治哲学》，前揭，页 15—16。Strauss, "Walker's Machiavelli", *Review of Metaphysics*, 6, 3, March, 1953, pp. 437—446, on 440；参施特劳斯，《关于马基雅维利的思考》，前揭，页 66—67、115。

的"典范"(《传统的神话》,前揭,页128)。在通常情况下,冈内尔对他们的著作的指控可能是成立的:他们对于新的观点不够真诚开放,也没有给出有新意的解释,而是给出一些窠臼俗套的解释,将文本放进预设的位置中,有些时候甚至可能为了支持当代政治议题中的重要立场而进行解释。无疑,我们中许多人在其学术生涯中充其量只是二流人物,单凭我们的天赋无法给出具有开创性的重要发现。正如洛克指出的,只有"仅有的少数人""无须他人的太多协助,凭借他们自然天赋的力量……就能……达致卓越;而正因其令人满意的内在构造的优越性(Privilege of their happy Constitutions),他们能够创造令人惊讶的事物"。[①] 再者,多数人关心的是眼前难题。(柏拉图,《理想国》,491a、493a—494a、496a—d、516c—d)然而,就算是最一般的情况,施特劳斯著作的追随者也都触及人类生活的一些更深层次的论题,并未停留在某些只具短暂意义的话题上。施特劳斯将其追随者引向的不是他自己的框架,而是引向他们能够与伟大文本产生的那种深切共鸣。在这个意义上,他使得政治哲学传统的保存得以成为可能。

为传统辩护

关于政治哲学传统的现实性,除了进行精巧缜密的否

[①] Cf. John Locke, *Some Thoughts Concerning Education*, Hackett Publishing Company, 1996, #1.

定，或者视之为神话，对该传统的任何论证似乎都不太必要，因为它不过重复了每位修过"西方文明"课程、读过报纸的二年级生所熟知的内容。例如，有人会如此认为：每个人都知道马克思主义在当今世界是最被广泛援引的政治理论，而且有理由相信这个理论与马克思的写作有关。如果没有马克思这么一个人，或者他成了一个古代哲学教授，以马克思主义命名的政治观念同样可能在当今流行，同样被认为合理的实践和组织依然会存在。马克思本人或许也会这样认为。事实上，这些观念不是从别的地方来；它们就来自马克思。马克思及其意识明确的追随者的著作是当今最有力的政治理论的最佳切入点。无论人们怎样质疑其中的因果关系，世上大多政治秩序无疑都会援引马克思的原则作为其正当性证明，而针对该理论的批评对这些政制而言是颠覆性的，其程度与它们的延续或改革对该理论的依赖程度相当。马克思毫不隐晦地表明其理论是黑格尔理论的革新。黑格尔也同样承认他参与了康德理论的革新。众所周知，康德承认他受卢梭启发。卢梭明显在批评霍布斯和洛克，正如霍布斯对"亚里士多德学"（Aristotelity），以及亚里士多德对他老师柏拉图的批评。

冈内尔当然知道这些关联（《政治理论》，前揭，页87—88），但他坚称，"尽管这类关联可能强化了关于这个传统的观念，它们完全没有提供实质性证据以表明该传统或关于它的主要说法是存在的"（《政治理论》，前揭，页88）。无须深入讨论这个区别的意义，我们就能看到冈内尔愿意承认这类关联"可能与具体历史文本的解释相关"(《政治理论》相关内容)。但冈内尔似乎只让我们去看某列数据中的两项数字,却不让我们看整列数据。有时,他似乎愿意承认该传统的每个元素,只要它们不被称为"那个传统"。因为他不时作出引人注目的让步:

> 我不是要暗示这些文本之间不存在历史关联,也不是说没有政治思想传统,更不是说通过解释这些著作以构成一个传统是毫无道理的(《传统的神话》,前揭,页133)。

> 这些著作之间存在相似性,其作家所处环境及其关切之间也存在相似性。由于这些相似性,比较、归纳以及试图对它们进行独立分析并视之为某种能与当代思想相关的文学类型是合理的(《传统的神话》,前揭,页134)。

> 我不是说不存在这样的一个政治学和政治观念的西方传统……我也不是说,综合地考察这些著作并常常以此构建传统是毫无道理的。我不否认这些著作是西方文明的重要成果,也不否认它们单独地或整体地阐明了我们的过去和现在……透过不同的教育和学术传统,它们当然是我们所得的遗产。与所有这类遗产一样,它们有着权威性的规定,而这些规定要求严肃的考察和开放性(《政治理论》,前揭,页66)。

> 我不是说将经典作品视为经典是毫无道理的……我不否认,这些作品的作家致力于一系列这种生活的恒常问题,而这些问题超出了他们最直接的关切和历史环境……最后,基于某种标准,按年代先后阐述一系列著作之间的差异,并视之为一个连续而存在变化的传统,这样的做法并不必然是有问题的(《政治理论》,前揭,页85)。

> 无疑,经典著作的作家认为自己致力于那些具有普遍永恒重要性的论题,而且,在讨论某些问题时,我们不时可以在理论家身上发现某种相似性甚至是连续性……有时,某个作家会明确无误地将其论证与过去某个思想家关联起来,以驳斥该论证或援引其权威,有些作家会以不那么明确的方式进行。此外,这些作品存在不同的历史关联,互相间的影响也各有不同(《政治理论》,前揭,页87)。

> 认为这些文献是其政治思想甚或关于政治事物的基本真理的来源并不必然是幼稚的……(《政治理论》,前揭,页134)

冈内尔的惯常说法使得我们很难确定他是否真的承认他并不否认的一切。那么,冈内尔对该传统真实性的否认存在什么困难呢?冈内尔认为,经典文本并未构成:

(1) 一个前后相承的思想形式的核心(《传统

的神话》，前揭，页122，摘要）；

（2）一个真实历史传统或前后相承的思想形式（《传统的神话》，前揭，页122）；

（3）一个前后相承的思想形式，并与同时代的政治和政治观念有因果关联（《传统的神话》，前揭，页131）；

（4）一个有历史分界、由一流人物有意识地参与其中的活动（《传统的神话》，前揭，页132）；

（5）在一些由特定而持续的讨论所形成的惯例中进行的哲学思考（《传统的神话》，前揭，页133—134）；

（6）一个独特的、自成一体的类型（《政治理论》，前揭，页20）；

（7）一个由古典作家有意识地参与其中的专业领域（《政治理论》，前揭，页22）；

（8）由一种独特活动……和界定明确的探究传统形成的产物（《政治理论》，前揭，页34）；

（9）体现了同时代政治的、确切的、前后相承的思想形式的核心（《政治理论》，前揭，页66）；

（10）有历史依据的活动的思想遗产，其特征是具有相对持久而稳定的关切（《政治理论》，前揭，页69）；

（11）一种有实质性的、有历史分界的活动，在其中一些个人有意识地致力于与政治生活的根基相关的标准哲学问题（《政治理论》，前揭，页70）；

（12）一个可被历史证明的传统（《政治理论》，前揭，页85）；

（13）一个历史活动和有规范的探究模式（《政治理论》，前揭，页86—87）；

（14）一个可在历史中辨认出的惯常活动（《政治理论》，前揭，页90）；

（15）前后相承的思想形式的核心，它受先前思想的影响，也与同时代政治存在因果关联（《政治理论》，前揭，页90）；

（16）一个自成一体的、塑造了现代政治的、在年代上有前后次序的传统（《政治理论》，前揭，页135）；

（17）一个自然整全（《政治理论》，前揭，页134）。

冈内尔似乎在说，经典文本可能构成了一个传统，它们并不构成一个真实的传统；也就是说，它们只构成了一个"神话式的"或，不太诚恳地说，一个"分析的"传统——它们并不真正地构成了一个传统。①

但我们已经看到，冈内尔承认存在一个西方政治观念的传统；他只是否认经典作品构成其中的核心，要么因为它没

---

① 关于分析性的传统，对比《政治理论》，页22、86—87、136。

有核心，要么因为它有别的核心。上面提及的一些否定性说法意在表明这些作家并没有参与这个传统的明确意识，正如冈内尔并不认为"这些著作间的差异可被视为该传统中的创新，而相似性则被理解为连续性"（《传统的神话》，前揭，页131）。但冈内尔，如我们所见，并不"怀疑"古典作家"意识到自己"致力于某些永恒的论题，而且有时甚至"认出"他们的连续性，并"认出"他们因此而攻击、支持并影响彼此。将任何经典文本及其古典先驱之间的差异统统理解为某种革新，这显然是有误的。此外，同样错误的是否认存在着这类意识明确的革新宣言，例如马基雅维利《君主论》第15章、《论李维》的序言和第一卷58章、霍布斯《论公民》"献词"和"前言"、或卢梭《第二篇论文》的"前言"和开篇。

这类关于政治学的革新声明、援引此前作家的论述表明，我们必须严肃对待这个传统，如果我们要像作家呈现它们那样理解它们。承认过去最伟大的政治思想家致力于永恒问题并受其先驱的影响，但又说他们这样做的意识并不明确，就好比说他们在根本上不知道他们在做什么。既然他们已经给出了明确的说法，声称要比他们更好地理解他们自己就纯属多此一举。

冈内尔承认这个传统，他反对的可能只是进一步的夸大（《政治理论》，前揭，页88）。然而，他似乎不认为这只是程度上的差异。他抱怨这个"神话"将文本视为某个"具象的""有机的"、具有"实质特征"的"自然整全"（《传统的神话》，前揭，页132、131；《政治理论》，前揭，页134、66）。这样谈论经典文本令人无法理解并且荒谬。例如，没有哪个严肃对待亚里士多德《形而上学》的人会说这些文本在总体上构成了一个"自然整全"。施特劳斯当然也不会这么说。

可能冈内尔对该传统的反对，主要针对把它作为某种预设，但并不那么反对其内容。他不否认政治哲人之间的历史关联，但不满施特劳斯没有对这些关联进行解释（《传统的神话》，前揭，页131）。不过，这个不满是站不住脚的，因为施特劳斯讨论了这些关联。例如法拉比提及柏拉图，迈蒙尼德提及法拉比，斯宾诺莎提及迈蒙尼德，或者卢梭提及霍布斯。[①] 不过的确，施特劳斯讨论的这类关联（例如马基雅维利和霍布斯之间的关联）是有待考察的。[②] 我们不应该预设这些关联，或者为了预设了它们必然存在而进行杜撰；我们必须有理有据地建立这些关联。不过，对于这个教条式预设，即经典作家总是排他性地提及彼此，解决办法不是用另一个更具破坏性的预设来取代它，即他们仅仅提及面目不清的同时代人。例如，我们不应忽视施特劳斯指出的，马基雅维利和霍布斯在大部分情况下只援引经典作家，更不应将这

[①] 参施特劳斯，《迫害与写作艺术》，前揭，页2—11、14—40、175、176、181、193；Strauss, "*Farabi's Plato*," p. 367；参施特劳斯，《自然权利与历史》，前揭，页272—273。

[②] 参施特劳斯，《自然权利与历史》，前揭，页177—183；参施特劳斯，《什么是政治哲学》，前揭，页38—40；参施特劳斯，《柏拉图式政治哲学研究》，前揭，页285—286。

些援引放进我们自己构造的语境中,例如波考克和斯金纳做的那样。而这个语境由面目不清的同时代人构成,但马基雅维利和霍布斯从未提及或明确表示他们在考虑这些东西。①我们必须在其语境中阅读一个伟大的文本,但我们必须首先尝试去理解该作家眼中的语境是什么。

从所谓政治理论的新史家对传统经典和对纯粹文本主义的批评中,施特劳斯的赞美者能学到一些有用的实际教训。这些教训也能在施特劳斯身上学到;但由于他的强调,这些教训可能被忽视了,而新史家的著作并未忽视它们。首要的教训是,我们不应将自己的研究,或自己学生的研究,全部献给传统经典。我们不应对研究色诺芬、法拉比、迈蒙尼德和哈列维(Halevi)的解释者重复这个真理。施特劳斯并不坚持经典传统的语境,而是要求解释者"必须从一个清楚的视野出发,这个视野基于斯宾诺莎的明确陈述,以明确斯宾诺莎如何看待其先驱",并"愿意花更大的力气去研究斯宾诺莎引用的平庸文本,而非那些我们并不清楚斯宾诺莎是否

---

① 对比施特劳斯,《自然权利与历史》,前揭,页 273—275;参施特劳斯,《关于马基雅维利的思考》,前揭,页 70—71、353—354、463—465、463—465; Strauss, "Machiavelli and Classical Literature", Review of National Literatures, 1, 1, Spring, 1970, pp. 7—25; Quentin Skinner, "The Ideological Context of Hobbes' Political Thought", Historical Journal, 9, 3, 1966, pp. 286—317. On Pocock and Skinner, cf. my review of Pocock's Machiavellian Moment, Political Science Quarterly, 91, 2, Summer, 1976, pp. 380—382; Political Thought in Early Modern Europe II: The Age of Reformation, Journal of Modern History, 54, 1, March, 1982, pp. 56—65; "Quentin Skinner's Method and Machiavelli's Prince", Ethics, 92, 4, July, 1982, pp. 692—709.

真正知道的古典作家"。

　　第二个教训是，我们不能单靠古代某部书本身来理解它。与文本主义者不同，而施特劳斯常常被混同为其中之一。施特劳斯写道，在理解某个作家的著作时，我们需要"他并未提供的，以及不是所有时空的读者都能轻易获得的信息"。施特劳斯提醒我们注意文本主义的谬误，他们"主要将"某个作家视为"其同时代人中的一员"，却忽视了他的著作"主要针对后世"。这类著作极少提及面目不清的同时代人，而这是可以解释的，因为"在通往不朽的路上需要对自己的行囊有极其审慎的选择"。但施特劳斯承认，由于"一个人对后世能够理解之物的先见必然是有限的"，这类外部信息也极其有限。施特劳斯清楚意识到语言－文本主义说法的重要性：

　　　　斯宾诺莎无法预见，或……有效地预防这样一种情况：他一边使用、一边修正的传统哲学术语会变得过时。因此，当今斯宾诺莎的读者就必须学习为斯宾诺莎同时代人所熟悉的语言的基本知识。

　　但施特劳斯与语境主义者不同，他坚持认为这些外部信息，尽管必不可少，必须限制在作家提供的框架当中，并且"永远不能作为通往他的学说的线索，除我们能够毫无疑义地证明，要想按字面表述弄清其学说是不可能的"。否则，在试着比作家理解自身更好地理解作家之前，我们必须按他理解自身那样理解他，这样我们就不只是理解了"我们自己想象中纯然虚构的东西"。①

冈内尔的一些反驳表明，他主要目的是该传统造成的"因果关联"。他的意思是我们不会发现我们的观念受到现代政治哲学观念的影响吗？霍布斯和亚里士多德似乎设想过。关于政治的自然或前哲学的观点是考虑最佳生活方式、灵魂的诸美德及正确的意见，尽管霍布斯试图以一个广为接受的哲学观点取代它，即政治考虑如何保障个人享有舒适的生命保存的权利。我猜测，冈内尔和我都发现，如今的大学新生在我们的课堂上"总是"已经"知道"霍布斯式的科学观点。别的更精明的新生已经越过霍布斯而"知道"一个人完全无法科学地谈论政治的目的，因为这是个人的"价值观"问题。冈内尔可能想要论证，霍布斯、洛克、尼采或韦伯并未在某种严格意义上影响了我们，使我们拥有自己的观点而非前哲学的观点。但他不能否认，我们的确是从这些现代政治哲人的观点中出发的。我们应该注意施特劳斯关于造成现代性②的"因果关联"的最强说法，而现代性是一个独特的时代特征，在其中，哲学与政治的特征发生了变化，使得哲

---

① 参施特劳斯，《迫害与写作艺术》，前揭，页146—147。
② 参施特劳斯，《什么是政治哲学》，前揭，页36—38；参施特劳斯，《自然权利与历史》，前揭，页168—169、171—172；参施特劳斯，《政治哲学》，前揭，页89。单对比施特劳斯，《迫害与写作艺术》，前揭，页14；参施特劳斯，《论僭政》，前揭，页254。

学源头的观念渗透到大众的理解中。①

更重要的是，冈内尔对该传统的否认源于辞书对该词的定义。他认为，这些辞书暗示了这样的一个境况：

> 在其中，知识、信念或习俗通过连续的世代而（常常口头地）传承下来，并与某种共同活动或社会行动的形式紧密相关（《政治理论》，前揭，页88—89）。

他也认为，"理论与实践的统一，观念与行动的相互关系……这些是传统一词的典型含义"，而这些是他所否认的神话的核心（《政治理论》，前揭，页88—89）。如果传统被定义为要求理论与实践的统一，如果政治哲学在根本上被理解为理论，那么就不可能有一个政治哲学传统。如果传统被定义为要求某种社会活动，而如果政治哲学被理解为个人寻求与社会隔绝甚至与之对抗，那么从定义上说，政治哲学传统就不存在。②

令人诧异的是，冈内尔自己在其书的最后一章里几乎承认了这个传统。在其中，他描述了单个的思想形式，并认为

---

① 参施特劳斯/克莱因，《剖白》，见刘小枫编，《施特劳斯与古典政治哲学》，张新樟等译，上海：三联出版社，2002年，页1—4，尤其2；参《剖白：施特劳斯与克莱因的谈话》，何子建译，见刘小枫编，《施特劳斯问题与现代性：施特劳斯讲演与论文集：卷二》，刘振、彭磊等译，北京：华夏出版社，2016，页489—499。

② 对比施特劳斯，《什么是政治哲学》，前揭，页215—216。

"所有政治理论"或"每个理论主义者"或"每个政治理论"源于此（《政治理论》，前揭，页 156、158、159）。他说，这只是"一个可能有助教学的提议"及一个"理想的类型化"，而非对"此前存在的历史对象"的解释（《政治理论》，前揭，页 135）。但他使用了柏拉图、亚里士多德、马基雅维利、霍布斯、洛克、卢梭和马克思的专有名词，这使得他的说法似乎是历史的而非理念的。冈内尔承认，他的方法"包含分析的和历史的观点"（《政治理论》，前揭，页 136）。

不过，冈内尔未能免遭批评，因为这类分析并未声称这些理论家"有意地、有所反思地参与到"他描述的活动中。因为冈内尔采用的词语显然是和意图及反思有关，这些词语包括："视野""梦想""寻求""希望""试图""动机""目的""严肃目标"（《政治理论》，前揭，页 136、138、141、144、145、147、148）。他还冒了更大的风险，深入到理论家的心理状态当中："感受到社会的伤痛""害怕那些笼罩在如霍布斯和洛克这些人身上的评价""他灵魂的诉求"（《政治理论》，前揭，页 142、143、152、155）。冈内尔甚至认为，柏拉图是"政治理论家的原型"（如果不是"那个传统的发端者"），由于实证主义、历史主义等，我们今天会发现"这个文学类型的消亡"（如果不是这个传统的终止）（《政治理论》，前揭，页 136－137、159－161）。谁会否认这个传统？

传统的困难

冈内尔的说法很容易给人一种印象：在构建单个传统时，施特劳斯利用传统这个概念使得政治哲学具有某种权威性和远古性。但冈内尔对施特劳斯的解释无法支持这个观点，反而指出了一系列相当不同的用法。在大部分情况下，传统不是充满温情和敬意的词汇，而是贬义词。冈内尔认为，施特劳斯赞美古典政治哲学是非传统的，又认为他怀疑后世将其理解为传统的（《传统的神话》，前揭，页27—28）。按照施特劳斯的说法，"古典哲人以前所未有的、全新而直接的眼光来看待政治事物"，而后世的"哲人透过政治哲学传统来研究政治事物，该传统在哲人和政治事物之间形成了一道屏障"。[①]

我们会问，古典派是否真能以崭新而直接的眼光看待政治现象，不受任何传统影响，或者更宽泛地说，这是否可能。此类批评可能来自历史主义。此外，我们会问，现代人是否不能以崭新而直接的眼光观察政治现象，不受任何传统影响，或更宽泛地说，这并不总是可能的。此类批评可能来自一个简单的非历史主义。无论哪种批评，如果理据充分，都会消解施特劳斯关于传统概念的用法，以及其关于古典政

[①] 参施特劳斯，《什么是政治哲学》，前揭，页18—19；参冈内尔，《传统的神话》，前揭，页28、74—75、78—79。

治哲学的独特说法。施特劳斯说法的独特性正在于它可以被这两个不同的角度批评。他的立场既非历史主义也非任何简单意义上的非历史主义。

对于第一种批评,施特劳斯可能会说,古典政治哲人受各种传统影响,例如雅典政治传统、希腊宗教和诗学传统,以及哲学自身的传统,但他们并未面对某个政治哲学传统。不过,这个特征可能只是缺乏历史证据的结果。[①] 对于第二种批评,施特劳斯可能会说,我们或许能依据历史研究而认为,现代人无法斩断过去并获得一个全新的视野,我们不能也不应据此认为他们无法如此。

施特劳斯不仅认为现代政治哲学以传统的眼光看待政治现象,而且认为原初的、未被歪曲的现象不再存在。最初的政治现象是一些意见,它们来自政治哲学发端之初的分析,而这些意见几乎无法与实践、制度和生活方式相分离。以关于国家(state)而非城邦(city)的讨论作为理解政治现象的方式,必然与国家而非城邦的存在相关。[②] "我们身处的世界已然是一个科学的产物",不再是"自然的或前科学的世界"。[③] 因此,有意改造大众观点和政治实践,这是施特劳斯眼中的现代政治哲学,最终使之比古典政治哲学更传统,尽管古典政治哲学早已存在。

尽管有些地方施特劳斯不带贬义地使用"传统"这个概

---

① 参施特劳斯,《古今自由主义》,前揭,页 41—42。
② 参施特劳斯,《什么是政治哲学》,前揭,页 53—55、62—63。
③ 参施特劳斯,《自然权利与历史》,前揭,页 79—80。

念，在这些地方他认为现代政治哲学与"整个政治哲学传统决裂"，但他反对"政治思想史是连续的"这个学术观点。① 在根本上，他反对"关于这个传统的神话"。这指向了关于具体的古典政治哲学传统的观念，即源自苏格拉底，经由色诺芬、柏拉图和亚里士多德及其笃信弟子法拉比、迈蒙尼德、阿奎那和马尔西利乌斯的古典政治哲学传统。它由一些基本原则构成，例如政治生活的目标是德性，而最有助于此的秩序依赖于机运。② 关于这个具体而自身意识明确的传统的观念几近无懈可击，全然是一个神话。

最后，施特劳斯认为，今天"动摇一切传统"，能使我们"以一种非传统或崭新的方式来理解那些至今只是以传统及其衍生方式来理解的事物"。③ 在以上论点中，传统是贬义词。这暗示了一个既非历史主义也非简单的非历史主义观点，即真理的发现可能依赖于某些具体环境。④ 施特劳斯同意历史主义，认为传统遮蔽了原初的政治现象经验。他反对简单的非历史主义观点，即这类现象总是可以直接获得。不过，他认为古典传统的开创者是可以做到这点的，而且还认为，当彻底的历史主义动摇了一切传统后，我们借助不预设

---

① 参冈内尔，《传统的神话》，前揭，页128；参施特劳斯，《什么是政治哲学》，前揭，页30；参施特劳斯，《迫害与写作艺术》，前揭，页20。
② 参施特劳斯，《什么是政治哲学》，前揭，页24—25、30—31、72—73；参施特劳斯，《自然权利与历史》，前揭，页129—135、138—144、178—179；参施特劳斯，《政治哲学》，前揭，页84。
③ 参冈内尔，《传统的神话》，前揭，页126；Strauss, *The City and Man*, p. 9.
④ 参施特劳斯，《什么是政治哲学》，前揭，页53、57—58。

历史主义真理的历史研究而间接获得原初经验,这在现在是可行的。

没有哪个用法和冈内尔批评的"关于该传统的神话"意义一致;但综合起来暗示了某个类似的意思,不过是带着批评的而非赞许的含义。古典政治哲学是非传统的,并与后继者截然不同,这否认了马基雅维利与整个传统的决裂。确实,施特劳斯说得很清楚,现代政治哲学建立在古典政治哲学之上,至少它接受了政治的——具有公共精神的——哲学这个概念,并因此在其发端之初比古典政治哲学在发端之初更为传统。[1] 那些认定马基雅维利与整个传统决裂的描述,反过来反驳了古典政治哲学是非传统的看法,至少古典政治哲学源自某个传统。[2]

这些反驳及其言外之意(即古人今人或多或少都具有传统性)可能甚至表明了,它们要比古今政治哲人自己更好地理解他们。这些反驳强调了古典政治哲学对后世的影响,令人惊异,它们使得随后的政治哲人无法直接接触政治现象。[3] 它们还暗示了马基雅维利、霍布斯及其后继者接受了先驱的预设,而并未意识到这些预设与他们的革新并不相容。

---

[1] 参施特劳斯,《自然权利与历史》,前揭,页 159—161;Strauss, *The City and Man*, p. 3;施特劳斯,《什么是政治哲学》,前揭,页 66—67。
[2] 另参施特劳斯,《迫害与写作艺术》,前揭,页 14—15;施特劳斯,《论僭政》,前揭,页 13;施特劳斯,《什么是政治哲学》,前揭,页 66。Cf. Victor Gourevitch, "Philosophy and Politics, II", *Review of Metaphysics*, 22, 2, December 1968, pp. 281—238, on 321—322.
[3] 参施特劳斯,《什么是政治哲学》,前揭,页 66。

施特劳斯关于传统的看法，令人疑惑，他认为传统既是理解的通道也是障碍。对施特劳斯而言，"采纳或依附某种多多少少是持久存在的哲学传统"是徒劳的，因为"这些传统的核心之处在于，它们在那些简陋的基础上建立起巍峨的大厦时，把这些基础遮盖或掩饰起来了"。① 在根本上，说有某个"哲学传统"是有点自相矛盾的。"传统"是从别人那里获得的继承物，而"哲学"是凭借个人理性认识事物的努力。施特劳斯提醒，"典型的哲人，在其心智成熟后，'宛如一个独自走在黑暗中的人'，必然重新开始，走自己的路，无论他老师对他有多大的影响"。②

隐微写作与显白写作

与斯金纳③、波考克④一样，冈内尔认为施特劳斯关于显白写作的说法将他的解释置于——的确是有意置于——"证伪与论辩的领域之外"（《传统的神话》，前揭，页130—313；对比《政治理论》，前揭，页73）。但我们不确定这个说法有

---

① 参施特劳斯，《自然权利与历史》，前揭，页33—34。
② Cf. Strauss, "Farabi's Plato," p. 376; Cf. Strauss, "Correspondence Concerning Wahrheit und Methode," *Independent Journal of Philosophy*, 2, 1978, pp. 5—12; Strauss, *On Collingwood's Philosophy of History*, *Review of Metaphysics*, 5, 4, June 1952, pp. 559—586, on 570; 参施特劳斯，《什么是政治哲学》，前揭，页64—65。
③ Cf. Quentin Skinner, "Meaning and Understanding in the History of Ideas," in *History and Theory*, 8, 1, 1986, pp. 3—53, on 21.
④ Cf. Pocock, "Prophet and Inquisitor," pp. 385, 391—395.

多少说服力。就让我们试着用最普通和幼稚的方式来理解它。显然，如果人类总是说出他们认为的真相，从不说谎、说笑或闪烁其词，那么理解人类说话的意义就简单多了。但人类会说谎、说笑、闪烁其词，这使得他们所说的变得难以理解。但这不意味着所有人说的话都不可理解，或者相关的解释无法被证明，或无法与之进行辩论。因此，没有理由认为，由于政治哲人在其著作中说谎、说笑、闪烁其词，对他们的解释就无法或不应进行辩论。因此，他们的说法应该从可信性或可能性而非绝对的确定性来评判。这应该促进而非排斥辩论，就像其他领域的探究一样。

解释的困难源于作家写作的某种可能性，而不是他所相信的真相。对此，法拉比（施特劳斯最喜爱的作家之一）曾给出一个经典的表述。他讲了一个苦行僧的故事：此僧以刚正不阿著名，而他打扮成醉醺醺的流浪汉，又向城门卫兵显露自己的身份，但卫兵以为他在说笑，于是他逃离了其城邦僭主的统治。讲完故事后，法拉比解释道：

> 智慧的柏拉图并不认为可以随意向所有人显明和揭示种种学说（sciences）。因此他的话里头充满象征、谜语、令人费解的地方，以便这些学说不会被那些不配拥有的人获得，不会被他们歪曲，或者落入那些不懂得其价值的或那些不懂得正确运用它的人手中。他在这点上是正确的。一旦他知道并确定他的做法已经广为人知，而且所有人都知道这就

是他的行为方式，他有时会转到他真正想讨论的话题上面，并且公开地、直白地来谈论它们；但那些读到或听到他这些讨论的人会认为这只是他的象征手法，觉得他醉翁之意不在酒。这个看法是其著作的奥秘之一。此外，没有人能够清楚哪些是显白的，哪些是象征的，除非这个人受过这种说话艺术的训练，而且没有人能区分这两者，除非他对正在讨论的学说相当了解。①

伽达默尔说他"大致上同意"施特劳斯的隐微解释，以及施特劳斯"用许多解开柏拉图对话间隐秘关联的精彩例子迷住了我们"，并解释道，由于柏拉图的反讽，施特劳斯对柏拉图的"解谜式"解释仍然是"不确定的"。② 除非我们与作家对某个主题有共同的知识，我们无法理解某个作家的反讽；除非我们懂得他的反讽，我们无法分享作家的知识，那么这类知识就是不可证明的。③ 正如施特劳斯自己写的，任何把柏拉图的教导写成文章的人"都会被轻易反驳，并感到

---

① Alfarabi, "*Plato's Laws*," *Medieval Political Philosophy*, Ralph Lerner and Muhsin Mahdi, eds., New York: Free Press, 1963, pp. 71—93, on 84—85；对比施特劳斯，《什么是政治哲学》，前揭，页 121—123；关于马基雅维利，见施特劳斯的引用，《关于马基雅维利的思考》，前揭，页 38。
② 参伽达默尔，《真理与方法》，洪汉鼎译，北京：商务印书馆，2007，页 478—488。
③ 参施特劳斯，《迫害与写作艺术》，前揭，页 100—101。

困惑，因为对话的其他段落让他的文章自相矛盾"。①

远非因为某种不为外人所知的确定性而排除了辩论，施特劳斯关于显白写作的说法承认了其中的疑难和自身的无知，并以此鼓励探讨哲学文本的含义、讨论那些最近被视为理所当然的解释。关于法拉比的坚定信念，施特劳斯就几个要点写道："不好说这些坚定信念到底是什么，它们不像是课本与论文汇编者所想的那么简单。"② 他承认：

> 那种根本就不幻想取消自己与柏拉图之间等级差别的史学家，将对自己有一天达到对柏拉图思想的充分理解这种可能性极其怀疑。③

更一般而言，他提醒我们，"真正注重精确性的历史学家会坦然接受一个事实：在辩论中取胜，或向每个人证明自己是对的，这完全不同于理解昔日伟大作家的思想"。④ 不期望说服所有人与拒绝辩论大有不同。就个人而言，施特劳斯在一封写给伽达默尔的信中承认：

---

① Cf. Strauss, "On a New Interpretation of Plato's Political Philosophy," p. 351.
② Cf. Strauss, "Farabi's Plato", p. 393.
③ 参施特劳斯，《论柯林伍德的历史哲学》，载《苏格拉底问题与现代性》，前揭，页267。
④ 参施特劳斯，《迫害与写作艺术》，前揭，页18；参施特劳斯，《斯巴达精神或色诺芬的品味》，收入刘小枫、陈少明编，《色诺芬的品味》，北京：华夏出版社，2006，页2—32，尤参页30。

至少在最重要的情况里，无论过去还是现在，我总意识到我始终未能理解文本中某些极为重要的东西，也就是说，我的理解或解释是非常不完整的。①

不过，如下看法有严重的错误，即认为施特劳斯关于显白写作、自认无知和承认不确定性的说法将导致任意武断的解释，或这些解释所依赖的规则比那些反对施特劳斯的人所用的规则更不严格。与此相反，一直以来，学者们总给某些哲学作家的说法贴标签，说他们并未表达严肃的意图，而仅能视之为反讽或笔误。想想有那么多学者理所当然地认为霍布斯并未"认真对待"他关于基督教的解释或他关于自然法的神学论证。② 那些认为霍布斯认真对待这些说法的学者，使那些持有"近乎正统"看法的学者感到愤慨，而施特劳斯在他某些显白解释中也表示了类似的近正统观念。③ 或者想想有那么多学者理所当然地认为，柏拉图并不严肃对待其笔下苏格拉底的如下观点，即认为哲人并不关心现实政治，也

---

① Cf. Strauss, "*Correspondence Concerning Wahrheit und Methode*," p. 6.
② Cf. J. G. A. Pocock, *Politics*, *Language and Time*, New York: Atheneum Press, 1971, pp. 160—162. 施特劳斯认为但并未证明霍布斯是无神论者，除此之外，不认为霍布斯的这些说法是理所当然的显著例外是学者迈克尔·奥克肖特（Michael Oakeshott），他认为霍布斯和柏拉图、马基雅维利，"甚至边沁"一样既有"隐微的也有显白的教导"：Oakeshott, *Hobbes on Civil Association*, Berkeley: University of California Press, 1975, pp. 104—119. 参施特劳斯，《自然权利与历史》，前揭，页 203 注。
③ Cf. Pocock, *Politics*, *Language and Time*, p. 161.

不关心理想国如何在现实中实行。①

区别在于,在对作家真正认可的那些字面说法进行区分时,施特劳斯建议我们要少些武断而多点严谨。他甚至提出"非常具体的解释学规则"或"那些使我们能区分出什么是猜测,什么是真正理解作家字里行间之暗示的标准"。② 在某处,他给出了七项这类规则,首先是"字里行间的读法应被严格禁止,如果这么读反而并不清楚和准确"。③ 举例而言,若我们认真对待作者那些罕有或独特但非正统的论述,而忽略那些普通但正统的论述,我们对作者的意图就能把握得更准,尤其是他本人在讨论高贵的谎言、故意的错误及诸如此类的问题之时;忽略掉那些非正统的论述就是武断的了。④ 当然,施特劳斯提议的这些规则不是机械或万无一失的。

就算显白写作只是规避迫害的手段,它的成功也依赖于其隐微写作不会在法庭上被证实。⑤ 但一般观点认为,施特劳斯关于显白写作的说法只是"关于迫害和政治理论的论文",这是错误的。⑥ 对施特劳斯而言,哲学面对的危险只是

---

① Cf. *Republic* 592ab; Strauss, *The City and Man*, pp. 121—128.
② Cf. Strauss, "On a New Interpretation of Plato's Political Philosophy," pp. 351—352;参施特劳斯,《什么是政治哲学》,前揭,页218。
③ 参施特劳斯,《迫害与写作艺术》,前揭,页23—24。
④ 参施特劳斯,《迫害与写作艺术》,前揭,页23—24、25—26、178—180;另参施特劳斯,《什么是政治哲学》,前揭,页225—226。
⑤ 参施特劳斯,《迫害与写作艺术》,前揭,页18—20。
⑥ 参冈内尔,《传统的神话》,前揭,页130—131;参冈内尔,《政治理论》,前揭,页73; Cf. Skinner, "Meaning and Understanding in the History of Ideas," pp. 21—22.

进行显白写作"最明显和最残酷的理由"。[1] 哲人也需要"严肃"考虑个人的"社会职责"。[2] 不仅因为社会通过迫害而使哲学遭受危险,而且由于哲学会因削弱作为社会根基的意见而危及社会,因此哲人必须寻求显白写作。[3] 显白写作不仅因为害怕哲学的断绝,也因为"对人的爱(philanthropy)"。[4] 进行显白写作也是为了教育,因为只有读者自己才实现教育的攀升。[5]

施特劳斯关于显白写作的说法不是无关紧要的技巧,而是他对哲学和社会之理解的合理推论。"哲学"试图用知识取代意见,而"社会"依赖于意见。因此哲学危及社会,只能"在一小群人中保留"并且"尊重社会依赖的意见"。[6] 施特劳斯关于隐微写作的说法更紧密地与他对政治哲学的理解相关。按照冈内尔的说法,"施特劳斯将政治哲学定义为

---

[1] 参施特劳斯,《迫害与写作艺术》,前揭,页10—11。这本书常常被总结为只关心迫害而不关心显白写作的其他理由。这似乎表明许多读者读书只读标题。参施特劳斯,《迫害与写作艺术》,前揭,页18—19。
[2] 参施特劳斯,《迫害与写作艺术》,前揭,页177—178。
[3] 参施特劳斯,《什么是政治哲学》,前揭,页215—216;参施特劳斯,《迫害与写作艺术》,前揭,页27—28。
[4] Strauss, "*Farabi's Plato*", p. 378.
[5] 参施特劳斯,《迫害与写作艺术》,前揭,页30—31。参施特劳斯,《关于马基雅维利的思考》,前揭,页60—61;参施特劳斯,《斯巴达精神或色诺芬的品味》,页2—32,尤其页31—32。[校按]中译文参施特劳斯,《苏格拉底问题与现代性:施特劳斯讲演与论文集:卷二》,前揭,页1—42;中译文未给出原文页码,查找不便。
[6] 参施特劳斯,《什么是政治哲学》,前揭,页215。参施特劳斯,《斯巴达精神或色诺芬的品味》,页31—32;参施特劳斯,《论僭政》,前揭,页43;参施特劳斯,《古今自由主义》,前揭,页8;参施特劳斯,《剖白》,前揭,页4。

'用关于政治事物的自然知识'并尤其是关于正确政治秩序的知识来试图'取代关于政治事物的意见'"(《政治理论》,前揭,页37;对比《传统的神话》,前揭,页124)。照此说法,"'哲学'意味着处理方式……而'政治的'意味着对象和功能"。(参施特劳斯,《什么是政治哲学》,前揭,页5及页1—2)。但施特劳斯只是把这个叫做"我们对政治哲学的临时定义"(参施特劳斯,《什么是政治哲学》,前揭,页2)。但按照"'政治哲学'的更深意义……形容词'政治的'在'政治哲学'里作为处理方式的含义不比作为对象的意义少;从这点来看,我认为,'政治哲学'首先意味的不是对政治进行哲学的处理,而是对哲学进行政治或大众的处理,或者说是为哲学所作的一个政治导言"。①

简言之,"显白教诲是……'政治的'哲学"。② 政治哲学和显白写作的观点是古人区别于今人的特点。③ 按照莫米利亚诺的说法,施特劳斯的解释学与其政治哲学紧密相关,而且对施特劳斯而言,显白写作不是他解释古典文本时牢记心中的一个偶然特征,而是古典思想高于现代思想的标志。④ 施特劳斯既没否认"'政治哲学'一词充满疑问"(《传统的

---

① 参施特劳斯,《什么是政治哲学》,前揭,页80—81;Cf. Gourevitch, "Philosophy and Politics,I," pp. 64—65.
② 参施特劳斯,《迫害与写作艺术》,前揭,页11。
③ 参施特劳斯,《迫害与写作艺术》,前揭,页26—28,及原注192。参施特劳斯,《剖白》,前揭,页4。
④ Cf. Arnaldo Momigliano, "Ermeneutica e Pensiero Politico Classico in Leo Strauss," *Revista Storica Italiana*,79,1967,pp. 1164—1172,on 1168.

神话》，前揭，页133—134），也没有确认所有经典作家都参与到相同的实践活动中，施特劳斯暗示现代人并未在这个更深的意义上践行政治哲学。在一个更为根本的基础上，施特劳斯的政治哲学概念是充满疑问的。在施特劳斯给出的那些目标与定义之间存在着明显而一贯的张力：既以正确的政治秩序的知识取代意见，又尊重社会的基本意见；既保护又引入哲学；既以哲学的方式处理政治，又以政治的方式处理哲学。

施特劳斯关于显白写作的说法也与其对历史主义的批评相关。他认为，历史主义的前提（每个政治秩序都在本质上与历史语境相关）会无视显白写作的可能。相反，一个政治哲人只是按照所处历史语境来修改其思想的表达而非其思想本身来修改，这个可能性使历史主义的理据（即政治哲学及其社会之间的明显相关性）变得可疑。① 历史主义的观点认为，"就连最伟大的心灵也不能摆脱统治某个社会的具体意见"；对施特劳斯而言，这个观点"更易成立，如果如下预设不被质疑，即所有伟大思想家的直白说法只能被理解为其私人看法的表达"。② 正如莫米利亚诺写道，"人们需要问的不是哲学是否表达了其身处的社会，而是其所处社会是否允许哲学表达自身"。③

---

① 参施特劳斯，《什么是政治哲学》，前揭，页52—53。
② 参施特劳斯，《什么是政治哲学》，前揭，页220—221。
③ Cf. Momigliano, "Ermeneutica e Pensiero Politico Classico in Leo Strauss", p. 1167. 该文为笔者自译。参施特劳斯，《迫害与写作艺术》，页1—2。

施特劳斯忠诚于心灵的自由。按照我们对心灵自由的一个流行而通俗的理解，一个人通过宣布招致辱骂或嘲笑的异端学说来表现出他对心灵自由的忠诚。没有人能怀疑施特劳斯这样做。但对施特劳斯而言，这样的勇敢行为不是"那种我们必须如此做才能使我们心灵自由"的最伟大的"奉献"。①

解释与批评

冈内尔认为施特劳斯的著作"似乎恰恰反映了他大力反对的历史主义"，并由此推断施特劳斯的著作不是（或有意地不是）"历史的"或"解释的"，而是"神话"（《传统的神话》，页133。对比《传统的神话》，131－132；《政治理论》，页72－76）。这个引人深思的说法提出了关于施特劳斯解释学及其对哲学与历史之理解的重要问题。冈内尔说法的关键是：

> 尽管（施特劳斯）强调哲学与历史分离，并区分了解释与批评，在他的研究方式里，对政治的哲学理解完全取决于历史分析，而且对过往思想家的解释完全无法与他对当今的批评相分离（《传统的

---

① 参施特劳斯，《霍布斯的政治哲学》，前揭，页xvi。参施特劳斯，《迫害与写作艺术》，前揭，页49；参施特劳斯，《论僭政》，前揭，页44。

神话》，页133。对比《政治理论》，页74)。

要判断施特劳斯的实践是否以这种方式与其理论相矛盾，我们必须说明他对哲学与历史、解释与批评之关系的理解。

冈内尔的说法似乎主要基于施特劳斯的如下说法："政治哲学不是一门历史学科"；"历史主义""认为哲学的与历史学的问题之间的根本区分会在最后的分析中消失"；以及历史主义对非历史主义关于过去的理解是"一个解释与批评问题多多的混合物"。[①] 不过，对施特劳斯解释学更细致和完整的分析将会表明，前两个说法是临时性的，施特劳斯的修正对这个问题极其关键，而第三个说法则有点含混。

我将首先讨论解释学问题：对施特劳斯而言，解释与批评是否是可分的，或者历史是否需要哲学。然后笔者再讨论哲学是否需要历史。冈内尔认为施特劳斯的著作不是历史的，这似乎因为他认为施特劳斯要求在解释与批评之间作出一个简单的区分，或者只在解释之后进行批评："一旦过去的观念已被客观地理解了，它们就能交由'哲学进行批评，

[①] 参冈内尔，《传统的神话》，前揭，页125—126。此处引用：参施特劳斯，《什么是政治哲学》，前揭，页47—56；参施特劳斯，《论僭政》，前揭，页41。在《政治理论》页28，冈内尔引用了一个相似的说法以支持其论证：参施特劳斯，《自然权利与历史》，前揭，页31—32。这个相关说法似乎是："那些毋庸置疑的东西会产生这样的印象，即对哲学最基本的预设进行不带偏见的重思只是学术的或历史学的事情。"但某种形式或某程度上的历史学考察并不"只是"历史学的。

只考虑它们的真与假'。"① 施特劳斯激烈地反对一个"解释与批评问题多多的混合物",但这并不要求二者的分离,或排除它们之间适当的混合。与之相反,他区分了"可与解释分离"的"批评"和"必然预先存在解释"的"批评"。② 首先,我们必须充分理解施特劳斯的意思,在何种意义上,批评可以与解释相分离。

A. 解释者的哲学无知

施特劳斯坚持认为,为了使解释能达致历史的理解,解释必须首先承认文本仍未被理解。关于发现历史真相,他借用了亚里士多德哲学始于惊讶的看法:"理解的开端是对被理解事物的特征感到迷惑或奇怪"。③ 施特劳斯借用苏格拉底的无知来谈文本的解释:在历史学家恢复引领先前哲人的"路标"之前,他必须"处在一个全然迷惑的状态——他发现自己在一片黑暗之中,除了来自他所知知识的光亮,他一无所知"。④ 在施特劳斯开始解释柏拉图《理想国》之前,他作了如下恳求:"让我们不要再假装知道。让我们承认柏拉

---

① 参冈内尔,《传统的神话》,前揭,页126。这里引用施特劳斯,《什么是政治哲学》,前揭,页55。
② 参施特劳斯,《论柯林伍德的历史哲学》,前揭,页153—154。[校按] 中译文参施特劳斯,《苏格拉底问题与现代性》,刘振、彭磊等译,前揭,页245—269。
③ 参施特劳斯,《什么是政治哲学》,前揭,页290;施特劳斯,《柏拉图式政治哲学研究》,张缨等译,北京:华夏出版社,2012,页291。
④ Strauss, "On a New Interpretation of Plato's Political Philosophy," p. 331.

图对话是一个谜——某种令人困惑和被惊讶的东西"。①

承认无知看似容易，无须艰辛的批评，但施特劳斯认为，无知或惊讶的经验是极不寻常，十分困难，它基于某种前批判意识，以及摆脱文本意义的惯常或传统预设的努力。一个仅仅是继承下来的关于文本意义的观点不仅不同于，也阻碍了它获得真正的理解。关于对古典政治哲学的"惯常"看法，施特劳斯写道：

> 这种表述必须被刻画为习传式的，它所依循的习传既是十九和二十世纪古典学者的研究产物或残余，也是从未中断过的古典政治哲学传统。这类习传必然真假混合、深浅相杂、虚实难辨。其最大的危险在于，它们难免会培养出一种对其题材的熟悉感，这种熟悉感反过来使人低估妨碍理解题材的困难。②

施特劳斯认为，摆脱此前的学术传统是获得真正解释的努力之一，而这是其著作最令其他学者恼怒的特征。不过，这不是简单的忽视或蔑视，而是批评，无论它是明显的抑或只是含蓄的批评。

这个需要获得无知之经验的批判性努力非常艰巨。因为

---

① Strauss, *The City and Man*, p. 55.
② 参施特劳斯，《什么是政治哲学》，前揭，页289—290。

"教科书和许多专著提供的表面解释"只是"最显然易见的,它们绝非最危险的对真正理解的妨碍"。^① 历史学家"自幼熟知"的"现代路标",^② 正是历史学家需要摆脱的内容,以便发现自己对古老文本所知多么有限,或发现这些文本多么不同寻常。这些路标可能包括了如下一些基本问题,例如什么是一本书,它应当如何被阅读,什么是哲学,或者思想是否是某个社会的表达。唯有充分的批判能产生对现代性的怀疑,唯有如此,我们才能不再误以为我们理解了过去的思想。

没有人比施特劳斯所做的更多,他为我们恢复了对柏拉图的《法义》、迈蒙尼德的《迷途指津》或马基雅维利的《论李维》这些书的奇怪感和迷惑感。为什么一本关于法律的书会始于一篇关于酒的长篇对话?为什么那些认为找到了"新模式和秩序"的人会用讨论古代历史的形式呈现它们?施特劳斯将我们的注意力引向无数的不正常或古怪的细节当中,而其他学者会选择忽视或删去这些细节。他的学生们似乎尤其独特,常常无法理解一些本科二年级学生都"知道"的内容。

B. 解释者的哲学动机

对施特劳斯而言,批评不能与解释相分离的第二个理

---

① Strauss, "On a New Interpretation of Plato's Political Philosophy," p. 331.
② Strauss, "On a New Interpretation of Plato's Political Philosophy," p. 331.

由，也可以说成是批评必然在解释之后。这必然首先意味着，历史学家"必然是一位批评者"。"他选取他认为有价值的主题；该主题是有价值的这个批评性判断先于解释"。① 这个常见的说法对施特劳斯而言特别重要。这个对价值的批评性判断不仅要求预先的选择；它将一直存在："显然，一个人对过去思想的理解会因他对此兴趣的增加而愈加充分。"② 一个人需要某种"动机"以满怀"同情或关怀"地进行研究。③"与对象的亲近"对"真正理解任何著作"而言都不可或缺。④ 一个"古物"或"历史"兴趣不足以创造历史的理解；一个人需要某种"对早前观点的热情兴趣"，某种"对早前思想家的教导的严肃意愿"，以及某种"从当前偏见解放出来的严肃努力"。⑤ 简言之，一个人需要深信对象"与哲学的直接相关性"，需要某种"哲学激情"、某种"哲学动机"、某种"寻求真正的历史学努力"以理解过去哲学思想的"哲学动因"。⑥

一种哲学兴趣意味着我们必须严肃地认为某种思想的说

---

① 参施特劳斯，《论柯林伍德的历史哲学》，前揭，页151。［校按］本句译者自译，中译文同前。
② Strauss, "*On a New Interpretation of Plato's Political Philosophy*," p. 329；参施特劳斯，《什么是政治哲学》，前揭，页56。
③ 参施特劳斯，《什么是政治哲学》，前揭，页223。
④ 参施特劳斯，《迫害与写作艺术》，前揭，页48。
⑤ 参施特劳斯，《迫害与写作艺术》，前揭，页1—2；参施特劳斯，《什么是政治哲学》，前揭，页259。
⑥ 参施特劳斯，《迫害与写作艺术》，页1—2；Strauss, "*On a New Interpretation of Plato's Political Philosophy*," p. 329，332，331。

法是真的。① 严肃对待意味着：

> 我可以，何止可以，我必须认为它是真的，或者否认它是假的，或者我必须进行区分，或者意识到我无法确定，以及因此我必须思考或学习那些比我目前所知更多的东西。②

正如施特劳斯关于他第一部著作所研究的作者所说的，"试图像斯宾诺莎本人那样理解斯宾诺莎教导的最强动机"，

> 这种极度强烈的动机来自一种猜想：斯宾诺莎的学说是唯一真正的学说。没有这样一种动机，任何有理智的人都不会投入自己的全副精力去理解斯宾诺莎；没有这样一种献身精神，斯宾诺莎的书就永远也不会展露出其充分意义。③

对过去思想的历史理解要求以哲学的方式考察其关于真理的说法，而这意味着，批评无法与解释相分离，但它并未暗示，"历史学家必然从当今思想观点来批评过去的思想"。的确：

---

① 参施特劳斯，《什么是政治哲学》，前揭，页 131。
② Strauss, "Correspondence Concerning Wahrheit und Methode," p. 6.
③ 参施特劳斯，《迫害与写作艺术》，前揭，页 145。

由于他事实上试图严肃地理解过去的思想，他就抛弃了当前的思想。他开始了一次航行，而航行的目的地却向他隐而不露。他既然离开过自己时代的海岸，那么，他回来时就不可能完全是离开时的他了。他的批评倒也很可能达到对当代思想的一种批评：从过去思想观点的角度批评当代思想。①

为了解释所进行的批评意味着接受改变。② 因此，教条主义诗人无法获得充分的历史理解：

因为，既然教条的史学家在进行历史研究以前就已知道哲学问题的答案，那么这些研究只会增加他的学识而不是智慧。③

关于进步的信念对历史解释而言"可能是最具破坏性的教条主义形式"，但历史主义的教条，即过去的（非历史主义）思想是错误的，与古人高于今人的教条一样，都使人失

---

① 参施特劳斯，《论柯林伍德的历史哲学》，前揭，页 152—153。［校按］本段译者自译，中译文同前。Cf. Strauss, "*On a New Interpretation of Plato's Political Philosophy*," p. 331.
② 参施特劳斯，《论僭政》，前揭，页 230—231；施特劳斯，《什么是政治哲学》，前揭，页 131。伽达默尔也坚持将文本应用到解释者的情形中或"视域融合"。与此不同，施特劳斯发现，"如果改动后的柏拉图学说会高于他自己的版本，很难说柏拉图的视域变得宽广"。（伽达默尔，《真理与方法》，前揭，页 267—276、324—325；Strauss, "*Correspondence Concerning Wahrheit und Methode*," p. 6.）
③ 参施特劳斯，《什么是政治哲学》，前揭，页 259。

去理解的能力。①

历史解释不仅要求自认无知，也要求一个非常特别的动机。对施特劳斯而言，"只说我们可以"把一个文本作为我们研究的对象"是不够的"；它必须能教我们"重要的真理，那些我们今天所需的以及我们不会在同时代人中找到的真理"。② 只有"活在一个智识衰落的年代的人"或至少那些"认为"他们"可能"活在这样一个时代的人，才会对过往思想的历史解释有足够的渴望。在这样的情势中，历史"具有了哲学的重要意义"。因此，解释不仅需要对文本声称的真理进行哲学批评，也需要预先对同时代思想做出一个充分的哲学批评，以便能提供"理由使人相信，我们能从过往的思想中学习到极其重要的东西，而这些东西无法从同时代人中学得"。③

这样的批评不仅作为动机是必要的，它也是一种保护，以免在解释过程中暗中引入了流行意见。④ 这正是施特劳斯对当代思想"危机"的关切，即要求他对国王思想的解释是

---

① 参施特劳斯，《什么是政治哲学》，前揭，页55—57、59；参施特劳斯，《论柯林伍德的历史哲学》，前揭，页144—6；[校按]中译文同前。Strauss, "*On a New Interpretation of Plato's Political Philosophy*," pp. 320—331, 332.
② Cf. Strauss, "*Quelques remarques sur la science politique de Hobbes*," p. 610.
③ 参施特劳斯，《论柯林伍德的历史哲学》，前揭，页145、155；[校按]中译文同前。参施特劳斯，《迫害与写作艺术》，前揭，页145—147。
④ Cf. Strauss, "*On a New Interpretation of Plato's Political Philosophy*," pp. 328—329, 355.

真正历史的，而非仅仅是"神话的"或他自身思想的重复。①

人们或许奇怪，按照冈内尔的说法，施特劳斯或其他人是否能有必需的动机去解释这么多不同的作家。在这么多作家之中，人们是否可以怀疑作家的教诲并不真实？这个问题尤其与现代人相关，因为施特劳斯正是怀疑他们的教导不是真的。可能他对现代人的根本解释先于这个怀疑并构成了其解释的基础。被布鲁姆称作"前施特劳斯的施特劳斯"写书论及斯宾诺莎和霍布斯时，称其信念始于兹，②即"回到前现代哲学是不可能了"，并且当时他的文学阅读还不够。③ 施特劳斯的一本成熟之作讨论的是一位现代作家，但结束于思考"古典哲学"的何种"根本缺陷"促成了现代性。④ 尽管怀疑某个教导是否为真乃是进行研究的最强动机，但仍有其他强烈动机存在，例如怀疑它是否提供了针对被质疑了真假的教诲的最佳批评。

C. 解释者的哲学活动

对施特劳斯而言，批评与解释不可分的第三个理由是，哲学地考察文本关于真理的说法不仅作为动机是必须的，而

---

① Cf. Strauss, "*Quelques remarques sur la science politique de Hobbes*," pp. 610—611.
② 布鲁姆，《施特劳斯》，收于《巨人与侏儒——布鲁姆文集》，张辉选编，北京：华夏出版社，2011，页261—262、264；参施特劳斯，《苏格拉底与阿里斯托芬》，前揭，页13。
③ 参施特劳斯，《斯宾诺莎的宗教批判》，前揭，页31；参施特劳斯，《霍布斯的政治哲学》，前揭，页16。
④ 参施特劳斯，《关于马基雅维利的思考》，前揭，页476—478。

且它也属于解释活动的一部分。关于这个必然性，施特劳斯点出了最根本的理由：

> 柏拉图的思想据称是对整全［一种希腊人指称"宇宙"或"乾坤"（cosmos）的方式］的某种模仿……如果看不到原件，就不可能理解模仿品……依照模仿品所提供的某些指示去看原件，这意味着，试着像柏拉图理解整全那样去理解整全。像柏拉图理解整全那样去理解整全，这正是解释柏拉图著作的目标所在……试图像柏拉图理解他自己的思想那样去理解柏拉图的思想，这种尝试与批评不可分离。①

由于思想不是将自身呈现为研究的对象，而是呈现为对其他研究对象的解释，如果不谈及其他的对象就无法理解它。如果这些对象不过是具体事物，那么额外的历史学活动就足够了；但如果它们是普遍的甚至是整全的，那么对解释来说，依从文本的引导、对文本的对象进行哲学考察就是必需的。施特劳斯认为这与另一种方式不同，即先进行解释，然后对文本对象进行哲学考察，这种方式无须考虑文本的

---

① 参施特劳斯，《论柯林伍德的历史哲学》，前揭，页153；［校按］中译文同前。

指示。①

施特劳斯认为,"不思考或者不阐明柏拉图思考的对象"就"不可能理解柏拉图的思考"。② 我们必须思考那个思想,感受其逻辑关联(或缺乏关联),而不只是重复其语词。③ 我们甚至必须越过内在的逻辑关联而去思考该思想的边界、起点和终点:

> 如果柏拉图将我们通常怀疑甚至否认的东西当作理所当然的东西,或者,如果他没有使自己对某个既定主题的分析超出某个点,那么,我们就必须认为,他很可能有某些充分的理由在他停下来的地方停下。如果有必要理解柏拉图的思想,那么,就有必要像柏拉图理解他自己的思想那样理解柏拉图的思想,因而也有必要在柏拉图停下来的地方停下,并四周望一望:也许,我们就会渐渐理解柏拉图停下来的理由。④

由于施特劳斯解释的大部分作品有着不同程度的文学特

---

① 参施特劳斯,《论柯林伍德的历史哲学》,前揭,页152—154;[校按]中译文同前。
② 参施特劳斯,《论柯林伍德的历史哲学》,前揭,页153—154;[校按]中译文同前。
③ 参施特劳斯,《论柯林伍德的历史哲学》,前揭,页151—152;[校按]中译文同前。
④ 参施特劳斯,《论柯林伍德的历史哲学》,前揭,页154—155;[校按]中译文同前。

征和不同目的,批评或哲学活动也因此而更为必要。施特劳斯写道:

> 单靠历史证据无法完全解释柏拉图的教导。对于其解释的关键部分,解释者只能落回他所提供的历史证据里:柏拉图却要求他自己去发现论证的关键部分。①

在柏拉图拒绝给出该部分论证时,解释者必须自己发现它,不过是在柏拉图提示的指引之下;他必须利用柏拉图的写作来搞哲学。② 不仅柏拉图的沉默,还有他的反讽,都在逼迫着他的解释者自己进行思考。他必须试图发现为什么这个角色向另一个人在这个环境下作出这样的论证,而如果没有这些角色和环境的限制,更充分的论证会是什么。③ 除了柏拉图具体戏剧形式,一般而言,显白写作也要求其解释者思考其论证是否良好,如何改正这些论证。此外,可能尤其重要的是,显白写作要求读者"在半路上"认识作者。④ 隐藏也能迫使读者自己思考,并因此成为作者的"同谋"而不

---

① Strauss, "*On a New Interpretation of Plato's Political Philosophy*," p. 351.
② Strauss, "*On a New Interpretation of Plato's Political Philosophy*," p. 351.
③ Strauss, "*On a New Interpretation of Plato's Political Philosophy*," p. 352; Strauss, *The City and Man*, pp. 39—60.
④ Strauss, "*Farabi's Plato*," p. 50.

仅仅是其解释者（《传统的神话》，页 130—131；《政治理论》，页 73）。

冈内尔夸张地认为，施特劳斯"很少谈到解释原则"，或他"从未"提到"文本解释的一般理论，或经解式史撰学原则，以便能为他要求的客观性提供实质依据"。① 但的确，施特劳斯的解释学不是一般的文本解释理论。施特劳斯称其原则出自伽达默尔：

> 不仅我自己的解释经验非常有限——依据我的经验，我怀疑是否可能存在一个普遍的、不只是"形式的"或"外部的"解释学理论。②

施特劳斯最大限度地提供了一个哲学文本的解释理论。他大体上并不关心作家："'某个作家'的意义是非常模糊的。真正属于最高智识之人的事物是完全不适用于他人的。"③ 施特劳斯主要考虑那些"谨慎的哲人"，他们同时也是"谨慎的作家"。④ 然而，可能只有这类著作才能被充分理解。

---

① Strauss, "Correspondence Concerning Wahrheit und Methode," pp. 5—6. 注意伽达默尔对注释第 9 条的回应。
② 参施特劳斯，《什么是政治哲学》，前揭，页 218。［校按］中译文未按原文页码找到相关内容，内容为译者据英文直译。
③ 参施特劳斯，《什么是政治哲学》，前揭，页 218。
④ 参施特劳斯，《什么是政治哲学》，前揭，页 224。

历史与哲学

既然看到对施特劳斯而言历史或解释需要哲学或批评，我现在必须问，对他而言，哲学是否需要历史。除非在一开始就极其需要解释，否则就不会涉及解释学问题。冈内尔正确地看到施特劳斯在哲学与历史之间的根本区分，但施特劳斯一进步修正了这些临时的一般说法。冈内尔对施特劳斯的解释表明，施特劳斯关于哲学与历史关系的观点比冈内尔的看法（他为了自己的论证而预设施特劳斯的历史必然是神话）更为复杂。据冈内尔所述：

> 施特劳斯意识到其观点的矛盾，一方面，政治哲学是一个非历史的活动，而另一方面，他又认为需要历史研究来恢复政治哲学。他承认这个不可避免的张力使得坚持哲学与历史的必然区分变得困难。

冈内尔声称，尽管可能更加矛盾，施特劳斯的"史学部分意在表明否认'哲学与史学问题的根本区分'的错误"。然而，在他随后的论证中，冈内尔只是简单地提到施特劳斯"强调区分哲学与史学"（《传统的神话》，前揭，页126、133）。

我们应该首先注意到，尽管坚持哲学与史学的区分并不必然意味着分开两者的任何可能性或必然性。① 就算在冈内尔所引用的谈及两者的根本区分的地方，施特劳斯也说得很清楚，政治哲学总是依赖于某些关于"不同政治制度和信念"的历史。但这种历史是"政治哲学的预备和辅助；它并不是政治哲学的一部分"。②

然而在我们的时代，政治哲学对历史的依赖却远为根本。今天的政治哲学需要它自身的历史，它是"政治哲学自身努力的一部分"，施特劳斯在一篇以两者的根本区分开始的文章中这样总结。③ 在别处，施特劳斯令人惊讶地警告：

> 坚持哲学与历史的根本差异——一个哲学得以成立或失败的差异——很可能在当今的情况下具有误导性，不用说危机哲学自身。④

首先，历史主义本身"为政治哲学创造了一个全新的处境"。⑤ 在此情势中，"每个小孩都知道"哲学史在事实上显得不可能，于是"只能通过回忆哲学在过去意味着什么来获得对哲学原初含义的理解，也就是说，实际上，只能通过阅

---

① 参施特劳斯，《论柯林伍德的历史哲学》，前揭，页151；[校按]中译文同前。
② 参施特劳斯，《什么是政治哲学》，前揭，页47。
③ 参施特劳斯，《什么是政治哲学》，前揭，页64—65。
④ Strauss, "On a New Interpretation of Plato's Political Philosophy," p. 352.
⑤ 参施特劳斯，《什么是政治哲学》，前揭，页47。

读过去的书"和通过历史来理解。哲学不在处于其"自然处境",即面对一个关于整全的非哲学解释,而是处于一个人造情势当中,即面对否认解释整全的可能性,而这来自一种貌似哲学的说法。①施特劳斯以柏拉图的比喻来描述这个处境:哲学不再始于柏拉图面对的"自然洞穴"之中,如今始于一个"洞穴之下"的人造洞穴之中。单是要回到自然洞穴就需要一个详尽的人为的历史研究。②

在此意义上,历史主义是自足的,通过让人类思想除了历史地思考而别无他法,使得人类思想历史化。③ 就连逃离历史主义都是双重的历史化,因为历史情势使得逃离需要历史研究。不过,承认历史主义相对于某时的实践真实性,或是承认"哲学与史学问题的融合"在某种程度上不可避免,均不能算作历史主义本身,无论这些立场与直接的非历史主义有多大的差异。④

因为施特劳斯不仅再三否认,所谓史学成就能使人高于无须史学成就的古典哲人,甚至高于"穴居祖先",反而认为

---

① 参施特劳斯,《迫害与写作艺术》,前揭,页149—150。
② 参施特劳斯,《迫害与写作艺术》,前揭,页148—149。施特劳斯在他评论其老师 Julius Ebbinghaus 的著作时就用这个意象表达了这个想法:"*Uber die Fortschritte der Metaphysik*," *Deutsche Literaturzeitung*, 52, December 27, 1931, Col. 2451—2453.
③ 参施特劳斯,《什么是政治哲学》,前揭,页59;参施特劳斯,《论僭政》,前揭,页44。
④ 参施特劳斯,《什么是政治哲学》,前揭,页65。

哲学从未改变——唯有进入哲学的门径各异。① 施特劳斯的史学研究意在助力其哲学探寻，以追问历史主义表述"历史经验"的说法。② 有人会问，经历了施特劳斯的具体历史时段之后，哲学是否已经能摆脱历史主义、实证主义，不依赖历史研究地进行思考。但有人也会问，只是反驳历史主义，不靠这类历史意见，是否能帮助我们摆脱历史语境的意见。

历史研究的必然性可由两种方式阐明。第一种与施特劳斯关于传统一词的用法紧密相关。我们的观念尤其具有传统的特征：因为预设了进步，他们埋葬了自己的根基。③ 哲学并未从零开始，而是从澄清我们作为出发点的意见开始。今天的哲学要澄清的观点只能以史学的方式进行。古典政治哲学无须这类史学，因为它面对的是关于政治事物的"自然"理解，或者"关于那些属于政治生活的政治事物的理解"。④ 相应地，施特劳斯关于古典政治哲人的历史探究的特点不是阐明其系统或学说，更多地是讲明他们如何遭遇前哲学的理解。

这项计划让人想起施特劳斯的老师胡塞尔的现象学，及另一老师海德格尔的"拆解"（Destruktion），而施特劳斯承

---

① 参施特劳斯，《什么是政治哲学》，前揭，页 65；施特劳斯，《迫害与写作艺术》，前揭，页 65—68。
② 参施特劳斯，《自然权利与历史》，前揭，页 21—26、32—47。James F. Ward, "*Experience eand Political Philosophy: Notes on Reading Leo Strauss*," *Polity*, 13, 4, Summer, 1981, pp. 668—87, on 683—6.
③ 参施特劳斯，《什么是政治哲学》，前揭，页 61—64。
④ 参施特劳斯，《自然权利与历史》，前揭，页 80—82；Strauss, *The City and Man*, pp. 11—12.

认从两者身上获益良多。① 对历史研究之必要性的特殊强调不应被视为对胡塞尔的误解,② 而是施特劳斯对于其解释学状况和活动之反思的结果。

第二种阐明历史对我们的必然性是通过将其视为"历史主义的自行毁灭",③ 就像尼采所说的那样施特劳斯坚持以历史主义之道还治历史主义之身,④ 而这需要对历史主义起源进行非历史主义的解释。⑤ 对非历史主义思想的历史理解使人摆脱历史主义,至少让人看到其中的问题特征,而这是哲学之可能性的首要要求。⑥ 解释学经验是解放性的,因为它表明了我们所理解的非历史主义选择以及我们对于真正历史理解的能力。⑦

施特劳斯迫使历史学家"感到疑惑,历史真相是否不比哲学真相容易获得"。⑧ 对施特劳斯而言,哲学真相在根本上

---

① 参施特劳斯,《什么是政治哲学》,前揭,页 242;参施特劳斯,《剖白》,前揭,页 2—3;[校按]中译文同前。Cf. Strauss, "*An Unspoken Prologue to a Public Lecture at St. John's*", p. 31.
② Cf. Hwa Yol Jung, "*The Life — World, Historicity, and Truth: Reflections on Leo Strauss' Encounter with Heidegger and Husserl*", *Journal of the British Society for Phenomenology*, 9, 1, January, 1978, pp. 11—25, on 17—8.
③ 参施特劳斯,《迫害与写作艺术》,前揭,页 151。
④ 参施特劳斯,《什么是政治哲学》,前揭,页 60—61、65;参施特劳斯,《自然权利与历史》,前揭,页 27—28。
⑤ 参施特劳斯,《自然权利与历史》,前揭,页 34—36。这应该与关于历史主义起源的历史主义解释区别开来,例如波考克的做法。
⑥ 参施特劳斯,《论僭政》,前揭,页 41;参施特劳斯,《自然权利与历史》,前揭,页 33。
⑦ 参施特劳斯,《自然权利与历史》,前揭,页 14—15、24—25。
⑧ 参施特劳斯,《什么是政治哲学》,前揭,页 226。

是困难重重的：

> 这样的哲学就是对诸问题亦即对根本的和综合的问题的真诚意识。如果不是真的想要获得解决办法，获得一些极其罕有的独特解决办法，思考这类问题就是不可能的。然而，只要还未获得智慧，而只有对智慧的渴求，解决办法就不会比问题更为清楚可见。因此，当对于某个解决办法的"主体确定性"变得比他对该解决办法的问题特征的意识更强烈，哲人就不再是哲人。在那一刻，诞生了一位宗派成员。①

正是哲学真理在根本上问题重重的特征使得哲学史得以可能。②

---

① 参施特劳斯，《论僭政》，前揭，页243；另参施特劳斯，《自然权利与历史》，前揭，页33；参施特劳斯，《什么是政治哲学》，前揭，页29。［校按］原文未从注释之中找到，译文为中译者据英文直译。
② 参施特劳斯，《什么是政治哲学》，前揭，页222—223。

正当的生活方式——《自然权利与历史》中的哲学[①]

曾俣璇 译

在施特劳斯的作品中,有一个主题非常突出,以至于谈论这个主题似乎显得太过平淡无奇,然而与此形成巨大反差的是,在他的思想中如此显著的主题,在众多的现代哲学中却近乎消失。这个主题就是哲学作为一种生活方式这一概念。与此相关的论述以为,这种生活方式的特征及其选择,或为此正当生活进行的辩护本身就是哲学的重大主题,甚至就是苏格拉底哲学的那个(the)重大主题,用施特劳斯的话来说,它们就是古典政治哲学的重大主题。这个概念与当代学术常规的哲学概念形成对比,后者将哲学视为一门学科[指哲学是研究的一个分支,有其自身的方法和关注对象,

---

[①] 这篇文章原初是为一场研讨会而准备的,并已在这场会议中发表("施特劳斯思想中的生活问题",卡尔·弗里德里希·冯·西门子基金会,慕尼黑,2002年6月20日)。

而不是一种修行（askesis）或对品性的塑造]。①

早在《自然权利与历史》的第一章《自然权利论与历史方法》中，施特劳斯在谈论古典哲学的一种特殊形式——习俗主义（conventionalism）时，就提出了"对哲学的看法"。在提到柏拉图《王制》（*Republic*）第五卷的那个著名的比喻后，施特劳斯紧接着写道，哲思（philosophizing）意味着"从洞穴中上升到光天化日也即真理之下"，从"意见的世界"上升到知识。② 意见世界与知识世界之间的区别不仅是认识论上的，还是社会的或政治的：哲学及由之上升的洞穴或意见世界不是私人的或个体的意见，而是公共意见，是由一个特定政治共同体的社会法令所稳定下来的权威性意见，没有了这样的意见，这个共同体的成员就无法在一起生活。③ "这样，哲学化就意味着由公共的教条上升到本质上乃是私人化的知识。"

---

① 哲学作为一种生活方式这种概念（manière de vivre, forme de vie, mode de vie），尤其与古代哲学有关，在最近几十年，阿多（Pierre Hadot）已对此观点进行了阐述。Cf. Pierre Hadot, *Philosophy as a Way of Life*, ed. Arnold I. Davidson, trans. Michael Chase, Oxford: Blackwell, 1995. *What Is Ancient Philosophy?* trans. Michael Chase, Cambridge: Harvard University Press, 2002. 关于哲学作为修行，参 Michel Foucault, *The Use of Pleasure*, trans. Robert Hurley, New York: Vintage Books, 1990.
② 所有的夹注均指《自然权利与历史》一书的英文原页码，即 Leo Strauss, *Natural Right and History*, Chicago: University of Chicago Press, 1953. [译按] 凡此书的引文，其中译皆引自施特劳斯，《自然权利与历史》，彭刚译，前揭，页11—12。
③ 参施特劳斯，《论古典政治哲学》，收于《什么是政治哲学》，前揭，页79："哲学力图将意见提升为科学，必然与意见领域发生联系并以之为基本的出发点，因而与政治领域发生联系。"

施特劳斯接下来的这段重述清楚地说明了，"上升"并不意味着"到达"："所谓哲学（the idea of philosophy）"只是"把握永恒的努力"（页12，亦见页30）。此后不久，他将"政治哲学的原初含义"特别解释为"寻求自然的或者是最好的政治秩序"，寻求不同于所有现实秩序的秩序，因此是一种"超越现实"的努力（页15）。哲学在总体上似乎关注"无所不包的真理"，关注"永恒的秩序"（页12、30）。① 这种真理似乎不是一条关于整全的真理或主张，而是对一连串的"根本问题（fundamental questions）""根本议题（fundamental issues）""根本困难（fundamental problems）"甚至是"根本之谜（fundamental riddles）"的回答，比如这样的问题：科学在本质上是否是理论性的，技术进步是否需要严格的道德和政治的控制，或者"正义"（页23—24、29—30、32）。

在回应激进的历史主义对哲学的批判时，施特劳斯明确说道，"原初的、苏格拉底意义上的"哲学不是关于这些问题的答案或这些困难的解决方法的知识，而仅仅是"关于人们不知道什么的知识，或者说是对于那些基本问题、那些与人类思想相生相伴的、为解决问题所能够做出的基本选择的意识"（页32）。是在意识到什么是可选择的答案或解决方法

---

① 施特劳斯将"无所不包的真理"或"永恒的秩序"呈现为公共意见力图回答的问题，但其上下文似乎暗示这也是哲学的目标。《什么是政治哲学》将这种综合情况包含在其对哲学的暂时性解释中，收于《什么是政治哲学》，前揭，页2—3。

的意义上,而不是在知道哪一个答案或解决方法是真实的或正确的意义上,哲学才是关于答案或解决方法的知识。

《自然权利与历史》在第一章的结尾做了一个对比:现代的几个世纪以来,哲学被彻底政治化为一件武器,而哲学的原初特征却是"对于永恒秩序的人性化追求(humanizing quest)"和"人性的(humane)灵感和激情的一个纯粹源泉"(页34)。令人惊奇的是,如果超出人的(human)、人性的(humane)、人性化的(humanized)与政治的(political)、政治化的(politicized)之间的对比,那就无法直接弄清施特劳斯此处的"人性化"和"人性的"所指为何。① 比起政治化的哲学与探寻最佳政治秩序的政治哲学之间的对比,政治化的哲学与探寻永恒秩序的哲学之间的对比最为清晰。对永恒秩序意识的追寻,或许会激发人性中的仁慈,以善待所有人。这类人会稀释或超越对某一现存最佳秩序,或将来政治秩序及类型的依赖感,不再会反驳甚至是敌视其他类型的政治秩序或政治秩序类型。

柏拉图和亚里士多德的政治哲学所探寻的自然的或最佳的政治秩序"大抵是……超越了一切现有的秩序的"(页15)。因此他们的政治哲学不是作为一件武器为实现最佳秩

---

① 施特劳斯在第二章对比了人性(humanity)与野蛮(barbarism),并在第五章称霍布斯(Hobbes)在某种程度上是一位让人赏心悦目的作家,因为他具有"永不衰绝的人性",参施特劳斯,《自然权利与历史》,前揭,页54、166。在第三章,他将人性配以人的自然(human nature),作为一种人类生活的基础,这种生活是善的,因为它与自然相符(页95),并称"人性本身就是社会性"(页129)。

序而服务，因而是人性化的，而非政治化的。当重审"知识分子与哲人的本质性区别"，并认为哲学的政治化恰好在于模糊那种区别时，现代政治化的哲学与原初人性化的哲学之间的对比达到了顶点，哲学的特征也于此得到进一步的阐明。① 哲人与知识分子之间的区别被描述为"早就为人所知的"，就像哲人与贤人之间的区别及哲人与智术师或修辞家之间区别那样。施特劳斯在此没有明确说这些区别在哪里。知识分子、智术师和修辞家不同于哲人，也许在于他们将思想或知识用作武器或工具；知识分子和贤人不同于哲人，也许在于他们除了使用思想和知识，还使用武器和工具。因此，哲学是一种生活方式，它使哲人作为一个阶层，得以从知识分子、贤人、智术师和修辞家这些阶层中区分开来。

《自然权力与历史》的第二章《自然权力论与事实和价值的分野》在开篇引用了"完全意义上的哲学"，重复了（即清楚地说明了）这样的观点：

> 在人们无法获得对于整体的智慧或完全的理解的同时，却能够认识到他对于什么是无知的，亦即它能够明了根本性的问题以及根本性的选择，只有这样，哲学才有了存在的可能。②

---

① 关于哲学的模糊，参施特劳斯，《迫害与写作技艺》，前揭，页11—12。
② [译按] 此处所引的中译文按照上下文意思稍作调整，详参页注2。

尽管第一章对哲学的解释似乎对上升到关于整全的真理或知识的可能性保持开放的态度，但这里的解释似乎承认了人是不能够获得对整全的知识的。① 但这段解释补充说，苏格拉底哲学或政治哲学确实回答了"人应该如何生活这个问题"（页36）。对此，它给出了苏格拉底的答案："一经认识到我们对于最重要的事情的无知，我们同时也就认识到，那些对于我们最重要的事情或者说最亟须的事情（one thing needful），就是寻求有关最重要的事情的知识或者说寻求智慧。"即便哲学不必回答所有的根本问题，但它必须回答如何生活的问题，因为哲学是一种生活方式。

对于如何生活的问题，苏格拉底的答案与"反苏格拉底的答案"之间存在"永久性冲突"，后者认为，智慧不是亟须的事情。与韦伯式的社会科学所得出的结论相反，这一冲突必须得到合理的解决（页36、64、67—76）。即便只有科学或哲学能够达到人们所能知道的真理，哲学仍然必须回答"对于可知的真理的寻求是否就是善的问题"（页71—72）。反苏格拉底的答案最终指向神圣启示——那种必需之物"与哲学所宣称的正好相反：即顺从的爱的生活，而与之相反的

---

① "人们无法获得对于整体的智慧或完全的理解"前面的"当（while）"，可以意指"只要（as long as）"而非"尽管（whereas）"，这样仍然保持了获得智慧的可能性。

则是拥有自由洞见的生活（a life of free insight）"（页74）。[①]

在第二章接近尾声的地方，在仅仅被称为对哲学和神学之争，或理性与启示之争的"俯瞰"中，施特劳斯写道："人生来如此，他要在自由的探寻和破解存在之谜中才能得到满足，获得至福"（页75）。这一断言没有使人类的满足依附于知识或智慧，而是使其依附于对知识的探求，而这种探求回答了寻求真理是否就是善的问题，至少满足或至福似乎是不可否认的善，因而这种探求带来了"对于善的知识"或至少带了来"人所需要的善"（页74）。

虽然从作为人类满足或至福的源泉来说，"对于善的知识"是善的，但若启示提供了一种更不受限的启发（illumination），一种更确定的破解存在之谜的方法，以及另一种通过顺从的爱的生活所获得的至福，那么哲学可能仍非显然是"那正当的生活（the right life）"。相比之下，哲学可能会显得无足轻重，这并不是说哲学在其他情况下自认为是举足轻重的（页75、85）。我们也许会想知道，哲学是不是"那正当的生活"这个问题是否不同于哲学是否是善的这个

[①] 据我所知，"亟须之物（one thing needful）"这一短语暗指《路加福音》10：42，根据引言的说法，自由派对自然权利的解释是"人们所需求的东西乃是因其多样性和个性而受到尊重的"（页5）。Cf. Leo Strauss, *Jewish Philosophy and the Crisis of Modernity*: Essays and Lectures in Modern Jewish Thought, ed. Kenneth Hart Green, Albany: State University of New York Press, 199, p. 104, p. 327; Leo Strauss, "Reason and Revelation", in Heinrich Meier, *Leo Strauss and the Theologico—Political Problem*, Cambridge: Cambridge University Press, 2006, pp. 149－150, 175.

问题，且前一问题是否比后一问题要求得更多。只因启示提出了与此相对的主张：对于一种带来人类满足与幸福的生活方式，是否必须也要追问它是否是"正当"的吗？

《自然权利与历史》的第三章《自然权利观念的起源》解释了哲学的起源伴随着对自然的发现，尤其源自对共同体生活方式的质疑，这种生活方式将自身呈现为终极正当的方式，因为它是神法（页81—86）。① 正当的生活方式这一哲学问题，以及苏格拉底对这一问题的回答——哲学是正当的生活方式，都首先是对作为答案的神法的质疑。哲学区分了什么是真实的与什么是法律规定的；哲学质疑神法或者共同体生活方式的权威，是因为哲学质疑所有的权威（页84—86、页91—93）。根据施特劳斯的说法，苏格拉底哲学与习俗主义古典哲学都同意，存在一种人类生活，它是"善的，乃是因为它符合于自然"，而哲学生活就是那种正当的生活，虽然苏格拉底哲学与习俗主义古典哲学对于那种生活是否需要正义或道德的问题存在分歧（页95、97、110、112、113）。

在第三章的结尾，施特劳斯回到了第一章结尾提到的哲人与智术师的区分，这种区分阐明了哲学作为一种生活方式的特征（页115—117）。哲人与智术师的区别不在于他们教诲的内容

---

① 据我所知，虽然哲学已经被描述为一种"生活"（页74—75），但对共同体的"生活方式"的描写是书中第一次提及"生活方式"。在将"方式"解读为事物最具特征的行为这一前哲学概念时，首次出现了一种"生活方式"的说法，那种前哲学概念并未区分自然存在物的方式与不同部族间的方式，但将头等重要性赋予了共同体的生活方式（页82—83、90）。

或教诲的真实性，而在于他们的动机。智术师关心智慧是为了与智慧之名相伴的荣誉，而哲人"是因意识到习俗或信仰与真正的洞见之间的根本差别而被触动"（页116）；智术师"比别的大多数人都更清楚，智慧或科学乃是人类最为卓越之物"，而对哲人来说，对纯粹信仰的排斥所造成的触动，似乎并不少于那些来自智慧的魅力的触动。哲人与智术师的动机的显著区别在于，智术师需要展示他的（伪）智慧，并隐藏他的（真）智慧以获得名声，但施特劳斯在此没有解释哲人将如何展示或隐藏他的智慧，也就是这种区别到底如何体现。

《自然权利与历史》的第四章《古典自然权利论》以展示苏格拉底哲学作为开篇。第二章在最开始考虑一般的哲学与特殊的政治哲学的可能性时，已经提到了苏格拉底对于人应当如何生活这一问题的回答（页35—36）。"和别的每一个哲学家一样"，苏格拉底把智慧或哲学的鹄的等同于关于一切存在的科学，但苏格拉底把这种科学等同于对每一存在物的自然或每一种类的存在物的自然的理解，由此背离了他的前辈们的看法（页122—123）。他没有分离智慧和审慎，这主要意味着，所有哲学都在于从意见上升到知识或真理，而苏格拉底哲学的上升受到了意见的指引（页123—124）。

这给人产生了一种这样的印象：苏格拉底哲学的生活方式在于对话或友好的争论，这些对话或争论基于这样的前提——所有人总是在揣度真理，只要在他们中产生了一位哲人，那些珍视任何与正确有关的意见的人将被迫朝着真理的方向超越这些意见（页124—125）。苏格拉底式的哲人似乎依靠大众意见来引导他的探寻,而大众似乎依靠苏格拉底式的哲人来强迫他们朝着真理的方向超越他们的意见(施特劳斯没有说他们能在这个方向上走多远)。施特劳斯说,至少对于整全来说,无法保证哲学本身将会合理地超越讨论或争论的范围并作出决定,但随即施特劳斯就提示我们要想起"苏格拉底的基本论点",很可能指的就是苏格拉底对于如何生活这一问题的回答(页126)。

在施特劳斯笔下,对于人的善的生活这一问题,苏格拉底及其杰出后学者们的答案是,它是由"人的自然构成的等级秩序"所决定的,施特劳斯没有提到哲学(页126-127;参页94-95)。善的生活的确不仅包括理解或满足追求知识的自然喜好,还包括"深思熟虑的行动"或"在最大程度上按恰当秩序"满足人的自然喜好(页127)。也可以这么说,它不仅包括对智识美德的满足,也包括对道德美德的满足(注意页128提及的"高尚"和"道德上愚钝")。这使我们想起之前的论述——对人类自然的生活是否需要正义或道德这一问题,苏格拉底哲学与前苏格拉底哲学或习俗主义哲学之间存在分歧(页95)。

在古典派看来,人类的自然在根本上是社会性的,关心他人的善与关心自己的善同样自然(页129),而在习俗主义者看来,每个人天生只谋求自己的善(页106、108、109、115)。在此,苏格拉底或古典的答案似乎与习俗主义者的结论形成反差,后者认为,好的生活,合于自然的生活,是"生活在公民社会边缘的哲学家的退隐的生活"(页113)。此处，在施特劳斯笔下，古典派认为，好的生活从哲学生活转到了治邦者、立法者和奠基者的生活（页133）。

在此处的论述中，重新出现的哲人起初只是作为最佳政体的解说者，给予贤人指引（页139）。此后，施特劳斯回应如下异议：有人认为古典哲人支持贤人或城邦贵族的统治仅由于古典哲人同属此阶层。明显仅在对此问题的回应中，施特劳斯承认哲人之为哲人，有着"自私的利益或阶层的利益"，这种利益"在于悠游自在、无人管顾"地投身于研究中，所以哲人偏爱城邦贵族，因为唯有他们习惯性地同情哲学，并因此最可能照顾哲人们的需求（页143）。

所以，哲人的生活方式截然不同于前文章节所描述的好生活，即治邦者、立法者和奠基者的审慎行动式生活（页126—134）。最后，古典自然权利的政治性受到圣经信仰的影响而变得含糊不清，圣经信仰认为神赋的自然法比之最佳政制有着"无比崇高的尊严"，施特劳斯仅在回应此影响时才承认，古典派同样认为，政治生活"就其尊严而言"，"在本质上低于"哲学生活（页144—145）①。相比他之前断言好的生活是基于人的自然的德性生活（页127），施特劳斯在此承认，德性的确切性质无法从人的自然中推演出来（页145）。

他奇怪地表示说，基督教将最佳政制确立为上帝之城，这种对古典教义最关键的修正，"以某种方式"为古典派所"预见到了"（页144—145）。相应地，施特劳斯在论述苏格

---

① 可能需要根据这种前在的含糊来理解第一章结尾提及的那种含糊。

拉底－柏拉图的自然权利论时指出,城邦必然存在不义(他先前认为,城邦对于人的完善来说是必要的,而且符合正义与自然,页130－132),因而必须将其自身转变为"世界国度",而其结果仍然是不义的,由此而指向一个由上帝统治着的宇宙(页148－150)。① 当施特劳斯在这里说"智慧者"的"全部生命"都致力于"追求在尊严上比任何人为之物都有着绝对更高的价值"的东西时,他似乎再次阐明了古典派对圣经信仰的预见。

施特劳斯怀着歉意说道,对于迫使人们"越出政治领域之外来寻求完美的正义,或者更通俗地说,寻求真正合于自然的生活",我们"在这里只能限于列出"这些理由(页151)。他解释说,"智慧者并不想要去统治"(页151),但此处通过将哲人说成是智慧的,而不仅仅是在寻找智慧,施特劳斯略去了并因此无声地提出了这样的问题:哲人是否应当去统治,他们是否的确知道,对于他人来说,什么东西天生就是善的(页140－141、147)②。他们也许知道他们的生活对他们来说是最好的;甚至知道他们的生活对人来说是最好的;但这并不代表他们知道,对于那些不能或不愿意过这种生活的人来说,什么是最

---

① 最终关于上帝所统治的宇宙的论述指向了如《治邦者》(*Statesman*)与《法义》(*Laws*)中的克诺洛斯神话这样的经典语段。奇怪的是,中间部分关于世界国度的论述似乎源自施特劳斯已发表的那篇"重述"(Restatement),精简自一段对科耶夫观点的总结,大约出现在《论僭政》(*On Tyranny*)的页192与页193之间。
② 施特劳斯"暗中用智慧者替换了哲人"吗?参施特劳斯,《论僭政》,前揭,页234。

好的。施特劳斯也没有在这里明确地追问,强迫智者去统治是否正义,即便他确实说过,选择低者(统治)而不选择高者(追求真理)看似是违背自然的。①

通过忽视这两个问题,施特劳斯使事情看起来几乎是这样的:哲人去统治毫无疑问是正义的,哲人不去统治仅仅是由于他们不愿意,或者他们不正义。问题越来越少地侧重于哲学或哲人的统治是否正义(这是把正义当作标准),而越来越多地侧重于"一般意义上"的正义是否"为哲学生活所需要",也就是说,正义是否是善的,这是把哲学生活的要求当作标准。② 要是正义与道德被认为是哲学生活所要求的,我们所谓的苏格拉底哲学就与习俗主义哲学相区别(页95),但是施特劳斯没有说这种区别有多大,而且还引出了这样的问题:这种正义与到底是否与一般意义上的正义与道德相同?(例如,是依法行事还是助益他人,页146—147)③

在这章的结尾,当讨论到阿奎那(Thomas Aquinas)几乎已经认为人的目的不可能在于哲学研究时,施特劳斯回答了上述的那个问题,他评论说:"照孤立无助的人类理性所能了解的心智完满或智慧,并不需要道德品行。"(页163—

---

① Cf. *Republic* 519d8—520e3, and Strauss, *The City and Man*, Chicago: University of Chicago Press, 1964, pp. 127—128. 对于《王制》中的这一选段,施特劳斯还引了紧接其前后的段落,作为注释,放在《自然权利与历史》的这段落后面(页152,注26)。
② 参施特劳斯,《论古典政治哲学》,见《什么是政治哲学》前揭,页79—80,及《迫害与写作技艺》,前揭,页3、13。
③ 关于页151—152这段文字,参 David Bolotin 的未刊文章:"*On Chapters Three and Four of Natural Right and History*" pp. 13—14.

164）这并不是否认正义和道德是为哲学生活所要求的，而是否认"一般意义上的正义或道德"或"亚里士多德所称之为道德品行的东西"与哲学生活所要求的正义与道德是相同的（页151）。

施特劳斯继续指出，哲学家有必要"以直接的或者迂回的方式"来关心城邦事务（152页）。"直接的方式"指的是像西塞罗（Cicero）那样掌控政治事务，"迂回的方式"指的是像柏拉图那样写作或教学。由于哲思（philosophizing）意味着从洞穴上升（页11），下降返回洞穴似乎是哲人除了哲思以外有必要做的某种事情。这些事情之所以是必要的，既因为"哲学生活对城邦有明显依赖性"，也因为"人对人所怀有的自然情感"。如果明显的依赖性仅仅指需要经济上的支持和人身安全的保障这类事情，那么这两个导致下降的理由并非专门适用于哲人，而是普遍地适用于人类。然而，那种依赖可能也包括城邦中的意见对苏格拉底哲学所提供的指引（页124—125）。

倘若这种下降更多地受到情感而不是依赖的驱使，它似乎就不仅仅是必要的。① 据说，那种自然的情感"尤其针对于他们的亲属，而不管这些亲属是不是具有'善的天性'或者是不是潜在的哲人"。人之为人具有一种普遍的情感，这

---

① Cf. Leo Strauss, *City and Man*, p. 128："爱欲（eros）是《王制》（*Republic*）的特点，爱欲的抽象解释了两种正义之间显著的区别：一种正义因其自身的原因值得被选择，而不管其后果如何，这种正义等同于哲学；另一种正义仅仅出于必要，在最高的构想中等同于哲人的统治。……哲人没有理由不该出于那种对属己之物的爱——爱国主义——而参与政治活动。"

种情感尤其针对于他们的亲属——可能指的是与他们有血缘关系的人。通过这种说法，施特劳斯也许在引导我们思考，对他们的亲属中那些具有"善的天性"的人或者是潜在的哲人的人，哲人是否也可能对其有一种特殊的情感？施特劳斯在别的地方将这种情感称为"成熟的哲人对他的族类中的'小狗'的爱"，这种情感也可能是哲人下降到洞穴的动机。①

施特劳斯继续说道："在下降到洞穴时，哲人得承认，那本然的或者说出于自然就是最高尚的东西，并非是人类最迫切需要的。"（页152）这一承认修正了之前的那个表象：在低级的与高级的事物之间偏向前者，那就违背了自然（页151）。在对亚里士多德的讨论中，施特劳斯在结尾处同样回到了柏拉图，使这个问题得到了进一步的论述。他是这么解释的（虽然没有明确指向哲人参与政治的问题）：

> 比之不那么紧迫的东西，人们可以合理地选取最紧迫的，然而在许多情形下，最紧迫的东西在等级上低于不那么紧迫的东西。可是，人们不能提出一条普遍的规则说，紧迫性比之等级是最高一层需要考虑的东西。因为我们的职责是要尽可能多地将我们最高级的行动变成最紧迫或最必需的事情。我们所可以期待的人们的最大限度的努力也必定会因

---

① 参施特劳斯，《迫害与写作技艺》，前揭，页29；另参《论僭政》，前揭，页232—235。

人而异（页162—163）。

这里的"最必需的事情"似乎等同于最紧迫的事情，它不可能一直是最高的，不可能一直是对智慧的探寻或者哲思。

只有当施特劳斯后来在这一章中转入亚里士多德时，他才说：

> 柏拉图从来在讨论任何论题——不管是城邦、还是天体或数目——时，都时时铭记着苏格拉底的根本问题，"什么才是正当的生活方式？"而纯然正当的生活方式被证明是哲学生活（页156）。[①]

说哲学生活是正当的生活方式似乎暗示着，哲学是一种完整的生活方式，而非仅仅是一种打发一个人的某段时间的方式；不是一份朝九晚五的工作；不是在晚饭后，在花费了一整天来捕鸟、闲聊、陷入性爱幻想与回忆、赌博和争吵之后，或是在打猎、捕鱼和养牛之后所从事的一项活动。[②] 但

[①] Cf. David Janssens, *Between Athens and Jerusalem: Philosophy, Prophecy, and Politics in Leo Strauss's Early Thought*, Albany: State University of New York Press, 2008, pp. 99—101, 118—119, 190—192.

[②] 参柏拉图，《王制》433a 和 561cd，与 Marx: *The German Ideology*, Robert C. Tuckereds., *The Marx—Engles Reader*, New York: Norton, 1972, p. 160; Cf. Locke, "*Labor*", in Mark Goldie eds., *Political Essays*, Cambridge: Cambridge University Press, 1997, pp. 326—328；以及马基雅维利于 1513 年 12 月 10 日致韦托里（Francesco Vettori）的信，in Harvey C. Mansfield trans., *The Prince*, 2nd ed., Chicago: University of Chicago Press, 1998, pp. 108—110.

·正当的生活方式——《自然权利与历史》中的哲学·

人本质上是一种"介于其间（in－between）"的存在物，哲思仅仅只是一个哲学家的生活的一部分，只是哲学生活的一部分。一个哲学家会哲学式地闲谈、幻想、赌博、争吵、打猎和捕鱼吗？最重要的是，在多大的程度上，正义、道德与对他人的善的关注是哲学式的生活方式的一部分？

然而，人类，所有人类或任何人类可以选择生活方式吗？哲学是一种选择而不是一种必然或强迫吗？它是哲人受天性所迫而选择的生活方式吗？我们必须谈论不同的天性及其各具特色的生活方式，而不是谈论人应该如何生活这个实践问题吗？哲学自称为正当的生活方式，共同体亦宣称其生活方式是正当的，前者仅仅是对后者的回应与模仿吗？

最后，我们必须追问，所有这些与我们这些"不能成为哲人"的人何干？[①] 如果哲学所要求的天性是如此稀有，以至于在我们的时代拥有一位哲人就是我们的幸运，那么哲学作为一种正当的生活方式，与我们又有什么关系？我们应该想起：

> 我们的职责是要尽可能多地将我们最高级的行动变成最紧迫或最必需的事情。我们所能期待的人们的最大限度的努力也必定会因人而异（页163）。

[①] 参施特劳斯，《古今自由主义》，前揭，页6。

二　古典政治哲学

施特劳斯"论古典政治哲学"

崔嵬 译

尽管《论古典政治哲学》是《什么是政治哲学》一书中收录的最早、最先出版的文章,[①] 但它出现的位置却是第三章。有两篇文章位于该文章之前,分别是《什么是政治哲学》(1955)和《政治哲学与历史》(1949),它们均论述古典与现代的政治哲学问题。论述古典政治哲学的这一章,位于三篇论述前现代作家(即色诺芬、法拉比和迈蒙尼德)且标题出现其名称的文章之前,再接着是两篇论述现代作家(即霍布斯和洛克)的文章。

施特劳斯开场便承认此研究的目的是:

> 讨论古典政治哲学的典型特征,这些特征已经

[①] 最早刊发于 1945 年的《社会研究》(*Social Research*);某些书中的注释早已见刊。参施特劳斯,《什么是政治哲学》,前揭,页 5—6。括号中的文献页码是指书中的页码。笔者此文章受益于阿布朗其(Andre Abranches)、本涅嘉尔(Nasser Behnegar)、棱兹涅(Steven Lenzner)、伦顿(Jennifer London)和大拉菲尔(Rafael Major)及斯沃德(Brandon Sward)的帮助。

深处一种危险之中，即当代最有影响的学派对它视而不见或者强调不足。

施特劳斯并不"想为一种对古典政治哲学的充分阐释勾勒轮廓"，而是要指出一种唯一道路，这道路属"我想"，并最终"被我们"所接受（前揭，页78）。① 施特劳斯对第一人称（"我们的""我"及"我们"）的不寻常性密集使用，使读者注意到"我们的时代"及其有影响力的学派，以及他们在理解古典政治哲学时造成的危险，并同时注意到施特劳斯作为反对那些学派的单个个人。② 施特劳斯所强调的两项古典政治哲学特征，均与政治生活相关，却各不相同：或直接与政治生活相关，或超越于政治生活。第一种在前28段内容中加以强调（页66—77），第二种则在剩下的8段中加以

---

① 施特劳斯出版该书的时候省掉了原文的前四段，文中呈现了过去的政治哲学的"准确含义"，即"意图用真正的知识取代关于政治基础的意见"，且"将现在的危机追溯至政治哲学"，以及将古典政治哲学错误地理解成实证主义和历史主义〔Leo Strauss, "On Classical Political Philosophy", in *Social Research* 12 (1), pp. 98—99〕。这些问题在《政治哲学问题》一文中的第一章最开始的部分和第二章论述得更多。这一版的该书间或论及实证主义政治科学，而非历史主义。该书还省掉了从斯威夫特（Swift）的《书籍之战》（*Battle of the Books*）中摘取的题记，其中谈到古人"不仅允许而且还大量地支持"现代性，也即是说一位古人的仰慕者并不必然反对现代性。

② 施特劳斯用"在我看来似乎"替换了原文章中的"我以为"，还增加了"被我们……"。增加的这一表达或指施特劳斯后来关于古典政治哲学的论述。他还将"一种真正历史性的解释"变成了"一种充分的解释"，因为他已经省掉了前面的阐述，即一种历史的解释，不同于一种历史主义的解释，前者尝试如过去的哲学自身那样理解自身。原文中的第一个单词（"今天"）提醒我们注意我们的时代。

论述（页 77—82）。① 该文章中省略的内容详细论述了"耶路撒冷与雅典"、自然正当与显白言辞这些主题，它们在施特劳斯的其他作品中占有显著位置，这种省略强调了该文章关注着古典政治哲学之于政治生活的双重关系。

古典政治哲学与政治生活的直接关系

在《什么是政治哲学》中论述古典解决方案的开场部分（页 19），施特劳斯开始论述"古典政治哲学"。古典政治哲学与政治生活关系直接，而后来的政治哲学与政治生活的关系则更疏远，施特劳斯对之加以对比，亦可称其作古代、中世纪与现代之间的对比，而现代"通过政治哲学传统作为中介同政治生活相联系"（页 66—67）。尽管施特劳斯有时会给人留下如下印象，即他正在或总是担任"伟大传统"或西方传统的捍卫者，② 不过，首先，他赞美古典政治哲学，却是因为它具有非传统性，因为它以新的视角而非承袭的那些理

---

① 最初的文章被分作了两个部分，却没有加标题，分别是该书本章节的第 2—31 段和第 32—36 段。Cf. Burns, 2002, "Ancient and Modern Political Rationalism in the Thought of Leo Strauss", In *Gladly to Learn and Gladly to Teach: Essays on Religion and Political Philosophy in Honor of Ernest. Fortin, A. A.*, ed. Michael P. Foley and Douglas Kries, Lanham, MD: Lexingt—on Books, 2002, pp. 149—150.

② 参施特劳斯的相关作品（《关于马基雅维利的思考》，前揭，页 72—73，页 174—175；《苏格拉底与阿里斯托芬》，前揭，页 1、6；《色诺芬的苏格拉底言辞》，前揭，页 97；《古典政治理性主义的重生》，前揭，页 126—127）。在前述的最后一段文字中，施特劳斯承认，所谈及的"西方传统"经不起细致的分析。

所当然的概念来观察政治生活。政治哲学随后的传统已经将政治哲学的必要性和可能性视作理所当然之事；这样的传统对他所继承的内容均视作理所当然。[①] 古典政治哲学家与政治生活的直接关系意味着，与后来的政治哲学相反，古典政治哲学并不会将政治哲学的必要性和可能性视作理所当然。施特劳斯仅在该研究的最后才转向这一重大的（政治的）哲学之必要性和可能性的问题。

尽管政治哲学的传统将政治哲学的必要性和可能性视作理所当然，但是现代的政治哲学以别样的方式方法尝试拒斥传统的政治哲学，施特劳斯告知我们，现在的（"经验性的"）政治科学认为，它可以通过拒斥或完全摆脱政治哲学来实现与政治生活最直接的关系（页66）。正是在我们时代最有影响力的学派之一，使得理解古典政治哲学的真正品质尤其是理解它与政治生活的直接关系极为困难。然而，施特劳斯声称，它没能重建与政治生活的直接关系，因为它的关系来自两种中介，即现代自然科学和从哲学传统继承而来的那些理所当然的概念。现代的政治科学甚至比现代政治哲学走得更远，它背离了与政治生活的直接关系，放弃了古典政治哲学的核心关怀，不再追问最好的政治秩序，而是转而关注方法问题。

施特劳斯在书中写道：

[①] 参施特劳斯（《自然权利与历史》，前揭，页32）："传统的本质，他们在虚弱的基础之上，建立恢宏的建筑，以掩盖或隐藏那样的基础。"此观点在该书中比起在原初的文章之中而言，阐述得更充分。

古典政治哲学试图实现自身目的的方式方法是：严格按照政治生活中形成的那些基本区分的意义与取向接受政治生活所形成的基本区分，对这些基本区分作透彻的思考，尽可能通透地去理解它们。①

在这一点上，他并没有讲清，将这些区分作透彻思考并尽可能通透地理解它们，是否会引导古典政治哲学超越他们在政治生活中所形成的意义与取向。他于此也没有讲清楚古典政治哲学的目标所在。施特劳斯将古典政治哲学与"一种本身不属于政治生活的科学"（现代的政治科学）相对比，虽未实质指明，却暗示古典政治哲学"本质上是政治生活的因素之一"。他断言，古典政治哲学是"政治生活及其目标的内在品质与自然"，但却并没有说古典政治哲学的目标与政治生活的目标相同。

古典政治哲学的主要问题、术语及方法并不具有典型的哲学特征，反而已经见于政治生活之中（页67）。施特劳斯将政治哲人视作裁判员，仲裁对立党派在描述政治生活之时在最高的和最永恒的重要性方面所产生的冲突，还要尝试给"每个派别得其所应得的"（页67—68）。施特劳斯表明了如下观点，即政治哲人所起的作用事关"政治起源"，据此可

---

① 参施特劳斯，《什么是政治哲学》，前揭，页67。

155

表明，政治哲人是如何"首先直呈于"优良臣民之前，而非表明政治哲人如何理解他们自己。施特劳斯描述了不同派别的立场，其中古典政治哲人的仲裁依凭的却是"关于何为善或正义的观念"。这样的描述既非"理想主义"，亦非"现实主义"。他写道：

> 人们持有某种主张，通常认为这一主张对他们有好处。在许多情况下，他们相信，在多数情况下，他们声称，他们相信或声称他们的主张对整个共同体有好处。在实践中，一切主张均出自正义之名，尽管有时真诚，有时虚伪。（页68）

施特劳斯因此暗示，在大多数情况下，诸派别均相信他们的主张对他们有好处，但不是对整个共同体有好处［自色拉叙马霍斯（Thrasymachus）以来的"现实主义者"均是如此］。不过，在某些情况下，他们相信他们的主张在多数时候对共同体有好处，而非对他们自己而言（"现实主义者"否认这种情况，或以此为误）。

施特劳斯最大程度地区分了共同体的善与正义，但却对这两者之间对立的可能性及二者之间的关系均持开放的态度。① 在不同派别之中作仲裁的功用出自"好公民的责任，其责任在于平息内争，通过劝说在公民中创造共识"，所以，

---

① 参施特劳斯，《自然权利与历史》，前揭，页160—161。

政治哲人"最初看起来是一位好公民"。① 施特劳斯在这里没有解释，为什么那能平息内部纷争的爱国义务，会成为政治哲人的首务，超过了对正义、有品德或致力于共同之善的党派的帮助，以打败他们对立派的敌人。该暗示表明，每一方（总是如此?）都掌握了部分的正义或部分的共同之善，而非完全掌握。（在第一章中，施特劳斯写道："亚里士多德实际上在说，党徒比爱国者看得更深，但只有一种党徒优于爱国者；这就是德性的党徒。"）（页26）②

为了履行好公民的义务，政治哲人不得不提出"那些隐秘的问题……从来没有出现在政治领域之中"［不同于他的"主要问题"，被（are）提出于政治生活之一］，但他们从未放弃"从政治生活中继承的方向"，并再次与现代政治科学的方法论方向形成对立（页68）。在此处，施特劳斯没有解释为什么政治哲人的隐秘问题从来未在政治生活中被提出过，以及从政治生活中承继而来的究竟是什么内容构成了方向，不过施特劳斯提到，这事关特定政治共同体在特定情形之下，按照既定的何为好或正义的观念，应该如何行事的问题。

政治哲学不同于政治生活，因为政治哲学主要关注的问题是"对一切政治共同体都至关重要的东西"，而非关注个

---

① 施特劳斯于此处写作"政治哲人"，而并未特别强调古典政治哲学：他引用了休谟和托克维尔，以及色诺芬和亚里士多德（页81，注2）。对托克维尔的引用后来才添加到注释之中，最初的原文并没有。我们还可以补充说明，对如何避免内部冲突，古典政治哲学并不如在霍布斯或人们所期望的在施特劳斯的表述之中，那样显著而清晰。

② Cf. Strauss, *The City and Man*, p. 47.

别共同体和个体的处境（页68）。然而，"自前哲学方式到哲学方式之间存在着一条笔直的几乎未曾中断过的道路"："政治科学"或优秀治邦者的审慎对所有的政治共同体均是适用的；修辞的技艺、政治科学"在更严格的意义上讲"更具有普遍性；古典政治哲学建立了"严格意义上的和最终意义上的政治科学"，方法是"尽其可能或必要"将整个政治科学（连同事实与言辞一起）提升到修辞学家所达到的普遍性程度（页68—70）。古典政治哲人据此达成他的目标，以立法者的教师行事，而立法者则规定框架，以框定治邦者的行动，还提出最佳秩序和掌权者关注的最基本最普遍的政治问题（页70—71）。这是一条最具持续性的道路，历经好公民到优秀治邦者，再到修辞家、立法者，最终抵达政治哲人。施特劳斯说，"实现其目标的政治哲人便是立法者的老师"，但是他们或许是政治哲人书中的角色或假定的读者，而非实际的立法者。这并不意味着他的目标是教育立法者：这或许是其达成自己目标的副产品。

施特劳斯解释说，由于政治哲学指向最基本的政治争端，即谁应成为统治者的问题，那么古典作家"主要关注的并不是政治共同体是否及为何存在、是否以及为何应当存在。职是之故，政治共同体之性质与目的便不是古典政治哲学的导引性问题"（页71）。这一论述隐含地将古典政治哲学的导引性问题最尖锐地与现代思想家诸如霍布斯、洛克或卢梭的思想起点相对比，并指出现代思想家是以作为政治共同体的缺失之下的自然状态为起点的。尽管政治共同体的本质和目的并非其导引性问题或主要关怀，古典政治哲学最终必须要回答"政治事物的本质问题"（页 81）。①

尽管施特劳斯本人的撰述少有直言提及美国外交政策问题，但近来就其对外交政策的所谓影响问题，聚讼纷纭，因而值得于此反思他的相关评论："一个共同体的存续和独立……与外交政策的最终目标从本质上讲并不冲突。"古典政治哲学关注的主要问题并非政治共同体的外部关系，而是它的内部结构，即就"本质上引发内战"的内容发生争执（页 71—72）。这一论述表明，就外交问题的争论仅与达成政治共同体的存续和独立的方式相关，而非与其目标相关。

然而，如果仔细思考施特劳斯在第一章中的表达，即"人类的各种伟大目标，自由以及政府或帝国"（页 3），在随后提到马基雅维利的章节里再得阐释（页 32），此时人们会意识到，就是否应该追求一个帝国，还是仅仅维持存续与独立，总会发生争议。施特劳斯对古典政治哲学就该问题的立场的理解，在《自然权利与历史》的相关段落的结语中阐述清晰："自由与帝国"——"城邦的目标是依照个人尊严的和平行动，而非战争和征服"。②

---

① Cf. Strauss, *The City and Man*, p. 138. 或可以说，一个政治共同体为何存在，或它的本质和目标是什么，均属亚里士多德《政治学》第 1 章中的开放性问题；然而，施特劳斯必须考虑谁应该统治的问题在第三章走到了最前，成为全部工作的导引性问题。

② 参施特劳斯，《自然权利与历史》，前揭，页 133—134，文中引述修昔底德（《伯罗奔半岛战争志》3. 45. 6）。维续存在与独立也存在争议［如 *Thucydides* 5. 84—116 中提到的米洛斯岛（Melians）的例子］，对这一论题，古典政治哲学同样有所涉及。

古典政治哲学最主要的关怀是政治共同体的内部结构，这反映了对征战作为城邦目标的拒斥。然而，在《城邦与人》中，施特劳斯承认，对于一个城邦而言，不是在战争的边缘，就是处于战争之中，"这是它与其他城邦关系中最重要的问题"。所以，修昔底德让他笔下的狄奥多托斯（Diodotus）称自由（摆脱外邦势力控制）和帝国为"最伟大的事业"，"并非毫无道理"，因为总体来讲，外交政策主要是"为我们""为城邦民"所制定。不过，古典政治哲学从对我们而言首要的事物，即"在先于上升之前出现的对事物的尽可能充分的理解"，上升到"第一自然本性"的事物，从事关外交事务的问题上升到最佳政治秩序的问题。①

由于一个特定政治共同体倾向以普遍的语辞表达自身，就何为最佳政治体制的问题给出有竞争力的答案，于是势必就最佳政治秩序的问题形成政治冲突。为了解释此问题，施特劳斯举例说"有人拒绝以色列王"，"有人维护雅典的民主政治"，还有人认为对于巴比伦而言最佳的政治秩序是王制（页85）。他似乎暗指撒母耳（Samuel）对以色列人的警告（按上帝的训诫），留意王制的弊病（页188），还或许暗指伯里克勒斯（Pericles）在葬礼演说中对雅典民主政治制度的赞美。②

该论文中的这段论述与施特劳斯的知名论题，即"雅典

---

① Cf. Strauss, *The City and Man*, pp. 239—240.
② 参修昔底德，《伯罗奔半岛战争志》，页37。

与耶路撒冷"极为相近。①［他在本章之中，未像他在第一章那样，提到哲学与城邦之间就城邦之神的问题而产生的冲突（页 32）。］在这段表述之中，耶路撒冷与雅典联合了起来，共同拒斥王制，尽管未必都为民主政治制度辩护（撒母耳基于神权政体拒斥王制）。政治生活对何为最佳政治秩序保持开放性，尽管何为最佳秩序对一个既定共同体而言具有直接关切性，而且政治生活亦承认，最佳的政治秩序对于一个较差的情形而言未必最佳，亦与后来的拒斥形成对照（如历史学派），即这个问题唯有在个体性占据主导之时才有意义。②

施特劳斯论述"贵族制"（"好人"、最佳者或有德之人的统治）是对最佳政治秩序的自然问题的自然解答，不只是古典政治哲学给出的答案，亦是"所有善良之人"给出的答案——他于此引用的唯一例子是杰弗逊（Thomas Jefferson）——事实上，是一种"前哲学的答案"（页 85-86）。施特劳斯此处提到的"贵族制"，既非那种不完善的继承式贵族制，也非如哲人王一样高妙，而是政治生活中对"勇敢善谋的将军、清廉公正的法官和智慧无私的治邦者"的共同偏爱。他在本章之中也没有像在第一章中那样，明确表示要努力为这一答案和古典政治哲学辩护，以针对反对意

---

① Cf. e. g. *"Jerusalem and Athens"*, in Kenneth Hart Greeneds, *Jewish Philosophy and the Crisis of Modernity: Essays and Lectures in Modern Jewish Thought*, Albany: SUNY Press, 1997, pp. 377—405.
② 参施特劳斯，《自然权利与历史》，前揭，页 14—17。

见，维护反民主政治制度的立场（页 36—38）。①

在前哲学的政治生活中，大家普遍偏爱好的统治者，他们将共同的利益置于个人利益之上，他做高贵而正确的事是基于高贵和正确本身，不过，这种偏好还与如下的质疑相伴，即"对几乎压倒一切的政治重要性的进一步追问"，或是"令人敬畏的反对"，或是"由坏或糊涂的人发起的或多或少有些专业化的攻击"。所以那些期盼的结果，往往由性格可疑之人，或由一些不公正的手段所获取，因此正义与有用并非完全等同，而"德性会带来毁灭"（尽管最后的句子有暗指马基雅维利的意味，不过施特劳斯却于此断言，这些内容早已为前哲学的政治生活所熟知，亦为远早于马基雅维利的古典政治哲学所熟知）。②

古典政治哲学"超越"前哲学的悖论性政治生活，方式则是维护前哲学的政治答案，以回答谁（好人）应统治的问题，拒斥各种反对或诘难（页 86）。迈蒙尼德的术语"迷途"至少对某些反对有德者的统治的人表达了一定程度的同情，要不是因为这些人，古典政治哲人毋庸被迫呼告事关德性的高远问题，这问题使得古典政治哲人超越了前哲学政治生活的维度（页 90、94）。③ 那些人或许会被关于德性的普遍观念

---

① Cf. Strauss, *The City and Man*, pp. 35—41.
② 马基雅维利，《君主论》，第 15 章。[译按] 中译文参马基雅维利，《君主论》，潘汉典译，北京：商务印书馆，1985。
③ Cf. Strauss, *The City and Man*, pp. 22—23; "What Can We Learn from Political Theory", in *Review of Politics* 69 (1), 2007, pp. 521—522.

中的"偏激的不足"所迷惑（页90—91）。施特劳斯在此没有解释古典政治哲人们如何为前哲学的答案辩护，以反驳那些可怕的诘难。

施特劳斯继续解释，古典政治哲人成为立法者的教师主要是由于他们回答了如下问题，即何种条件与制度最适合"最佳者的统治"，这个问题（唯有）当最基本的政治问题的答案已被接受之后才会变成最紧迫的问题（页86—87）。因此，施特劳斯坚持认为，立法者需要在最可欲的事物本身与条件所允许利好范围之间做出妥协。与现在传媒所归属于施特劳斯的观点不同——即应四处强制推行自由民主制——他强调，政制与法律必须适应当地条件，包括民众的性格、他们的传统和经济条件。然而，施特劳斯否认，对希腊政治哲人而言，无论是最佳政治秩序或哲学本身都本质上或必然是属于希腊的（页87—88）。

施特劳斯将古典政治哲学的本质视作"实践性"（引号为施特劳斯所加），或主要与政治生活的引导相关，以及用纯粹描述性或分析性的现代政治哲学或"理论"（施特劳斯再加引号）去追问最佳的政治秩序（页88—89）。这种对比似乎亦可以用在黑格尔身上（此处唯一提及的现代哲人），以及现代政治科学之上，而非用于现代政治哲人，如马基雅维利、霍布斯或洛克之上。施特劳斯在此处论述到，黑格尔要求政治哲学"将现在与实际的状况理解为某种本质上理性的事物，以至于发展到对古典政治哲学存在理由的拒斥"，这表明不仅古典政治哲学的主要关怀是对政治生活的正确引导,而且古典政治哲学视实际情况在本质上并没有那么理性化,这是按最佳政治秩序的标准而言的。①

古典政治哲学起于日常生活的道德区分,且视其"对于所有的实践目标而言"均为足够的,那是说在大多数情况下,不是说所有情况,亦非少数情况,或理论性目标(页89)。以此可知,"强大的理论诘难"对古典政治哲学而言"好过对我们时代的实践怀疑论者"(或指否认价值判断的理性品质的那些价值无涉的社会科学家)。这些强有力的理论诘难不同于,又相关于"属前哲学的政治生活"的"强有力的诘难"(页86),这种诘难可借由前苏格拉底哲学,智术师和古典传统获得。② 古典政治哲学主要将它的政治教育(借助于神话)指向正派之士,他们把日常道德区分视为理所应当。古典政治哲学如此行事,并非因为它视这些区分为理所当然,而是相反因为它知道,在政治相关的意义之上,这些区分无法证明,更易招来严肃的理论质疑,它亦清楚"政治共同体的福祉要求其成员受正派人士或有德之士的引导",还有政治共同体不能容忍一种放弃道德原则的政治科学(页

---

① Cf. Strauss, *The City and Man*, pp. 22—23; "*What Can We Learn from Political Theory*", pp. 521—522.
② 参施特劳斯,《自然权利与历史》,前揭,第三章;《论古典政治哲学》明显不同于《自然权利与历史》中第3、4章《自然权利观念的起源》和《古典自然权利》中古典政治哲学的表述,因为它并没有表现,更别说关注这一问题了,即古典政治哲学与传统主义之间的对话,毕竟古代哲学认定所有的正义均为习传,而非自然。一个相关且更明显的差异是《论古典政治哲学》没有提到自然权利,或什么内容从本质上讲即是正义;它也几乎没有提到正义,而仅提到政治生活中的对立观点均为"以正义的名义"形成的(页80),古典政治哲人的政治作品打算"对哲学进行政治性修正"(页93—94)。

89—90）。

然而，古典政治哲学的"政治教诲"不同于它的"理论教诲"。施特劳斯宣称，古典政治哲学"本质上具有实践性质"，而它"主要的关怀"是引导政治生活（页88），但这并不意味着古典政治哲学没有理论教诲，甚至它的最终关怀就是给予政治指导。古典政治哲学的态度是"总是类似于"（但并不等同于）开明的治邦者的态度，而非那些高蹈的动物学家、社会工程师们的态度，"这些人是按操作或调适而非按教育或自由来思考问题"，更不同于先知的态度，"先知相信他们知晓未来"（页90）。作为系列对比的最后一项，施特劳斯像此前提及撒母耳一样，在这篇文字中施特劳斯明确提及神学政治问题，此后他将些问题指定为其研究的恰切（the）主题。[①] 开明的（enlightened）治邦者或不同于其他治邦者，因为他们关注教育或自由，还因为他们自己摆脱了那种自己可以预知未来的幻象。

古典政治哲学与政治生活直接关系的讨论（页78—90）以一段概述性的文字结束，重申古典政治哲学的目标是，按照好公民的精神和"遵照完美之士的要求"（页90）解决最基本的政治冲突。最后一点为读者注意到下段文字论述重心的变化埋下伏笔。[②]

[①] Cf. Leo Strauss, *"What Can We Learn from Political Theory"*, p. 453. 另 Meier, *Leo Strauss and the Theologico—Political Problem*, Trans. Marcus Brainard, Cambridge: Cambridge University Press, 2006.

[②] 在第一章，施特劳斯将人的完善（哲学）与公民的完善进行了对比（页32）。

古典政治哲学对政治生活的超越

在论述古典政治哲学对政治生活的超越的文字中,施特劳斯专门论述了"诸隐晦问题"之一,该问题从未在政治生活中被提及,却被古典政治哲学所注意(页77－78;另参页68):"什么是德性?"或者是什么样的德性使得某人享有最高的统治权力。先前施特劳斯强调古典政治哲人与政治生活的直接关系,现在他承认古典政治哲人:

> 不得不超越常识意见的维度,政治意见的维度,不仅如此,还需要超越政治生活的维度,诸如此类;因为古典政治哲人受引导认识到,政治生活的最终目标不能被政治生活获得,而唯有通过献身于沉思的生活,即献身于哲学的生活才能获得。

这暗示哲学作为一种生活方式"似乎提供了如何保持政治生活活力这一难题的答案"。施特劳斯并未在此指明最终的目标,或那个难题:他没有在此提到幸福(参页105)。前述文段表明,问题是究竟谁来统治,除此之外则是正确的生活方式或幸福的问题。古典政治哲学本质上是关注基本政治生活冲突意义上的实践,此前的章节给予人这样的印象:施特劳斯现在承认最终的政治哲学"不再关注常识意义上的政治生活"。

古典与现代政治哲学之间的各种差异，没有哪种比对哲学生活的最终关注"更有说服力"（页78）。我们可以进一步认为，没有其他的事情能更清晰地将施特劳斯与他的同时代人区分开来，除了他自己将哲学生活作为政治哲学的最高目标这一做法之外。施特劳斯认为，这种对哲学生活的关注并非与政治生活毫不相关，虽然大家都喜欢更自由且更有尊严的个人生活。

在《什么是政治哲学》一文中，施特劳斯不得不将哲学解释成一种意图，即以关于整全或万事万物本质的知识取代关于整全的意见的意图，随后将政治哲学暂时地解释成哲学的分支，以求用政治事物本质的知识取代其观念，尽管他最初曾简要论述过政治生活与政治哲学之间的本质关联（页1—2）。相反，在《论古典政治哲学》中，在对古典政治哲学与政治生活的直接关系做了详尽的描述之后，施特劳斯才转向哲学，以图从观念上升到科学，并认为哲学本身拥有一种"几乎压倒性的困难亟待解决，此后哲人才能严肃地致力于政治事务，致力于人间之事"（页79）。[①]

施特劳斯提醒我们，政治哲学"最初只关心自然的事物"，它们不同于人类事物。因此，政治哲学几乎为两个方面的困难所压倒：既有前政治（前苏格拉底）哲学，亦有来自前哲学政治生活中的对"几乎压倒一切的政治意义"的有

[①] 施特劳斯在文章中，省掉了原出现在书中相关章节的论述，即哲学最初"意图用关于整全本质的真正知识取代整全本质的意见"。Cf. Leo Strauss, "On Classical Political Philosophy", p. 115.

力反驳。前苏格拉底哲学视自然之物"在尊严上远超"人类或政治事物,所以"仅是否定性地、偶然地"关注政治,大概是它否定了政治事物,尤其是法律和正义,所具有的自然状态(页79)。① 因此,在《城邦与人》中,施特劳斯得出结论认为"哲学必须被迫转向它最初脱离的人类事物。"②

然而,施特劳斯认为,哲学不是否定而偶然地,而是必然地且本质地与政治事物的本质相关。③ 哲学必须这样关注政治问题,以全面理解其自身的目标和本质。因为作为一种从观念到知识的上升意图,哲学的本质基点就是观念的基本政治范围(页79)。施特劳斯与他的同时代的人相区别,不仅由于他将哲学生活作为政治哲学的最高目标,而且他坚持哲学的政治品质。政治哲学不仅与政治生活相关,而且哲学必须关注政治生活。哲人不得不问一个实践性的问题"为什么爱智慧(或译:搞哲学)?"——即为什么政治生活需要哲学,为什么哲学是善且正义的(页79-80)。基于回答此问题的需要及哲学对政治共同体必要性的展示,道德和政治的反思成为哲学的必需。

政治哲学必要性的问题出现在本章开头附近,因此具有

---

① Cf. Strauss, *The City and Man*, pp. 14;《自然权利与历史》,前揭,页93—123。
② Cf. Strauss, *The City and Man*, pp. 13—14, p. 18.
③ 在《城邦与人》中,施特劳斯写首"广义的政治哲学就是哲学的内核",施特劳斯从既定的观念开始,并超越此观念,但"对观念范围的超越,并不存在不合格情形,即便是此类最智慧的人也是如此"。Cf. Strauss, *The City and Man*, p. 20.

两面性：哲学的实践需求表明，政治共同体的实践需要政治哲学，且哲学的理论需要政治哲学［哲学的可能性问题在本文中仍不充分，远少于其必要性，[1] 它同样具有两面性，因为哲人和一些非哲人借助反思哲人们自己的作为，均意识到了这种必要性（页79）。哲学的可能性既可指它的理论合法性，又可指其实践的存在］。古典政治哲学并没有把哲学的必要性和可能性，或是哲学的善与正义视为理所当然。

施特劳斯总结说："这个问题将哲学放到了政治共同体的法庭之上；它使得哲学有了政治性的责任。"[2] 哲学必须为它自己提供一种政治性的修正，并且表明政治共同体的福祉如何仰仗哲学（参页113）。哲学不只是为了回答为何哲学的善且正义的问题，也是为了保护它自身不被许多民众误解、仇恨。施特劳斯在此处留给大家的印象是，误解与仇恨仅仅是一种偏见，端赖于民众无法理解哲学的意义，而非哲学对城邦诸神缺乏敬意，这一印象与《什么是政治哲学》一文中的内容相似（页23）。

在《什么是政治哲学》一文中，施特劳斯临时性地解释道，

> 在"政治哲学"这一表述中，"哲学"表示处

---

[1] 这或许是因为，本文没有直接提到两个对哲学可能性的最有力的否定中的任何一个：即神法和历史主义。
[2] Cf. Leo Strauss, *Philosophy and Law: Contributions to the Understanding of Mainomides and His Predecessors*, Trans. Eve Adler, Albany: SUNY Press, 1995, p. 132.

理的方式：这种处理既追根究底又包罗万象。"政治的"既表示主题又表示功能：政治哲学以一种与政治生活相关的方式处理政治事宜。因此，政治哲学的主题必须与目的、与政治行动的最终目的相同。

施特劳斯似乎在此表明的目标是自由或帝国（页2）。与这一内容最相近的内容是，在《论古典政治哲学》第一部分中出现的对政治哲学的理解，但在最后一个部分，内容作了较大的改动，哲学生活本身被称作已经抵达了政治生活的最终目标：

> 从这一角度来看，"政治哲学"这一措辞中，"政治的"这个形容词与其说指明一种主题，不如说指明一种处理方式。从这一观点出发，我以为，"政治哲学"的首要含义不是指以哲学的方式来处理政治，而是指以政治的或大众的方式来处理哲学，或者说明指对哲学的政治导引（页80—81）。

在这篇文章之中，该问题与施特劳斯明确提及的知名区分相关，即隐微与显白的哲学教育。"我认为"这一插入不合常例，着重强调了施特劳斯认同这种对政治哲学的修正性解释，在随后不远处的文字中，施特劳斯称这种解释为

"'政治哲学'的更深层含义",以与其通常的意义相对(页94)。①施特劳斯将书定为《什么是政治哲学》,而对标题问题的更深层次的回答出现在第三章之中,而并未出现在标题为《什么是政治哲学》的第一章之中,在第一章仅给出了日常性或临时性的答案。

在对两个意义的阐述中,政治哲学对哲学生活的称赞达到顶峰(页81)。政治哲学在日常的意义中,称赞哲学生活是抵达政治生活目标的方式;在其更深层次的意义中,政治哲学称赞哲学生活意图引导那些具有潜质之人离开政治生活,走向哲学生活(页81和页112)。在第三章的第一部分,对古典政治哲学与政治生活直接关系的强调,重新出现在最后的章节里,其目的是对哲学进行政治修正。②政治哲学作为一种实践原则(页75)主要会问及基本的实践问题,但它因此会取得"一种洞见,见识到道德政治作为整全氛围的限度",并最终服务于理论性的理解。

---

① Cf. Victor Gourevitch, "*Philosophy and Politics*, I" pp. 64—65.
② 在《什么是政治哲学》一章中,施特劳斯写道,哲人对政治视角的接受,他对政治人语言的采纳,均是一种"含混化",审慎德性的实践作为德性,并非一种思想,更是一种言辞(页23)。

《论僭政》日译本前言

冯程伟　译

在《论僭政》中，施特劳斯简单明了地指出了自己著作的主要主题：自由与僭政，古代人与现代人，文本解读与历史主义，政治生活与投身智慧的生活，以及虔敬、律法和哲学。① 这些主题通过分析色诺芬的短篇对话《希耶罗或僭政》（*Hiero or Tyrannicus*）引出。色诺芬是苏格拉底的追随者，年长于同时代的柏拉图，篇幅更长的作品有：《居鲁士的教育》（*The Education of Cyrus*）、《上行记》（*The Anabasis*）（描写他自己的冒险经历——拯救一万名为小居鲁士打仗的希腊雇佣兵）、《希腊志》（*The Hellenica*）（接续修昔底德的历史纪事，涵括伯罗奔半岛战争期间及战后）、《回忆苏格拉

---

① 英文编者注：施特劳斯，《论僭政》，Victor Gourevitch 编，Michael S. Roth 改编，Chicago：Chicago University Press，2000。括号中的所有引文都是依据这个版本。[校按] 版本说明参彭磊，《中译本说明》，载施特劳斯、科耶夫著，《论僭政——色诺芬〈希耶罗〉义疏》，前揭，页1—3。另，作者希望感谢以下人员所提供的帮助：克里斯托弗·林奇（Christopher Lynch），饭岛省三（Shozo Iijima），海因里希·迈耶（Heinrich Meier）及斯韦托扎尔·明科夫（Svetozar Minkov）。

底》(Memorabilia)及其他一些关于苏格拉底的作品。

施特劳斯的分析最早出版于1948年，紧随西方战胜希特勒，处于西方与斯大林对峙之初。施特劳斯的导言一方面肯定了对古典僭政的古典分析关系到对现代僭政的理解，也关系到对现代政治思想最深层的马基雅维利主义根源（Machiavellian roots）的理解；另一方面也捍卫了施特劳斯非历史主义的解释方式。本书中施特劳斯的分析就是这种解释方式的典范。古典政治学能够诊断僭政的问题，现代政治学对此却无能为力。这种初步的对比可能使人以为，施特劳斯的目光会转向对僭政提出清晰且明确指控的古典作品，如柏拉图的《王制》(Republic)或亚里士多德的《政治学》(Politics)。但是施特劳斯在著作的第一章中提出，《希耶罗》的主要问题恰恰是色诺芬以两种声音言说。

在对话的第一部分，智慧者和诗人西蒙尼德询问僭主生活与个人生活相比之下的快乐与痛苦。僭主希耶罗回答这个问题时描述了僭主的苦恼。然而，在第二部分，西蒙尼德认为一位仁慈的僭主可以是最幸福的人。由此恐怕会留给读者这样的印象：色诺芬赞赏仁慈的僭主生活。在第二章，凭着一贯对细节的注意，施特劳斯仔细考量了这部作品的两个标题和对话形式。一方面，标题暗示着，这部作品教导一个僭主如何在不将他的政治制度转变为一个好政体的情况下改善他的政体。另一方面，对话形式迫使读者思考，希耶罗或者任何一个僭主是否会采纳智慧者的建议并变得那么贤德和幸福，这是"理论与实践，或者说知识与美德的关系这一基本问题的一种特殊形式"（页53）；并迫使读者反思，对于一种不以色诺芬自己或他的朋友苏格拉底的名义呈现的教诲，色诺芬如何及为什么呈现这种教诲。

在第一部分的第三章，施特劳斯巧妙而敏锐地分析了人物和他们的意图。他揭示出，西蒙尼德意在改善希耶罗的僭主统治，从而对希耶罗有利，而且也可能对他自己和希耶罗的国民有利。为此，西蒙尼德首先赞美了僭主的幸福，并且利用了僭主的恐惧——害怕智慧者本人可能谋求成为僭主，或者指导学生或朋友如何成为僭主——从而惹得希耶罗好似在哀叹僭政的苦恼，这为西蒙尼德就更幸福的统治提出建议做了铺垫。施特劳斯还揭示出，希耶罗试图使西蒙尼德相信僭主们的苦恼，以此来劝阻他成为僭主。施特劳斯总结道，这些修辞性的意图结合在一起，造成了西蒙尼德对僭政言过其实的赞美和希耶罗对僭政言过其实的抱怨。

这也就暗示了一种未言明的和更合适的，同时也更准确或智慧的僭政观。在第二部分的第三章——论对话情节——施特劳斯更精确地说明了西蒙尼德如何实现他的意图。比如，西蒙尼德心照不宣地将自己表现成道德上的无所顾忌者，还认为推崇仁慈的僭政是基于更高层次的快乐，而非因其高贵。在这章第三和最后一部分，施特劳斯分析了特定语词的使用情况，并一如既往地强调回避了的术语的意义。在此章中，施特劳斯概述了一种复合的人类学（a complex anthropology），沃格林（Eric Voegelin）[1] 称之为施特劳斯分析中最佳部分之一。施特劳斯描绘了一系列类型的人：庸人（这类人视身体上的快乐和财富或权力重于美德），君子（the gentlemen）（这类人大概正相反，他们视美德重于身体上的快乐和财富或权力，因而仅仅用正义的手段追求荣誉），现实的人（the real men）（相比于权力、财富尤其是荣誉，这类人更轻视身体上的快乐），智术师（the sophists）（为了财富或其他卑贱的目的，这类人出卖智慧），智慧者（the wise）（这类人仅仅高贵地使用智慧），当然还有僭主。

比起对僭政的控诉，色诺芬对仁慈僭政的赞美着墨更多，而且是托诸于一个智慧者而非一个僭主。这就引出了施特劳斯在第四章中考虑的问题。施特劳斯总结道，这种赞美是纯理论上的，甚至不会被同时身为民人的智慧者或哲人——比如苏格拉底——公开阐述。在第五章，施特劳斯回到最初的僭主生活与个人生活的问题，并且转向政治生活与投身智慧的生活的问题。他总结道，只有智慧者是自由的，是高级的人或统治者的统治者，是尽人类所能的自足的，而且是唯一的能够在最高的、超越政治的意义上拥有正义的人。

善（the good）与快乐（the pleasant）的关系是一开始的要点，在第六章，施特劳斯从这个要点出发，重新考量之前提出的若干问题。他总结道：色诺芬的意思是，赞美仁慈

---

[1] Cf. Eric Voegelin, "*On Tyranny*," *Review of Politics* 11, NO. 2, 1949, p. 244.

的僭政优于法律统治，这甚至不能看成理论上成立，而只能看成突显了法律与合法性这两者的不确定性；尽管僭主希耶罗为了快乐拒绝善，并认为这两者存在根本差异，但西蒙尼德也认为最高的人类的善，即向着智慧前进，本质上是快乐的。施特劳斯的分析的第七章考量了这篇对话对虔敬的缄默，由此提出了施特劳斯在其他地方称之为"非常重要"的问题："上帝是什么？"及上帝与自然、律法的关系。[1]

《论僭政》第一版是1954年的法文版，到1963年，接连出现了数种英文版。除施特劳斯对《希耶罗》最初的分析外，《论僭政》还包括：《僭政与智慧》（"Tyranny and Wisdom"），这是法国黑格尔哲学家科耶夫（Alexandre Kojève）对《论僭政》的评论，最早发表于1950年的《批评》（Critique）上；还有施特劳斯的《重述色诺芬〈希耶罗〉》，这是对沃格林和科耶夫评论的回应。据施特劳斯所言，他们两人与施特劳斯的看法相反，都认为圣经的取向胜利了，古典的取向早已过时。

施特劳斯与科耶夫之间的著名争论还包括其他问题，如：哲学理想——甚至智慧本身——的现实化是否能够且是否必须被智慧者建议的僭主的历史行动所实现，这是科耶夫主张而施特劳斯反对的；以及这类哲人是如科耶夫所认同的那样：他们根本上依附于政治生活和其他人，还是如施特劳斯所认同的：他们从根本上超然于政治生活和其他人。关于

---

[1] Cf. Leo Strauss, *The City and Man*, p. 241.

这场争论及其背景，在此我对古热维奇（Victor Goutevitch）与罗斯（Michael Roth）导论中的论述及前言中引述的作品①都不能赞一词。施特劳斯在最初分析的开始处提出了若干个问题，我将就处理这些问题给出一些评论，希望这会对读者有用。

古代僭政和现代僭政问题

由于《希耶罗》的对话形式及施特劳斯呈现自己对《希耶罗》的解读时采取了循序渐进（step-by-step）的方式，理解就僭政传达的古典教诲的对话和施特劳斯对它的分析并不容易。根据古典的理解要说明僭政是什么尚且不容易，更别说要理解改善僭政的教诲了。读者必须跟随作者的提示"笔削"文本，但是，由于不可能有"内容与形式之间、一般的教诲与偶然的事件（如两个个体间的一次对话）之间完全明确无疑的联系"（页53—54、102），总是会存在某种含混。

西蒙尼德对僭政的赞美似乎不仅保证僭政会对僭主有益——使他成为最幸福的人；而且因为僭主变得幸福的方式

---

① 其他有价值的作品是：Nicola Chiaromonte, "*On Modern Tyranny*", trans. Raymond Raymond Rosenthal, *Dissent*, 16, NO. 2, (March—April 1969, pp. 137—150; George P. Grant, *Tyranny and Wisdom*: *A Comment on the Controversy Between Leo Stress and Alexandre Kojève*, *Social Research*, 31, no. 1, 1964, pp. 45—72; Robert B. Pippin, "*Being*, *Time*, *and Politics*: *The Strauss—Kojève Debate*", *History and Theory*, 22. NO. 2 (Summer 1993): pp. 138—161.

是通过最大范围的仁慈行动获得普遍的爱与崇敬（页47—48），所以这也就保证了僭政会对其他人有益。尽管僭政是一种有缺陷的政治秩序，但是据说西蒙尼德要展现给希耶罗的是，希耶罗无须将僭政转变为一种好的政体就可以避免不正义的行动（页49—50、92、98—99、102）。这可能暗示着，只有在僭主通过不正义的行动掌权而非在僭主必定继续做出不正义行动的情况下，僭政才是一种有缺陷的政体（页94）。然而，当表明僭政仅仅是"一条朝向较少的不正义的道路"时，施特劳斯重申这个教诲便质疑了这种可能性（页102），他暗示这样的僭政一直保持着一种不正义的政体形式。

色诺芬笔下的苏格拉底将僭政定义为：在符合统治者意愿的情况下，统治不情愿的民众。这区别于王政，王政是在符合法律的情况下，统治心甘情愿的民众。而色诺芬的西蒙尼德概述了苏格拉底所说的"最佳状态的僭政"，这种僭政统治着心甘情愿的民众，但仍然专制，或者说不遵从法律（页104）。[①] 从这里，施特劳斯推断"僭政本质上是没有法律的统治，或更准确地说是没有法律的君主政体"（页105、160）。由于缺乏法律，僭政实际上也缺乏自由；由于僭主的权威不是源于法律，因此可以肯定，他们的统治也不是和善的（mild）；由于他们的统治是专制，他们的民众不可能享有

---

① 比较施特劳斯，《色诺芬的苏格拉底》前揭，页109—110，以及《色诺芬的苏格拉底言辞：〈齐家〉义疏》，前揭，页216—217。

财产权或全部的荣誉（页105—107）。但是施特劳斯也用下面的方式定义僭政：

> 作为一个僭主，即被人称作僭主而不是王，意味着没有能力把僭政转变为王政，或说把普遍认为有缺陷的头衔变为普遍认为正当的头衔（页115—116）。

僭政的这种定义惊人地主观，因为该定义依赖统治的头衔"普遍认为"是什么样的。这就保留了一种可能性，即凭借武力或欺诈手段掌权的僭主将他的头衔变成普遍认为正当的［通过选举或继承掌权比起通过武力或欺诈掌权并非"本质上更合法"（页112—114）］，就可能使自己转变为一位君王。

僭政与非僭政统治之间的差别似乎并非源自统治者对立的品质。施特劳斯将下面的观点归于色诺芬：

> 僭主与非僭政的统治者之间的差别最终不是简单的对立，而毋宁说是这样：统治者品格中的某些因素在僭主身上比在非僭政的统治者身上发展得更强固，或说更不容易隐藏（页140）。

这种主观性的成分也许使人想起《论僭政》第一个注释中一条出自霍布斯的引文，但是色诺芬和施特劳斯赋予这种成分更多的分量与合法性（页213）。施特劳斯指出，正因此，僭政"本质上更为强制，因而比起非僭政统治更不稳定"（页114）。所以，僭主身上诸如残暴一类的成分得到更强烈的彰显也许是他们缺乏合法性的结果，而非原因。

令读者感到奇怪的，也许不仅是僭主准则的多样性（通过武力而非被统治者的赞同统治不情愿的民众；没有法律的统治，因而没有自由；非法，从而不牢靠和残酷），还有找不到亚里士多德强调的准则——为了统治者而非被统治者的利益而统治。① 实际上在《希耶罗》中，古典教诲就僭政提出的问题是：僭政作为一种没有法律的统治，是否能够成为既为了被统治者的利益又为了统治者的利益的统治。只有智慧者或聆听智慧者的不智慧者这两类人的统治才能够在没有法律的情况下，仍然是为了那些被统治者的利益的统治。然而，智慧者，或更确切地说哲人并不渴望统治。不智慧者也不信任智慧者或哲人（页114、244）。② 由于智慧者并不统治，我们不得不依据遏制不智慧者专制统治的法律，选择不智慧者的"立宪的"统治（页226-227）。尽管并非所有不智慧者的统治都是专制的，但每个社会总是试图对思想施行专制（页44-45）。对施特劳斯来说，为了哲学或思想自由，试图消除而不仅仅是抵御这种危险正是现代（与古典的相反）哲学的标志。

施特劳斯在《论僭政》的开篇要论证的是，对现代僭政

---

① 参亚里士多德，《政治学》，3.6-3.7，3.14，4.10，5.10-5.11。
② 亦参施特劳斯，《自然权利与历史》，前揭，页142。

的理解和二十世纪的恐惧这两者与对僭政的古典分析之间的关联。施特劳斯有力地对比了下面两种情况：古典作品的分析清晰、全面、令人难忘，现代政治科学（它回避有价值负担的术语，如僭政）甚至与僭政直面相逢时都没能认出它（页40）。① 但无论对僭政的古典理解是多么全面，多么优于现代政治科学对僭政的理解，施特劳斯并未轻易断言它径直理解了现代僭政，因为他也注意到，二十世纪见证了"一种超越了从前最强大的思想家的最大胆的想象的僭政"。

施特劳斯坚持认为，现代和古典僭政之间存在"本质差别"：现代僭政是技术上的和意识形态上的，因而恐怕会成为永恒的和普遍的，思想自由即哲学恐怕会被从世上消除（页44—45、244）。据此，施特劳斯没有断言能够以古典的理解为基础——似乎现代僭政就是古典作品中分析的僭政——理解现代僭政。施特劳斯的断言更复杂："在理解僭政基本的和某种意义上自然的形态即前现代僭政之前，人们无法理解现代僭政的特殊性质。""现代僭政的特殊性质"这个短语可能要么意味着现代僭政是古典作品分析的那类僭政的一种（在这种情况下，古典政治科学绝对全面），要么意味着现代僭政是一种类型，古典作品分析的僭政是另一种类型（在这种情况下，古典政治科学并非绝对全面）。

---

① 关于施特劳斯对现代价值中立的社会科学的批评，参《自然权利与历史》，前揭，第二章；《古今自由主义》，前揭，第八章；以及 Nasser Behnegar, *Leo Strauss, Max Weber, and the Scientific Study of Politics*, Chicago: University of Chicago Press, 2003.

但是施特劳斯也称前现代僭政为"现代僭政的一个基本层面",这意味着两者之所以相关,既不是作为种与类,也不是作为同类型中的两个,而是作为基本层面和建于其上因而包括那个基本层面的大厦。古典僭政没有法律、自由或合法性,古典作品至多只是在理论上提出了关于仁慈僭政的教诲。现代僭政借助意识形态和技术,将这种教诲的诸种歪曲说法的现实应用加入古典僭政中。因此,古典政治科学可能有助于诊断现代僭政为僭政,但是,如同施特劳斯在《重述》开篇时更明确地承认的,这种诊断可能仅仅是对现代僭政的分析的"第一步",现代僭政"与古典作品分析的僭政根本不同"(页209)。下一步是理解——从而评价——哲学或科学朝向技术和意识形态的现代转变。由此才可能探索现代僭政的不同(页209、241)。据施特劳斯所言,这种探索必须从马基雅维利脱离古典传统和圣经传统开始。

马基雅维利与色诺芬:现代性的根源

在《论僭政》导言中,施特劳斯说马基雅维利"充分意识到:他在《君主论》中详细阐述的观点是脱离整个传统政治科学的",施特劳斯也说到了"马基雅维利带来的划时代的变化"(页41)。实际上,施特劳斯为人所知更主要是因为他阐述的这个论断:肇端于马基雅维利,现代政治哲学与古典的(或古代和中世纪的)政治哲学决裂了。

施特劳斯肯定,直面《希耶罗》和《君主论》的教诲可以使人们理解前现代或苏格拉底式政治科学与现代政治科学之间决定性的差别,"揭示现代政治思想最深层的根源"(页41)。就在断定马基雅维利知道自己与传统决裂之前,施特劳斯说道,《君主论》"其特征是有意漠视(indifference)君王与僭主的区分",甚至"以暗中否定这种区分为前提"(页41)。这可能给读者留下的印象是,这个否定构成了马基雅维利(与传统)的割裂。① 施特劳斯紧接着以类似的方法对比了色诺芬《居鲁士的教育》和《君主论》,他说前者"可以说致力于(讨论)与僭主相对的完美君王",而后者"其特征是有意忽视君王与僭主的差别"(页41)。②

然而,否定君王与僭主的差别并不是施特劳斯所说的马基雅维利与传统的脱离:施特劳斯说,构成这种脱离的是《君主论》中"阐述"的一个观点,而非其中仅仅暗中预先假定的一个观点。施特劳斯第二次的说法("其特征是,有意忽视君王与僭主的差别")不同于他第一次的表述〔"其特征是,有意漠视君王与僭主的差别"而且"以暗中否定这种区分为前提"(页41)〕。这暗示,马基雅维利意识到这些现象中的确存在差别,而不是他漠视或否定其他作家制造的区分。《论僭政》的第一条笔记(页106,笔记1)提到施特劳

---

① 这似乎是沃格林对施特劳斯此处的主张的理解,参沃格林之文,前揭,页242。
② 关于色诺芬与马基雅维利的关系, Cf. W. R. Newell, "*Machiavelli and Xenophon on Princely Rule: A Double-Edged Encounter*", in *Journal of Politics*. 50, NO. 1, (1988), pp. 108—130.

斯的一篇书评，① 在这篇书评中，施特劳斯认为马基雅维利"在一定限度内"接受了僭政与王政的传统区分，尽管《君主论》的典型特点不是制造这种区分。

因为《君主论》的主要意图是揭示建国者的本性（nature），那些区分并不适用于他们。在《论僭政》涉及特定术语的使用的章节中，施特劳斯较少从根本上解释下面这个问题：色诺芬在《希耶罗》中对术语"僭主"的使用和对术语"君王"的回避实际上是马基雅维利的"楷模"——马基雅维利在《君主论》中使用术语"君主"和回避术语"僭主"时采用了仅仅"表面上相反但是根本上相同的策略"。这两种做法都符合统治的手段——不提僭主缺少与他们的地位相对的正当的头衔，免得让僭主难堪（页99）。

在《论僭政》中，施特劳斯对色诺芬《居鲁士的教育》的定论并不是认为它致力于（讨论）与僭主相对的完美的君王。② 施特劳斯提出，色诺芬对下面这个问题阙疑：有德僭主真正的幸福不同于有德的居鲁士王的幸福。在一条支持自己这个看法的笔记中，施特劳斯再次说道，居鲁士"不是一个僭主而是一个君王"，然而他似乎承认居鲁士是一位"专制君主"（页53、页54，注21）。居鲁士和僭主希耶罗都有

---

① 这篇书评是 Leonardo Olschki 的《马基雅维利与科学家》（*Machiavelli and Scientist*），重印在《什么是政治哲学》，前揭，页279—283。亦参施特劳斯，《自然权利与历史》，第四部分，施特劳斯在那里声称，马基雅维利只是"表面上"而非"事实上"以同样的能力和意愿给僭主和自由人提出建议。
② 这与沃格林在这一点上对施特劳斯的理解相反，参沃格林，《论僭政》，前揭，页242—243。

残暴的特点。正如我们所见，这导致施特劳斯将下面这个观点归于色诺芬，

> 僭主与非僭政的统治者之间的差别最终不是简单的对立，而是这样：统治者品格中的某些因素在僭主身上比在非僭政的统治者身上发展得更强固，或者说更不容易隐藏（页140）。

在《论僭政》的《虔敬与法律》这一总结章中，施特劳斯比较了这篇对话对虔敬的缄默与亚里士多德在《政治学》中的观点。亚里士多德认为，比起对其他任何政治秩序的保存和完善，虔敬对僭政的保存和完善更为必要。同时，施特劳斯还将这种缄默与色诺芬自己对居鲁士的叙述——居鲁士的统治变得越专制，就越倚赖虔敬（页160）——进行了比较。施特劳斯注意到，居鲁士"严格说来不是一个僭主"，这就含蓄地承认居鲁士在某种更宽松的程度上是一个僭主。支撑这一看法的注释（页160，注释4）引用了《君主论》第18章的内容，从而将马基雅维利的重点建议——君主（包括僭主）要显得虔诚——比作色诺芬对居鲁士的描述。①

在《重述》中，施特劳斯进一步承认：

---

① 只需要考量一下《论李维》（*Discourses on Livy*）卷一第十一章中马基雅维利下面这个建议：君主的恐惧可以弥补宗教的缺陷。

对于色诺芬，沃格林正确地断定，不能完全把"作为完美王者之镜的《居鲁士的教育》与作为僭主之镜的《希耶罗》"对立起来，因为完美王者居鲁士与西蒙尼德描述的改进后的僭主"实际上远没有他们看上去那么对立"（页212）。

施特劳斯接下来清楚地说道，色诺芬笔下的居鲁士将一种健康的贵族统治转变成了一种专制统治，"一个似乎与最可容忍的僭政没有什么区别的政制"（页214）。尽管如此，仍然存在一种"本质上的区别"，即居鲁士是合法的统治者，是为政君王的继承人，他通过遗产、婚姻或仅仅通过保卫同盟国得到的战利品扩大自己的版图（页214）。与马基雅维利不同，色诺芬：

> 甚至没试图消除最好的僭主与王者的区别，因为他太欣赏合法性的魅力——不！是合法性的福佑。

尽管如此，色诺芬笔下的居鲁士却能给马基雅维利的武装了的先知、新君主或建国者做一个榜样（页214）。

施特劳斯转向《希耶罗》并且提出，将《希耶罗》与《君主论》作对比的意义，不是因为它们之间的差异显而易见，而是恰恰相反。因为《希耶罗》的教诲"像它接近于苏格拉底所有可能的教诲一样，也接近于《君主论》的教诲"，还因为《希耶罗》标志着"前现代和现代政治科学间最近的接触点"（页41—42）。这两部作品的对比是古人与现代人之间的区别的一个极端案例。这种对比揭示出古代和现代政治科学之间"最精微的"和决定性的差别（页41）。

在《论僭政》中，施特劳斯没有在两部作品间展开全面的对比，而是仅仅给出了一些零散的评论。这些评论既指出了它们的相似之处，又指出了不同之处。① 例如，西蒙尼德保持对僭政的不正义和不道德的沉默。施特劳斯从中得出色诺芬的主要教导是，即使是一个绝对正义的人，他如果要劝诫僭主，也不得不假装成一个完全不讲道德的人。当施特劳斯得出这一结论时，他却突然声称马基雅维利是"效法《希耶罗》的最伟大的人"。不管对马基雅维利的伟大来说，还是对他作为色诺芬的效法者的地位来说，这都可能是一种令人吃惊的声明（页89）。施特劳斯进一步评论道：

> 如果足够专注地研究马基雅维利的著作，将会得出这一结论：《君主论》中最令人震惊的语句浸淫着马基雅维利对色诺芬主要的育人术的透彻理解。对此我并不会惊讶。

［就我所知，自从施特劳斯在接近导言的结尾处说过"我相信我没有标出所有值得注意的地方"，这还是他第一次使用第一人称单数——这可能表明，施特劳斯自己已经进行或者

---

① 读者必须求助于施特劳斯后来的作品《关于马基雅维利的思考》，前揭。

已经打算进行这项研究。十年后，他发表了他的研究成果——《关于马基雅维利的思考》（Thoughts on Machiavelli）。]

施特劳斯接下来指责马基雅维利没能在原初精神上运用这种理解：马基雅维利展示了不道德的原则而非仅仅没能注意到道德原则，他将节制从智慧中剥离，这就表明他缺乏"对政治事务的理解"。① 因此，尽管施特劳斯对色诺芬的教导的理解归于马基雅维利，但这种理解不完全"准确"。出自僭主老师的道德的自由仅仅是一种主张还是一种事实，施特劳斯对此阙疑。施特劳斯也没有提出下面一个问题：马基雅维利的写作环境是不是可能已经为他背离古典榜样的行为——坚称不怕地狱或魔鬼，而且公开表达不道德的准则——给出了正当理由。②

西蒙尼德建议，一位僭主应该做令人愉悦的事，让其他人负责惩罚性的行为。施特劳斯将这个建议说成是"马基雅维利式的"（施特劳斯这个说法指出了僭政的真正性质，即使最佳状态的僭政也是如此）（页107）。在与这个说法相应的一条注释中（页105，注释7），施特劳斯又将它比作马基雅维利在《君主论》第19和第21章中的建议，即君主不应该做招致怨恨的事，应该将授予表彰、荣誉和奖励这种事留给自己做。而马基雅维利在《君主论》第20章提议，君主

---

① 关于苏格拉底拒绝节制脱离智慧，可参施特劳斯，《自然权利与历史》，前揭，页124—125。
② 参施特劳斯，《什么是政治哲学》，前揭，页33—34。

应该武装他的国民,西蒙尼德却让希耶罗的国民受他的雇佣军掌控(亦参页219-220)。尽管施特劳斯之前关于此事的说法与马基雅维利的建议不符,但是我们不能不想到,马基雅维利拒绝了君王(或君主)[king (or prince)]与僭主的传统区分。由此,这种拒绝可能不在于道德上愚蠢地否认僭主的统治是残暴的、剥削的和非法的,而在于道德上野心勃勃地期望改变僭主。如此一来,僭主的统治就会为了他的大多数国民的利益,而且也会得到他们的支持。在这一精神上,马基雅维利不同于色诺芬,他公开地以自己的名义阐述了一种僭政的教诲(页116-117)。

　　施特劳斯在《重述》中回应了沃格林的说法。沃格林称,马基雅维利粗暴地背离色诺芬和古代的观念,发展了一个超越了君王与僭主的古老区分的僭主观念。这种背离受惠于基督教的观念——统治者作为堕落民众的罪恶的复仇者,施特劳斯将此更概括地重述为"《圣经》传统对马基雅维利的影响"(页215-216)。① 施特劳斯反驳了沃格林的说法,他指向了早于马基雅维利观念的古代情形并且提出,马基雅维利跟随了"阿威罗伊的"传统,这种传统的典型例子是,迈蒙尼德以一种"完全自然的方式"理解宗教的政治作用。马基雅维利却从根本上修改了这种传统。尽管如此,施特劳斯最终对这个问题阙疑:"马基雅维利带来的划时代的变化多大程度上是因为《圣经》传统的直接影响?"因而,对于

---

① 参沃格林,《论僭政》,前揭,页243-244。

科耶夫的观点——现代哲学是基督教的世俗化形式——的事实性这个问题施特劳斯也付诸阙疑（页217、240）。①

在最后一条针对导言的注释（页42，注5）中，施特劳斯最为直接地提出了马基雅维利脱离古典政治科学，而且提出马基雅维利的地位是"所有具体的现代思想的根基"。施特劳斯说，马基雅维利不是依据人的完美或者一个人该如何生活来划定自己的方向，而是依据人事实上如何生活来划定。他还提出可以控制机遇（chance）从而确保实现最佳政治秩序（亦参页243—244）。②

人的本性的完美是古典作品划定自己方向的依据，它是"沉思中的理想"。马基雅维利的智慧不再是沉思的，因此脱离了节制，而色诺芬不过"试验"（experiment）了"一种智慧，这种智慧相当接近那种脱离了节制的智慧"（页216—217）。③ 从施特劳斯对科耶夫的批评中，可以更清晰地揭示出施特劳斯对色诺芬的或古典的政治与马基雅维利的或现代的政治的差别的看法。施特劳斯似乎否认科耶夫的这个说法：科耶夫或黑格尔综合了古典道德和圣经道德。但是施特劳斯同意科耶夫的另一个说法：黑格尔的道德或政治教诲是苏格拉底的政治和马基雅维利的政治或霍布斯的政治的一种

---

① 参施特劳斯，《什么是政治哲学》，前揭，页58—59。
② 这是法文译本中施特劳斯坚持要保留的笔记之一。参考他1950年8月5日写给科耶夫的信（页253）。对比《自然权利与历史》，前揭，页181与《什么是政治哲学》，前揭，页37—38。
③ 参施特劳斯，《色诺芬的苏格拉底言辞——〈齐家〉义疏》，前揭，页212—213。

综合。尽管这不是一种真正的综合，因为真正的综合比它的组成成分要更高级（页218、225）。根据施特劳斯所言，霍布斯的政治——如果还不是马基雅维利的政治的话——是这种综合的基石。这种政治开始于"一个不正确的假设：人之为人是被设想为一种对神圣的节制缺乏意识的存在，或者是一种除了受对赞赏的欲望支配之外不受任何事物支配的存在"（页225）。施特劳斯于是提出，色诺芬的、苏格拉底的或古典的道德或政治教诲与此相反，它们始于一种正确的假设：人之为人便意识到神圣的节制，支配人的是一些超越了对赞赏的欲望的事物，无论这些事物最终是神圣的敬畏或者是对真理和有序灵魂的爱欲的渴望（页230—231）。

诸如色诺芬的《希耶罗》和施特劳斯的《论僭政》一类的作品迫使读者为自己思考，从而保护它们的读者免受作者和宗派的僭政，也免受社会的僭政。这样，这些作品就有助于保卫"人类自由基本的和未引人注目的条件"（页44—45）。

三　现代政治哲学

施特劳斯与现代性的含义

李孟阳 译

我要感谢莱文（Levine）教授亲切的介绍，感谢主办方美国大学政治理论学院请我来讲这个题目。我必须指出，这些仅仅是初步性的想法和评论，意在进一步激发我自己和大家的思考，并非一篇成熟的作品。

施特劳斯生于 1899 年，在德国乡村黑森的一个严守教规的正统犹太教家庭中长大。年轻时他被柏拉图和尼采吸引，成为一位活跃的政治犹太复国主义者。在一战中服役后，他先后在几所德国的大学中研习哲学、数学和自然科学，尽管他的主要兴趣是神学。他邂逅了柯亨（Hermann Cohen）的新康德主义哲学、胡塞尔（Edmund Husserl）的现象学及巴特（Karl Barth）与罗森茨威格（Franz Rosenzweig）的神学复兴。施特劳斯 1921 年的博士论文写的是雅各比（Friedrich Heinrich Jacobi）哲学中的知识问题。

当时，施特劳斯被年轻的海德格尔的讲座触动；他在罗森茨威格的自由犹太人研讨会馆（Free Jewish House of

Learning)教书,然后在 1925 年到 1932 年间在犹太教科学学会(Academy for the Science of Judaism)担任研究员。其间,施特劳斯在犹太复国主义青年运动中表现活跃,在犹太复国主义期刊发表文章,并出版了关于斯宾诺莎的学术作品,他的理论在处女作《斯宾诺莎的宗教批判》中臻于完善,而施特劳斯将这本书献给罗森茨威格。在 1922 年,即施特劳斯 22 和 23 岁间,令他极其着迷的尼采主导着他的写作,以至于他在自己理解范围内相信尼采的每句话。[1] 在 1930 年左右,他实现了一次"基本取向的转变(change of orientation)",[2] 其标志是回到苏格拉底、柏拉图,将生活的正确方式这一苏格拉底式问题置于优先地位,拒斥历史主义及其教条,即所有人类思想在根本上都是历史的,因而苏格拉底意义上的哲学是不可能的。

在 1932 年,施特劳斯离开德国,先到了巴黎,后到了英格兰,最后在 1938 年来到美国,在纽约的新学院任教至 1949 年,然后在芝加哥大学的政治科学学院任教至 1967 年,从芝大退休后于 1968 和 1969 年在克莱尔蒙特男子学院(Claremont Men's College)任教,直至他 1973 年 10 月在阿纳波利斯圣约翰学院逝世。

在美国期间,施特劳斯发表了众多著作和文章,也教育了大量的学生,他在政治理论领域有重大的影响,也在犹太

---

[1] 参施特劳斯给洛维特的信,1935 年 7 月 23 日。
[2] 参施特劳斯,《斯宾诺莎的宗教批判》,前揭,前言,及结尾。

研究和其他领域中有一定的影响力。最著名的著作当数《论僭政》（1948年）、《迫害与写作技艺》（1952年）及《自然权利与历史》（1953年）。以下是他最有名的几个重要主题。第一个主题是启示与理性的张力，有时他称之为"耶路撒冷与雅典"的张力。第二个主题是过去许多伟大作家运用的隐微写作［早前梅尔泽（Arthur Melzer）在这个系列讲座中曾论述过这个主题，也是其近作《字里行间的哲学：隐微写作式微史》（*Philosophy Between the Lines：the lost History of Esoteric Writing*）的主题］。第三个主题是他试图重启古今之争，对古代哲学无疑已被现代哲学取代这个常见预设发起挑战，在其中他参与到对现代性的质疑和批评中。第四个主题是他对历史主义和实证主义的批评，尤其是对实证主义社会科学的批评，因为这两个思想流派直接导致了对施特劳斯意义上的政治哲学、对最佳政治秩序的探究的常见拒斥。在所有这些主题背后，施特劳斯的根本关切是哲学的可能性，以及政治与哲学的关系。

尽管施特劳斯有时宽泛地谈论"现代性"，但他的关注点是现代政治哲学。他认为，"现代性危机主要是……现代政治哲学的危机"。[①] 他对现代政治哲学的解释放在与古典政治哲学的比较中进行，后者意指发端于苏格拉底、包括柏拉图、色诺芬、亚里士多德及其追随者的政治哲学传统。尽管

---

① 参施特劳斯，《现代性的三次浪潮》，载施特劳斯，《苏格拉底问题与现代性》，前揭，页317—330，原文页82。

施特劳斯在《什么是政治哲学》中写道，"所有现代政治哲学……都共享一个根本原则"，他随即写道，"对此原则的最佳表达是否定性的：将古典原则视为非现实主义而加以拒斥"。① 基于此，在进入他对现代性和现代政治哲学的解释之前，我有必要分析施特劳斯关于古典政治哲学的讲法。

关于古典政治哲学，施特劳斯写了大量文章，包括讨论亚里士多德的《政治学》、柏拉图的《理想国》及修昔底德的《伯罗奔半岛战争志》的《城邦与人》，关于柏拉图《法义》的遗著，三本最不同寻常的关于色诺芬的著作，以及讨论柏拉图和色诺芬其他作品的文章。不单单是考虑到论述方便，我尤其关注的是1946年简明扼要的文章《论古典政治哲学》，它还重刊于1959年的作品集《什么是政治哲学》。

施特劳斯《论古典政治哲学》强调，古典政治哲学与政治生活直接相关。施特劳斯对比了古典政治学与后世政治哲学，前者与政治生活直接相关，后者受某个政治哲学传统的影响而与政治生活关系较为疏远（页66－67）。尽管施特劳斯常常被视为传统的捍卫者，他对古典政治学的赞许首先是因为它是非传统的。在他死后发表的1942年讲座《我们能从政治理论中学到什么?》中，施特劳斯写道，"哲学就是反传统的力量；解放旧见而开启新视界是而且一直都是哲学的本质"。② 与随后的传统不同，古典政治哲学并不把政治哲学

---

① 参施特劳斯，《什么是政治哲学》，前揭，页30－31。
② [校按] 参施特劳斯，《我们能够从政治理论中学到什么》，载施特劳斯，《苏格拉底问题与现代性》，前揭，页119－135，原文页521。

的必要性和可能性视为理所当然的。

用施特劳斯的话来说，在与前哲学的政治生活的直接关系中，古典政治哲学对"在政治生活中形成的基本区分"的采纳"正是依据其在政治生活当中形成的含义和基本取向"（页66、71、77）。古典政治哲学始于"日常生活中形成的道德区分"，例如正义与不义的区分，"实际上是清楚明白的"而且"在指引我们的生活中具有决定性的意义"（页76）。因此，古典政治哲学的政治教诲的主要对象是正派之人（页76）。古典政治哲学的首要问题、术语和方法早已呈现在政治生活本身（页67）。在刻画政治生活特征的对立派系以及双方基于好或正义的意见提出的对立主张中，古典政治哲人担任仲裁者，而因此他作为好公民而出现，试图平息内讧，谋求双方的同意（页68）。

按照施特劳斯所述，一般政治生活首要考虑某个特殊的政治共同体和具体的政治情态，与此不同，古典政治哲学首要考虑"对所有政治共同体而言最本质的事物"（页68）以及"最根本和最普遍的政治问题"（页71）。尽管这种对待政治事物的态度与启蒙政治家的相类似（页77），古典政治哲人在这方面并不像一位普通的政客或政治家，而像是一位立法者或宪法订制者（页70—71）。施特劳斯写道，"正是作为立法者的教师，政治哲人才是卓越的仲裁者"。作为立法者的教师，古典政治哲人关心哪类人应当统治共同体及那个无论何时何地都是最好的政治秩序（页71—72、74）。

与《论古典政治哲学》不同，在《什么是政治哲学》中施特劳斯指出，古典政治哲学最佳政制的实现依赖于机运，依赖于哲学与政治权力的偶合，而这两者存在"一个互相分离的自然倾向"；此外，"尽管高于所有现实政体"，古典政治哲学的"最佳政制的独特存在方式"却"缺乏现实性"（页25—26）。在讲座《我们能从政治理论中学到什么》中，施特劳斯将此描述为"合理的（legitimate）乌托邦主义"，这是"柏拉图和亚里士多德政治哲学的精髓"，并与"现代乌托邦主义"或现代政治哲学的"虚假的乌托邦主义"形成对比［页522、524—525、527；（校按）原文页码，中译同前］。这使他们（即古典政治哲人——译者注）不会"将任何现实的秩序等同于理想秩序，尽管前者在许多方面令人称心，因为他们"并不严肃地相信社会的理性秩序会有朝一日成为现实"［页521—522；（校按）原文页码，中译同前］。

因为古典政治哲学的主导性问题是前哲学政治生活中的现实争端，而这预设了政治共同体的存在，施特劳斯写道，古典政治哲学：

> 首要考虑的并非是否、为何或应不应当存在一个政治共同体；因此政治共同体的本性和目标（purpose）问题就不是古典政治哲学的主导性问题（页71）。

这与现代政治哲人如霍布斯、洛克或卢梭的理论截然不同，作为政治共同体阙如状态的自然状态问题主导着他们的思考。我应当指出的是，只要稍微翻看柏拉图《王制》卷二、《法义》卷三或亚里士多德《政治学》卷一或卷三就能看到，这些篇章是在考虑为何政治共同体会生成、它们的本性为何及目标何在。但据施特劳斯所述，这些内容并非其主导性问题。

按照施特劳斯的说法，古典政治哲学对哪类人应当统治这个问题的典型回答是"好人"，那些愿意并能够将公共利益置于私己利益和自身激情所欲之上的人，以及那些明察并实践高贵的或正当（right）的事情之人，而他们这么做是"因为这是高贵和正当的，而不为其他外在原因"（页72—73）。因此，最佳政治秩序问题的实际回答乃是贵族制，即有德之人而不是富人、贵族或名门的统治。它期望一个政治秩序能"与人类卓越所需条件最为一致"（页77）。因此，与其他问题一样，这个回答已然呈现在政治生活中。

然而，施特劳斯所刻画的古典政治哲学并不只是与政治生活直接相关，而且要超越了政治生活。我认为，这个双重性是古典政治哲学与现代政治哲学最大的不同。如前所论，古典政治哲学接受在政治和道德生活中的区分，而这些区分"实际上在绝大多数情况下是清楚明白的"，也就是说，它承认这些区分并非在所有情况下或对理论目的而言都是充分的。古典政治哲学不仅通盘考虑这些区分（页66—67），也知道"它们不能'被证明'，它们远不是完全明晰的，而且它们面临着理论上的重大怀疑"和"难以应付的反对意见"（页76）。然而，它抵御了"坏人或昏乱者（perplexed men）"

对好人统治所进行的"多少有些'精细复杂的'攻击"。

施特劳斯写道,"这位哲人",确切地说他这里指的是古典政治哲人,要"履行职分(perform his function)"就必须提出施特劳斯称之为"外部的"或"尤为哲学的"问题:何为德性?而这个问题从不会在政治领域提出(页77)。施特劳斯似乎暗示,这与"一个人要拥有何种德性才能获得最高的统治权"的问题相当。但如果是这样,那么该问题从不在政治领域提出就是可疑的。相反,追问何为德性纯粹地意味着,这个问题的提出是哲人的职分,而此时的哲人纯粹地是一位哲人,而这个问题也是哲人所追求的"达致一贯""从意见上升至科学"的一个重要部分,但却不是作为一位政治哲人在履行职分。施特劳斯承认,

> 哲人最终不仅被迫超越常识的维度、政治意见的维度,而且超越了政治生活本身的维度。因为他们意识到,达到政治生活的终极目的不可能通过政治生活,而只能通过一种献身于沉思和哲学的生活(页78)。

施特劳斯并未在此详细说明什么是政治生活的最终目的,不过,无论这个最终目的被理解为德性和人类卓越还是幸福,只要它是人类能力范围内能做的,它就只能在哲学生活而非政治生活中实现。施特劳斯认为,哲学生活和政治生活的关系具有"决定性的意义",而这不只是对哲人本身而

言，对"政治哲学"也如此，"因为它规定了政治生活以及所有政治行动和政治筹划的限度"（页78）。

施特劳斯矛盾地总结道，这暗示了"政治哲学的最高主题乃是哲学生活"。我认为施特劳斯所说的政治哲学的最高主题的意思是，在一切事物中，凭借哲学生活的眼光和标准，政治哲学懂得了政治事物。（正如他在《斯宾诺莎的宗教批判》的前言中写道，"更稳妥的是试图从高的眼光理解低的事物，而非从低的理解高的"）由于作为政治哲学最高主题的哲学生活方式是施特劳斯的核心，这使他有别于同时代人。与施特劳斯在《论古典政治哲学》第一部分强调古典政治哲学与政治生活的直接关联不同，他在这里承认，古典政治哲学最终"不再在政治事物一词的日常意义上考虑政治事物"（页78）。

施特劳斯声称，

> 没有其他的古典政治哲学与现代政治哲学的区别会比这更能说明问题：曾经是古典政治哲学的最高主题的哲学生活，或者说，"智者"的生活，在现代几乎完全不再成为政治哲学的主题（页79）。

我不认为施特劳斯这句话的意思是，哲学生活，即作为一种生活方式的哲学，不再作为所有现代哲学的主题，以区别于现代政治哲学。对施特劳斯而言，一个不再承认自身低于哲学生活的政治哲学（与柏拉图最明显地在《王制》所做的不同）唤起了现代性。

我也不认为施特劳斯的意思是，不再从哲学生活的优越性来看待政治生活是古今政治哲学唯一的显著差异，或者在强调古典政治哲学以这种方式超越政治生活时，他放弃了古典政治哲学与政治生活的直接关联这一思路，而这是古典政治哲学与现代政治哲学有所区别的一个基本特征（想想马基雅维利对普通道德和政治区分的显著破坏，或霍布斯、洛克、卢梭以自然状态作为开端）。

施特劳斯解释道，甚至古典政治哲学与前哲学政治生活的直接关联也不单单是哲人作为好公民之职责的后果，而在根本上源自他对自己作为哲人所做事情的反思（页79）。"为了完整理解自身的意图和本性，哲学必须"在意见领域"理解其根本的出发点"，并继而理解政治领域和政治事物的本性（页79）。施特劳斯与其同时代人的区别在于，他不仅主张政治哲学必须考虑哲学生活，也主张哲学必须考虑政治生活。哲人必须考虑政治生活，不仅要把政治生活作为他们活动的出发点，也因为他们被迫去追问和回答"何为哲学？"、为何它是好的与正当（right）的、"为何政治生活需要哲学？"等问题（页79—80）。

哲人必须试图表明，"政治共同体的福利决定性地依赖于哲学研究"。施特劳斯进一步表明，政治哲学的"更深的含义"乃是这种"关于哲学的政治式或大众式讨论，或者哲学的政治式导言"。在施特劳斯的意义上，政治哲学不仅有助于证明哲学对政治共同体的正当性，也有助于引领那些够格的公民从政治生活走向哲学生活（页81）。古典政治哲学与政治生活的直接关联最终是为了超越政治生活。

如前所论，施特劳斯在《什么是政治哲学》中写道，所有现代政治哲人所共享的一个根本原则是"最佳表达是否定性的：将古典原则视为非现实主义而加以拒斥"（页30）。这一拒斥依赖于对自然的理解，即否认人的自然目的，并削弱机运的必然作用。尽管如此，在不同的地方，施特劳斯令人困惑地描绘了现代性、现代思想、现代计划或现代政治哲学的许多肯定性特征。

在《什么是政治哲学》里（最初是1954—1955年在希伯来大学的讲座，后来以该标题发表在1959年的著作里），施特劳斯关于现代政治哲学的肯定性特征最周全（closest）的表述可能如下：

> 这场世俗运动试图保证理想的实现，或证明理性事物与实在事物的必然巧合，或消除本质上超越每一种可能的人类实在的事物（页42）。

施特劳斯自19世纪40年代起就将马基雅维利描述为现代政治哲学的创始人，并在《什么是政治哲学》里将其原则表述如下：

> 为使正当或可欲的社会秩序有可能——即便不是确定的话——实现，或者说，为了征服机运，人

们必须降低标准；人们必须使重点从道德品质转向制度（页38）。

这似乎是现代政治哲学将古典方案作为非现实主义的而加以拒斥的必然后果。然而，在1942年的讲座《我们能从政治理论中学到什么?》中，施特劳斯并未将这一原则归给马基雅维利本人，而是那些现代政治哲人，这些哲人在对马基雅维利教诲的反动中形成了一个在马基雅维利主义与传统之间的妥协［页523；（校按）原文页码，中译文同前］。

这一现代性概念，即为了实现可欲的社会秩序而降低标准，使施特劳斯能构造一个关于现代政治哲学进程的宏大叙事，尤其显著地体现在《什么是政治哲学》的第三部分。在科学知识与大众启蒙的基础上，霍布斯通过推论一个全新版本的自然法试图保证正当秩序的实现；这个推论以暴死的恐惧和自然状态为出发点，而不是人的理性和自然目的为出发点。霍布斯实现了一个转变：从强调责任到强调人对权利的目的。洛克从霍布斯那里接手并推进了这个转变，他解放了获利的贪欲（productive acquisitiveness），将其视为人性吝啬的解药。卢梭进一步表明，由于公意保证了正义，求助自然法就完全是多此一举。康德、黑格尔和马克思的历史哲学试图表明，正当秩序的实现是盲目的自私激情在历史进程的辩证冲突中的必然产物。尼采声称，最终的洞察（final insight）开启了实现最终理想的道路，而最终理想的特征是由机运统治的结局（the end of the rule of chance）来刻画的，尽管它的实现是一个选择而不是必然性的问题。

施特劳斯似乎认为，在某程度上，最初那个不可能的尝试，即试图保证正当秩序的实现，注定了这一系列的转型。他似乎认为，现代性是某种一以贯之的必然进程，是不断实现最初原则的内在意涵的过程。然而，施特劳斯对现代政治哲学史的描述并非一个简单的单向进程，或者古典见解的逐渐衰败过程。至少在两个重要的例子里，即在卢梭和尼采那里，他们试图重返前现代的思想，而这"有意或无意地"引向了"一个更为激进的现代性形式"。[①] 卢梭和尼采都对此前的现代思想进行了猛烈的批判，而施特劳斯大致上似乎同意这些批判。例如，施特劳斯说，我们无法回到现代思想的较早形式，因为"尼采在道理上对现代理性主义或现代信念的批判无法被拒绝或遗忘"。[②]

施特劳斯政治哲学史叙事的开端与结束都可以被称为特殊时刻（privileged points）。古典政治哲学"以某种从未被超越的新颖和直接的方式"来看待政治，因为它"属于一个生机勃勃的时刻，那时所有政治传统都被动摇，而并未出现一个政治哲学传统"。同样，在我们的时代，"由于所有传统都被动摇了"，真切理解过去的政治哲学：

---

① 参施特劳斯，《什么是政治哲学》，前揭，页41；施特劳斯，《自然权利与历史》，前揭，页257—258。
② 参施特劳斯，《现代性的三次浪潮》，见《苏格拉底问题与现代性》，前揭，页317—330，原文页98。

据说已经成为可能；我们时代的危机可能提供了一个意外的好处，它使我们能以一个非传统的或全新的方式去理解那些迄今为止仅以传统的或派生的方式来理解的事物。①

据施特劳斯所述，海德格尔彻底的历史主义迫使我们重审哲学最基本的预设，而且，由于传统已被连根拔起，这为施特劳斯复原古典哲学的尝试开启了道路。②

在已出版的题为《进步还是回归》的第二次讲座里——这是 1952 年在芝加哥大学希尔勒基金会（Hillel Foundation）的讲座，部分在施特劳斯生前发表，而完整的版本在施特劳斯离世之后才发表（我要补充说明的是，只发现第一和第三次讲座的录音文件，而这可以在芝加哥大学施特劳斯中心的网站上下载收听），施特劳斯更宽泛地谈论了他称之为"现代发展"、"现代性"或"现代思想"的东西，而不限于现代政治哲学。他首先评论道，

有人会说，现代发展的精髓是某种独特的"现实主义"，即在于这样的观念概念：道德原则和追

---

① 参施特劳斯，《什么是政治哲学》，前揭，页 18—19；Strauss, *The City and Man*, p. 9. ［校按］译者据英文直译。
② 参施特劳斯，《自然权利与历史》，前揭，页 32—33；参施特劳斯，《剖白》，见《苏格拉底问题与现代性》，前揭，页 489—499，原文页码 3；Cf. Strauss, "*An Unspoken Prologue to a Public Lecture at St. John's*", p. 31.

求道德原则——布道和训诫——都已失效，因此我们必须寻求道德原则的代替品，而这将比失效的布道更有效。例如，这些代替品可以在制度或经济中找到，而很可能最重要的代替品就是所谓的"历史进程"。①

然而，施特劳斯谨慎地承认：

我前面将现代性说成是某种确切而可知的东西。不消说，此处无法对这个现象加以分析。不过，我愿意简要列举现代性的独特要素，至少在我看来，这些要素非常令人震惊。

施特劳斯所举现代思想的第一个特征是所谓的"人类中心性"，与此相对的是圣经和中世纪思想的"神性中心性"，以及古代思想的"宇宙中心性"。他的例证是现代哲学的关注点，即对人类心灵的分析，以及他说的"隐含观念"，即所有真理、意义、秩序和美都源自人。对此，施特劳斯引用了霍布斯、康德和莱布尼兹的观点。

施特劳斯在讲座中勾勒的现代思想的第二个特征是"道德导向（orientation）的一个根本转变"。前现代思想对责任

---

① ［校按］参刘小枫编，《西方民主与文明危机》，北京：华夏出版社，2018年，页 258—312。中译文为译者直译。

的强调被取代了，权利如今处于首要位置。此外，基本权利与德性本身被理解为激情而不是对待激情的一种秩序化的态度，而这介乎于某种激情的解放。在稍后的阶段，自由取代了德性，于是好生活的内容就成了为人类行为重新创造图式（pattern），而非遵从一个先于所有人类意志的图式。最后，人性，即一切令人类感兴趣的事物，成了一种通过人类活动才能获得的事物，而非人的天性禀赋。在施特劳斯笔下，这场转变正在变本加厉地进行。

施特劳斯列举现代思想的第三个特征是"对将人从超人事物中彻底解放出来进行某种修正"。不过，这并未回归到将人类自由理解为依赖于和受限于人类自然或整个自然秩序；按照后文的现代思想的理解，人类自由依赖于并彻底地受限于此前对自由的运用（exercise）以及被理解为历史的事物，这是一个施特劳斯称之为与古典或圣经思想"完全相异"的观念。

我们不应只看到施特劳斯强调古典与现代思想的差异，也要看到他对现代思想与圣经或基督教思想关系的分析。在他笔下，现代性在马基雅维利那里有一个起源，即对非人性（以宗教法庭为例）的一次人道的、宽宏大量的、颇具共和精神的反动，而非人性源于古代传统及其基督教变形中那个无限高的目标。[①] 不过施特劳斯指出，对马基雅维利而言，

[①] 参施特劳斯，《什么是政治哲学》，前揭，页33—34；《自然权利与历史》，前揭，页180—181；《关于马基雅维利的思考》，前揭，页234、页252、页283—288和页324—326。

要将哲学的形式与功能转化为宣传或启蒙，以寻求对人类思想普遍命运的控制，基督教是最重要的典范。①

施特劳斯有时也会记述他所谓的"现代方案"。② 在施特劳斯笔下的现代方案里，哲学或科学不再在本质上被理解为沉思性的，而是为人类力量服务，解慰人的处境，通过征服自然而让人类生活"更长、更健康和更富足"。③ 通过进一步向更强大富足的方向发展，每个人得以分享社会福利，发展他们的官能，最终达至"由自由和平等的男女所构成的……一个自由与平等民族间的普世联盟"。理性、普世有效性、绝大部分人类的支持被视为这个目标的保证。这个源自现代哲学的自由形式的方案也成为西方对自身目标的自我理解；在这个意义上，施特劳斯不仅分析了现代哲学，更宽泛地说，他也分析了现代性、现代社会，因为现代西方社会是现代哲学的折射，而不能说是现代哲学的作品。在这个层面上，施特劳斯对现代性的分析可以称为"观念论的"，而这与"唯物论的"理解形成对比，后者认为经济与技术发展是现代性的根本动力。此外，他强调哲学内部的转变，与此不同，韦伯强调神学内部的转变，并视之为资本主义的发动机。④

---

① 参施特劳斯，《什么是政治哲学》，前揭，页49—53；《关于马基雅维利的思考》，前揭，页113、142、171—172、259、264及475。
② Cf. Strauss, *The City and Man*, pp. 3—4, pp. 6—7.
③ 参上一注释；另参施特劳斯，《古今自由主义》，前揭，页19—20。
④ 参施特劳斯，《自然权利与历史》，前揭，页62注22。

施特劳斯对现代性的解释是批判性的。这点在他将现代性与古典政治哲学的对比中有所透露，而最明显地体现在他认为现代性处于危机中，尽管是必然的或固有的危机。在他称为现代方案或西方目标的层面上，他对危机进行如下描述：西方已对其目标、即对一个由自由平等男女构成的普世繁荣的社会目标不再那么肯定，已经对这一目标或至少短时内达致普遍性失去信心。19 世纪 60 年代早期，在施特劳斯笔下，这一信心的丧失是与共产主义发生冲突后的反应；对驯良可教的西方人而言，以下这点更加清楚了，

> 无论流血或是不流血的社会变革都无法根除人性的邪恶：只要有人，就有恶意、嫉妒、憎恨，因此不可能存在一个不采用强制性约束手段的社会。①

苏维埃共产主义在五十年后崩塌了，这短暂地复活了关于西方方案会获得普遍成功的信念；但此后，大多数地区不断在抵制其原则和做法，这可能进一步表明施特劳斯笔下的教训是从共产主义经验中学来的。施特劳斯总结道，

> 人们只能满足于一个可见的未来，一个实际的排他主义（practical particularism），而政治共同体将仍然自行其是：一个有偏见的或排他的共同体，

---

① Cf. Strauss, *The City and Man*, pp. 4—6.

其最要紧和首要任务是自我保存，其最高任务是自我提升。①

施特劳斯对西方或现代性危机的诊断，即对现代方案失去信心，并不是在呼吁恢复这一信念。相反，他暗示我们需要重新审视、重新设想或修正该方案，而不只是期盼它的普遍实现。施特劳斯指出：

令西方怀疑世界共同体可行性的相似经验也使得如下信念遭到怀疑，即富裕是幸福和正义的充分乃至必须条件，实际上，富裕并未治疗最深的恶。②

施特劳斯对现代性危机的诊断不只是关于政治发展。更根本的是，他将现代方案信念的丧失追溯到现代性后期对理性的贬低，即不再相信那些此前被视为理性方案、甚至是理性的群体胜利的东西。实证主义，尤其是价值无涉的社会科学，否认理性能建立它所谓的"价值"，这导致了某种相对主义，即预先排除了对现代方案的理性评价。于是，这一方案至多只能是我们社会的"价值判断"，不再比其它社会的对立价值更为理性，不再是理性的一个普世产物。施特劳斯更为根本的关切是，这样的实证主义使施特劳斯意义上的政

---

① [校按] 塔柯夫原文未注明出处，中译文为译者自译，特此说明。
② [校按] 塔柯夫原文未注明出处，中译文为译者自译，特此说明。

治哲学变得不可能。更根本的是，施特劳斯所谓的"历史主义"，即所有人类思想在根本上都是历史的，这一学说使得西方现代方案不过是独有的历史条件下的产物，这注定被别的方案取代，而不是理性的一个普世产物。施特劳斯更为根本的关切是，这种历史主义使得施特劳斯意义上的哲学变得不可能。施特劳斯的最终关切是哲学的必然性和可能性。

在《什么是政治哲学》富于说服力的结论里，施特劳斯指出，理性以最彻底的历史主义的形式进行的自我毁灭是"最高潮"，是现代思想的"最高自我意识"，因为遗忘永恒是：

> 人类自一开始就必须付出的代价，因为人类试图成为绝对的统治者，成为自然的主人和掌有者，试图战胜机运。①

---

① ［校按］塔柯夫原文未注明出处，中译文为译者自译，特此说明。

施特劳斯论马基雅维利与现代性的起源

曾俣璇 译

（一）

在施特劳斯提出的具有争议性的言论中，最为知名的是这一主题：自马基雅维利（Machiavelli）始的现代政治哲学与古典或古代及中世纪政治哲学断然决裂。我将首先联系施特劳斯的著作《论僭政》（*On Tyranny*）来考察这一言论。[①]在这部作品的引言中，他写道，马基雅维利"完全清楚，通过提出《君主论》（*the Prince*）中所探讨的观点，他就与政治科学的整个传统分道扬镳了"，施特劳斯还写到"由马基雅维利造成的划时代变化"（页41）。通过对照色诺芬

[①] 本节的夹注均指施特劳斯，《论僭政》，前揭，2000年。本节的部分内容来自我为这部著作的日译本（*Senzhu Seiji Nitsuite*, tr. Yoshihiko Ishizaki, Shozo Iijima and Kazuya Omote, Tokyo: Gendai Shichosha, 2006）所写的英文前言，见 *Perspectives on Political Science*, p. 33: 4, Fall 2004, pp. 221—226。［译按］相关中译引自施特劳斯、科耶夫著，《论僭政——色诺芬〈希耶罗〉义疏》，彭磊译，前揭。

(Xenophon)的对话《希耶罗》(*Hiero*)与马基雅维利《君主论》的教诲,我们能够把握到前现代政治科学和现代政治科学之间的决定性差异,"揭示现代政治思想最深的根源"(页41)。在这段话之前,施特劳斯论述到,《君主论》"的特征便在于故意忽视王与僭主的区别",甚至"以秘而不宣地拒绝这一传统区分为前提"(页41)。这会给读者带来这样的印象:拒绝王与僭主的区分造成了马基雅维利与古典政治哲学的决裂。类似地,施特劳斯紧接着写道,色诺芬的《居鲁士的教育》(*Education of Cyrus*)"可以说是致力于探讨与僭主相对的完美王者",而《君主论》则"以故意忽视王与僭主的区别为特征"(页41)。

施特劳斯指责马基雅维利忽视合法统治与僭主统治的区别,这属于《论僭政》向热爱自由的人推荐古典政治哲学的一个部分。然而,拒绝王和僭主的区分不是施特劳斯对马基雅维利与传统决裂的最终理解。在《论僭政》中,施特劳斯解释说,色诺芬在他的《希耶罗》中使用"僭主"一词,回避"王"一词,马基雅维利在《君主论》中使用"君主"一词,回避"僭主"一词,色诺芬的做法是马基雅维利仅仅"表面相反但根本一致的笔法"的"原型"。两种笔法只是遵守一种得体的规则:不该提及僭主缺少合法性,以免让他们难堪(页99)。

类似地,色诺芬的《居鲁士的教育》致力于探讨与僭主相对的完美王者这一说法并不是施特劳斯在《论僭政》中对这部作品的最终定论。施特劳斯将这一点归为色诺芬的观点：

> 僭主与非僭政的统治者之间的差别最终不是简单的对立，而毋宁是这样：统治者品格中的某些因素在僭主身上比在非僭政的统治者身上发展得更强固，或说更不容易隐藏"（页140）。

施特劳斯提到，色诺芬笔下的居鲁士（Cyrus）"不是一个严格意义上的僭主"，这含蓄地承认了，也许居鲁士在不严格的意义上是一个僭主。在他的"重述"中，施特劳斯承认，沃格林（Eric Voegelin）

> 正确地断定，不能完全把"作为完美王者之镜的《居鲁士的教育》与作为僭主之镜的《希耶罗》"对立起来，因为完美王者居鲁士和西蒙尼德（Simonides）描述的改进后的僭主"实际远没有它们看上去那么对立"（页180）。

施特劳斯指出，色诺芬笔下的居鲁士把一个健康的贵族制转变成一种专制统治——"一个似乎与最可容忍的僭政没有什么区别的政制"（页212—213）。不过，这里仍然存在一种"根本的差别"：居鲁士是一个合法的统治者，是在位君主的继承人（页214）。与马基雅维利不同，色诺芬"甚至没试图消除最好的僭主与王者的区别，因为他太欣赏合法性的魅力——不！是合法性的福佑"（页214）。然而，色诺芬笔下的居鲁士可以作为马基雅维利的武装的先知、新君主或奠基者的一个范例（页215）。

施特劳斯暗示，对比《希耶罗》和《君主论》之所以有用，不是因为它们之间具有明显的反差，而是因为《希耶罗》的教诲达到了"任何苏格拉底门徒的教诲能够接近于《君主论》的最大程度"，因为它标志着"前现代政治科学与现代政治科学之间最紧密的连接点"（页41—42）。对比色诺芬的《希耶罗》和马基雅维利的《君主论》是施特劳斯区分古人与现代人的有限案例中的一个。对比揭示了古典政治科学和现代政治科学之间"最细微、同时也确实是决定性的差异"。然而，施特劳斯没有在《论僭政》中展开对色诺芬与马基雅维利的全面对比，而是仅仅给出了零星的评论，既指明了他们的区别，也指明了他们的相似之处。

例如，当他展现色诺芬主要的育人术（pedagogic lesson）——即便是一个完全正义的人，若他想要给一位僭主以建议，他也不得不在他的学生面前扮成一个完全不讲道德的人。施特劳斯表明，马基雅维利"是曾经效法《希耶罗》的最伟大的人"。因此，施特劳斯肯定了马基雅维利的伟大和他作为色诺芬——一位古典的、苏格拉底式的政治哲学家——的模仿者的地位（页88—89）。施特劳斯进一步评论道，

> 如果足够专注地研究马基雅维利的著作，将会

得出这一结论：《君主论》中最令人震惊的语句浸淫着马基雅维利对色诺芬主要的育人术的透彻理解。对此我并不会惊讶。

但施特劳斯指责马基雅维利没有以原初的精神来应用这一教诲，他将节制（moderation）与智慧分离开来，由此显露出他缺乏"对政治事务的理解"。马基雅维利与古典政治哲学决裂的最终特征不在于他没有区分王和僭主，而在于他分离了节制与智慧。

色诺芬笔下的智者西蒙尼德建议，一个僭主应当亲自做取悦于人的事，并将惩罚性的行为交托于他人，施特劳斯将此描述为"马基雅维利式"的建议（页107）。在相应的注释中，施特劳斯将其与马基雅维利在《君主论》第十九章和第二十一章的建议作对比，后者认为，君主应当避免做带来仇恨的事，并将给予认可、荣誉和奖赏这样的事留给自己。施特劳斯在说道，西蒙尼德使僭主希耶罗的臣民依旧仰赖于僭主的雇佣兵，然而对比之下，马基雅维利在《君主论》第二十章中建议，一个君主应该武装其臣民，并且他劝告统治者不要依赖于雇佣兵（在第十二章）。我们可能从中得出，马基雅维利拒绝王和僭主之间的传统区分，也许并不在于在道德上拙劣地否认僭主的统治是暴力的、剥削式的和不合法的，而在于一种道德上的抱负，希望转变僭主，使得他们为了其绝大多数臣民的善而统治，并得到臣民们的支持，正因如此，不同于色诺芬，马基雅维利公开地并以自己的名义阐述了一种僭政教诲（参页 116—117，219—220）。①

在《论僭政》的"重述"中，施特劳斯回应了沃格林的说法，后者认为，马基雅维利与古人的关键性决裂发展出一个统治者的概念，这个统治者超越了王和僭主的旧式区分。这归功于基督教的统治者概念——统治者是堕落民族之罪行的报复者，施特劳斯更广义地将此重述为"圣经传统对马基雅维利的影响"（页 215—216）。回应这种说法时，施特劳斯指向马基雅维利概念的古典先驱，并暗示马基雅维利反而承续并彻底地修改了"阿威罗伊"（Averroisic）传统"。"由马基雅维利造成的划时代变革在多大程度上是由于圣经传统的间接影响"，施特劳斯没有对此问题作出诠释，因此他也没有说明科耶夫的这一观点是否真实：现代哲学是基督教的世俗化形式（页 217、240）。

在《论僭政》中，施特劳斯在引言的最后一个注里最为直白地提到马基雅维利与古典政治科学的决裂，以及他奠定了"所有特定的现代政治思想的基础"（页 42，注 5）。施特劳斯在那里写道，马基雅维利不像古人那样，以人类的完善或一个人应该如何生活为指向，而是以人实际如何生活为指向，而且他暗示机运可以被掌控，来确保最好的政治秩序的实现（也见页 243—244）。人的自然的完善，作为古人的指向，是"沉思的理想"。马基雅维利式的智慧脱离了节制，因为它不再是沉思的，而色诺芬仅仅是"试验了""一种相

---

① 参施特劳斯，《关于马基雅维利的思考》，前揭，页 432—436。

对接近于与节制分道扬镳的智慧"（页 216—217）。根据施特劳斯所说，如果马基雅维利式的政治哲学不是，至少霍布斯式的政治哲学是始于"一个虚假的假设：人之为人被设想成一个缺乏对神圣约束的意识的存在，或一个只是受对承认的欲望指引的存在"（页 225）。施特劳斯由此暗示，与之相反，古典道德教诲或古典政治教诲始于真实的假设：人之为人基于对神圣约束的意识，同时人受某些高于获取承认的欲望的东西指引，无论那最终是一种神圣畏惧，还是对真理的欲望和对良好秩序的灵魂之爱（页 230—235）。

（二）

在转向施特劳斯最详尽地处理马基雅维利的作品——《关于马基雅维利的思考》（*Thoughts on Machiavelli*）之前，我将简要地考察他在题为《什么是政治哲学》（"What Is Political Philosophy?"）的文章中，对马基雅维利"与整个政治哲学传统决裂"所作的讨论。[①] 施特劳斯在那篇文章里称，尽管马基雅维利对宗教的批判相当于重新讲述了古代和中世纪政治哲学家们的教诲，但他对道德的批判，等同于对他对古典政治哲学的批判（页 31）。马基雅维利对道德的批

[①] 本节的夹注均指施特劳斯，《什么是政治哲学》，前揭。虽然这本书出版于 1959 年，但与书同名的讲座是在 1954 年，在《关于马基雅维利的思考》之前。本节内容原初是为一场研讨会而准备的（"现代性和已失去的：思考施特劳斯的遗产"，波兰克拉科夫雅盖隆大学，2009 年 6 月）。

判指出，只有在一个由不道德创造的背景下，道德才成为可能。人并不是天生就被引向德性，人无法从德性的角度定义社会的善，人必须从所有社会实际追求的目标来定义德性，这些目标是：不受外族统治、稳定或法治、繁荣、荣耀或帝国（页31—33）。马基雅维利总结说，人天生是极度自私的，但人也比古人所想的要更有可塑性，人没有自然的目的（页33）。

在《什么是政治哲学》中，施特劳斯将马基雅维利与古人的决裂及其"幻想"——认为这将构建一种令人惊讶的视野扩大化——归因于古典传统在马基雅维利时代所经历的深刻变革。根据施特劳斯的说法，道德德性已经被转变成了基督教的仁爱，人对他的同伴的责任、为了同伴所担负的责任都无限增加，对救赎的关注似乎要求不人道而且残酷的做法。施特劳斯写道，马基雅维利：

> 似乎把宗教迫害的巨大罪恶诊断为基督教原则乃至圣经原则的必然结果。他倾向于认为，人身上不人道的大量增加，乃是人目标太高的无意的但并不让人感到惊讶的后果。

因此，马基雅维利也许在人道和一种对不必要的恶、不人道及残酷的厌恶的驱动下，矛盾地教导必要的恶和残酷。施特劳斯暗示，马基雅维利因此也许受到反神学怒火的驱动，施特劳斯将这种怒火称之为"一种我们能够理解但无法赞同的激情"（页 34—35）。

施特劳斯在《什么是政治哲学》中对马基雅维利进行了讨论，他总结道，马基雅维利不仅改变了政治哲学的实质，他还利用从基督教那继承来的宣传理念、"保证其教诲在其死后获得成功"的理念和"控制一般而言的人类思想的未来命运"的理念改变了政治哲学的模式（页 34—37）。虽然施特劳斯两次在那里写道，这是马基雅维利的思想和基督教的"唯一"联系，但它似乎是最关键的联系。

（三）

《关于马基雅维利的思考》是施特劳斯最长的，可能也是最复杂的作品。[1] 我将限于处理它的引言部分。

《关于马基雅维利的思考》最享盛名，或者在某些方面最负恶名，在于它断言马基雅维利"教授邪恶"，甚至是"一个邪恶的人"（页 1）。施特劳斯的书将马基雅维利的教诲称为邪恶，这样做可能更负恶名而非盛名，这是因为我们生于这样的一个时代：在这个时代，直呼邪恶之名比邪恶行事本身更让学者们震惊。马基雅维利本人承认，他在谈论邪恶时，"就像允许称赞邪恶"那样（《君主论》第八章）。施特

---

[1] 本节的夹注均指施特劳斯《关于马基雅维利的思考》（*Thoughts on Machiavelli*），前揭；它的早期版本发表在一场关于马基雅维利的研讨会上（"哲学，修辞与历史"，耶鲁大学百内基图书馆，2008 年 10 月 17 日—18 日）。

劳斯一上来就愿意谈论邪恶，吸引了那些仍然热爱道德或宗教和那些憎恨邪恶的人，正如《论僭政》的开场吸引了那些仍然热爱自由和憎恨僭政的人。

但施特劳斯真的称马基雅维利是"邪恶的教师"，抑或甚至称他为"一个邪恶的人"吗？这个问题的答案值得完整地援引《关于马基雅维利的思考》引言的第一句话：

> 假如我们宣称（或译承认），我们倾向于同意关于马基雅维利传授邪恶这个老派的简朴观点的话，那么我们不会是在危言耸听；我们只会使得我们自己暴露在敦厚朴实或者至少是无害的讽刺面前。（页1）

施特劳斯仅仅预测了如果他倾向于赞成那一观点，将会有什么后果。我们也许会怀疑，施特劳斯对待马基雅维利的鲜明立场真的不会让任何人震惊或者招致恶意的嘲讽吗？施特劳斯写道，马基雅维利说了"令人震惊的事情"，他想要用一种"令人震惊的新教诲"取代所有源自《圣经》和古希腊哲学的古代或传统教诲，但马基雅维利以一种低调的方式呈现了那令人震惊的新教诲："他很小心地避免过分耸人听闻"（页2、72）。施特劳斯也同样小心，以免过分耸人听闻。

不管怎样，第一句话与直接断言马基雅维利教授邪恶之间，隔着三层距离：不仅"假如我们宣称"中含有"假如"，而且"宣称"一词是含混的，意思可以是肯定，也可以是假设，而且"倾向"于这个观点，还不是全心全意地拥护它。在手稿中，认为马基雅维利教授邪恶这一观点被更直白地、轻蔑地描述为"头脑简单的"，而非仅仅是"简朴的"。[①] 施特劳斯的第二句话似乎消除了第一句话的条件性特征，它问道，"还有什么别的描述"比教授邪恶更适合一个教授马基雅维利公开传授的那些训导的人呢。这句话给人的印象是一个要求否定答案的修辞问句，即没有别的描述比教授邪恶更适合这样一个人。然而，想起在《什么是政治哲学》的讨论中，马基雅维利对源于目标太高的不人道的厌恶，我们很可能会怀疑，"还有什么别的描述更适合一个教授马基雅维利的训导的人"这个问题是否还有别的答案，马基雅维利是否可能有很好的理由在他所处的时代教授这些训导，而我们因此也可能不必"被迫说马基雅维利是一个邪恶的人"（页1）。

在《关于马基雅维利的思考》引言的第二段，施特劳斯第一次减轻了对于马基雅维利教授邪恶的指责，他提到，马基雅维利不是表达此类观点的第一人，这些观点"跟政治社会本身一样年代久远"。不过，施特劳斯接着就给马基雅维利除去了这个借口，甚至愈加指责道，马基维雅利是"绝无仅有的一位哲人，不惜将自己的名字"，同这种方式的政治思想和政治行动公然联系起来，他"恶名昭著"，成为政治思想和政治行为中"邪恶手段的经典化身"。施特劳斯由此

[①] 手稿可以在芝加哥大学图书馆特藏研究中心施特劳斯文稿的 22 号箱，2 号文件夹中查询。施特劳斯很可能为发行的版本做过更进一步的改动。

将马基雅维利提到了哲人的位置上,在施特劳斯眼里,这是一个很高的位置。施特劳斯并不认为,马基雅维利才教授了政治思想和政治行动的古老的邪恶手段,而之前的哲人们教授好的或高贵的方式。对比在于,马基雅维利教授了政治思想和政治行动的一种古老的手段,而之前的哲人们没有教授任何政治思想和政治行动的古老的手段,无论是好的,还是邪恶的。

施特劳斯以一种似乎再次减轻了指责的方式,继续调整这一差异。他说道,当古代作家"隐秘地,而且怀着明显的厌恶态度""假口他们笔下的人物"关起门来教授"那些邪恶的信条"时,马基雅维利却"明目张胆地、欣然自得地""以自己的名义"进行宣扬。比起说马基雅维利教授邪恶,说他公然教授邪恶似乎是一个较轻的指责。第二段总结道,"只有马基雅维利一个人,敢于用他自己的名字,在一本书里,阐发这个邪恶的信条",好像重点在于马基雅维利的大胆,而不在于他的邪恶。

在《关于马基雅维利的思考》引言的第三段到第十五段,施特劳斯转向"我们时代的学者"为马基雅维利公然教授邪恶训导所给出的借口:他是一个爱国者或科学家,而非一个教授邪恶的邪恶教师。第三段施特劳斯开头承认说,"无论这个老派的简朴判决可以是多么真实,然而它却不是囊括一切、详尽无遗的"(和第一段一样,施特劳斯在手稿中的这一段第二次写下了更明显轻蔑的"头脑简单"一词)。"无论可以是多么真实"这一短语,避免了断定这种简朴观点的真实性，施特劳斯继续指出这种观点的"不足"。当施特劳斯想知道，学者们是否没有比简朴的观点"更为可悲地步入了歧途"时，他由此暗示了，认为马基雅维利是教授邪恶的邪恶教师，这种简朴观点同样可悲地步入歧途。

最后，他小心地暗示道，"被那些持精致看法的人所忽视的某种亟须的东西，高尚质朴的人们确实可能并未给予充分恰当的说明，因而作出了错误的阐释"。① 他将那些视马基雅维利为教授邪恶的邪恶教师的高尚简朴的人，看作是"不谙哲理的大众"，以此总结了引言的第三段。由此，施特劳斯也许暗示，那些视马基雅维利为教授邪恶的邪恶教师的人，没能理解到马基雅维利是一位哲人。

施特劳斯指出，"将马基雅维利这个思想家描述成一位爱国者"是一种误解。他这么说，不是否认佛罗伦萨公民和秘书马基雅维利是一个爱国者，而是否认对于思想家马基雅

---

① 施特劳斯似乎很喜欢"某种亟须的东西（the one thing needful）"这一短语，据我所知，它来自《路加福音》10:42 马利亚（Mary）和马大（Martha）的故事。在那里，它指听耶稣传道所受的益处。在第二章，他将一个临时性的假设归于马基雅维利："某种亟须的东西就是好的武力"（页109）。在《自然权利与历史》（页38），对于人应当如何生活的问题，施特劳斯给出了苏格拉底的答案："一经认识到我们对于最重要的事情的无知，我们同时也就认识到，那对于我们最重要的事情或者说最亟须的事情，就是寻求有关最重要的事情的知识或者说寻求智慧。"他呈现了苏格拉底的答案与反苏格拉底的答案——"智慧并不是我们亟须的东西"——之间的永久性冲突。他解释说："哲学和《圣经》二者都宣称有某种东西是人们所必需的，是唯一具有终极意义的，而《圣经》所宣称的那种必需之物与哲学所宣称的正好相反：顺从的爱的生活以及与之相反的自由简洁的生活"（页75）。然而，在那本书中，在他展示古典自然权利的结尾处，他用这个短语来指最急迫的事情，它不必然是最高的东西（页165）。

维利来说，这是一个恰当充分的描述。施特劳斯本人直接称马基雅维利为一个爱国者，但是"一种类型独特的爱国者：他对于拯救他的祖国，比对于拯救他自己的灵魂，更为牵肠挂肚"。因此马基雅维利的爱国主义与他对宗教和道德所采取的批判立场相关：他的爱国主义，"前提是在祖国的位置与灵魂的位置之间，作出全面的反思"。这种反思使得马基雅维利成为施特劳斯眼中的哲人：毕竟，对祖国和灵魂的位置作出全面的反思也是柏拉图（Plato）《王制》（*Republic*）的主题。施特劳斯强调，"马基雅维利思想的核心"是这种反思，而不是爱国主义。这一核心，不是佛罗伦萨的或意大利的，而是普遍的，旨在关注"所有思考着的人们，而与时代无涉，与国度无涉"（页 11—12）。

施特劳斯指出，"即使我们被迫承认，马基雅维利在本质上是一位爱国者，我们也不会被迫否认他教授邪恶"。施特劳斯给出了永远合时的提醒：

> 一个人源于对其国家的忠诚，而漠视对与错的区别，不如一个人仅仅源于对个人舒适或个人荣耀的盘算而漠视这种区分那么令人反感，而且也更具有诱惑力，因而也就更加危险。①

---

① ［译按］译者对此段引文有较大的修改，原译文参施特劳斯，《关于马基雅维利的思考》，前揭，页 2—3。

施特劳斯指出，爱国主义作为一种对自身的爱（love of one's own），"低于既对自身也对善所怀有的爱"，因此爱国主义"倾向于变得关注一个人自身的为善（being good），或者关注对于善的要求的遵循"。不过，施特劳斯没有说，马基雅维利简单地忽视了对与错的区分；相反，施特劳斯宣称，马基雅维利对社会的研究是规范的。用马基雅维利的爱国主义来为其可怕的学说作辩护的，不是马基雅维利本人的观点，而是学者们的观点，施特劳斯批评这些观点"对高于爱国主义的事物视而不见，或者对即使爱国主义成为神圣又对爱国主义加以限定的事物视而不见"。关注为善与关注对正确的遵循，都是使爱国主义神圣并对其加以限定的事物。①

施特劳斯批评用爱国主义为马基雅维利的学说作辩护，这种批评仅仅是一个假设，其前提是："我们被迫承认，马基雅维利在本质上是一位爱国者"。然而，施特劳斯否认马基雅维利在本质上是一位爱国者。他显然没有坚称马基雅维利对所有高于爱国主义的事物视而不见；相反，他刚刚才指出了马基雅维利的全面反思超越了他的爱国主义。

尽管如此，施特劳斯坚称马基雅维利的教诲是不道德的，也是无宗教的（页 11—12）。学者们否认马基雅维利的思想具有不道德与无宗教的特点，施特劳斯将这种否认溯源为马基雅维利本人所造成的影响。他只是考察了宗教方面，在这方面，学者们没有注意到，马基雅维利赞扬宗教的有用

---

① 参施特劳斯，《色诺芬的苏格拉底》，前揭，页 165。

性和不可或缺性这两个特点，"只不过是我们可以暂且称为他对宗教真理的全然漠视的另外一面而已"，因为这些学者作为马基雅维利的继承人，仅仅从社会效用的角度，而不是从宗教真理的角度来看待宗教。施特劳斯没有在这里作出相应的关于道德的论断，这个论断将会是这样的：马基雅维利的继承者们，他们将通俗道德（popular morality）仅仅视为对社会是有用的，没有注意到这样的道德观否认了对道德的坚持——我们做正确之事是为了其本身。

在施特劳斯看来，认为马基雅维利是一个教授邪恶的邪恶教师"这种简朴的观点""决定性地优越于"那种认为他在本质上是一位爱国者或者一位科学家的精致观点，不过施特劳斯提醒道，这种简朴的观点是不充分的（页 4—6；手稿再次使用了"头脑简单的"而非"简朴的"）。施特劳斯再次假设性地指出：

> 即使我们被迫承认，而且恰恰如果我们被迫承认，他的学说是恶魔的学说，他本人是一个魔鬼，我们也依然不能不铭记这样一条深刻的神学真理，即魔鬼其实是堕落的天使。

放下这条被迫采用的神学比喻，施特劳斯转而援引马洛（Christopher Marlowe）的说法作为对马基雅维利之高贵的颂词，马洛用苏格拉底的名言"没有罪孽，有的只是无知（there is no sin but ignorance）"来称述他眼中的马基雅维利。

这种对马基雅维利的看法在《君主论》和《李维史论》（Discourses）的献词中得到证实，在那里，马基雅维利将他的知识视作他最宝贵的财富。施特劳斯在《自然权利与历史》（Natural Right and History）中将马洛的话称为"几乎是对哲学家的定义"。①

施特劳斯称，认为马基雅维利是教授邪恶的邪恶教师这种简朴的、非哲学的、大众的观点是一个必要的起点，由此出发才可能去欣赏"马基雅维利身上真正值得赞赏的东西：他的思想的无畏，他的目光的宏伟，他的语言的优雅精微"，并且才可能上升到他的思想的核心——他的全面反思（页6）。正是在这样的关联中，施特劳斯写下了他最著名的两句话，这些话曾经是解读性的，属于认识论和本体论性质的：

> 阻碍我们理解任何事物的，莫过于对显白的和表面的事物采取想当然的或者蔑视的态度。蕴含在事物表面的问题，而且只有蕴涵在事物表面的问题，才是事物的核心。

在直接的上下文中，这些话指的是，马基雅维利的学说所具有的显白的不道德和无宗教的特点是一种表面，它导向了其思想的哲学内核。这些话既对那些持简朴看法的人的错误，也对那些持精致看法的人的错误提出了警示，前者对事

---

① 参施特劳斯，《自然权利与历史》，前揭，页184。

物表面采取想当然的态度，没有看到其成问题之处，而后者轻蔑事物的表面，没有对其加以严肃的对待。事物的核心不是表面本身，而是蕴涵于表面的问题。在当前的讨论中，问题似乎是，当一个人的知识是其最宝贵的财富时，他何以是一个教授邪恶的教师。在施特劳斯的手稿中，他给这一段所起的标题是"马基雅维利，一个堕落的天使，一个理论者"。①

（四）

首先，我要考虑，对于马基雅维利与传统决裂并创立现代性，施特劳斯似乎对此所作出了两个最著名的与最引人注目的断言：第一，施特劳斯在《论僭政》的引言中暗示，马基雅维利拒绝了古典的对王与僭主的区分；第二，施特劳斯似乎在《关于马基雅维利的思考》的引言中断言，马基雅维利是一位教授邪恶的邪恶教师。

无论将这两个断言如何地诉诸自由与道德的热爱者，作为马基雅维利与传统决裂并创建现代政治哲学的公式化表述，它们都被证明是不充分，甚至是误导性的。施特劳斯转而指出了矛盾之处：虽然马基雅维利确实是一位哲人，但他没有以哲学生活作为人的自然目的为导向，因此将智慧与节

---

① 我打算在接下来的出版物中讨论，在《关于马基雅维利的思考》的最后几页中，有关马基雅维利与古人决裂的说明。

制分离开来，并认为人几乎具有无限的可塑性。施特劳斯暗示，马基雅维利不是简单的邪恶，他受一种充满人道的厌恶的驱动，反抗他所认为的不人道与残忍，在他看来，这些不人道与残忍来自基督教－古典传统所提出的不实际的要求。

马基雅维利不是简单地对邪恶与僭政视而不见，他也许不实际地希望使僭主为了善而统治，并受他的大部分臣民的拥戴。如果不是马基雅维利本人，就是马基雅维利的现代继承者们忘记了，人之为人是对神圣约束有意识的，并且受到某些高于对承认的欲望的东西所指引。在施特劳斯看来，马基雅维利虽然批判基督教，但他之所以是现代性的奠基者，原因在于他从基督教那里继承了这样的理念：用宣传或公众说服的方式控制人类的未来命运。这种对政治哲学模式的改变本身预设了"对公众，进而对人类，有一个全新的估计"。①

---

① 参施特劳斯，《关于马基雅维利的思考》，前揭，页 366。

《关于马基雅维利的思考》日文版前言

李孟阳 译

施特劳斯宏著《关于马基雅维利的思考》的这个译本为日语读者呈献了对马基雅维利最深邃的解释，而马基雅维利是一位真诚的政治哲人，其广博的思考一直在挑战着我们；此外，本书也为读者提供了对施特劳斯本人一系列宏大主题的重要洞见，亦即关于古今政治哲学的断裂、哲人与宗教和道德的关系以及阅读与写作的技艺。

施特劳斯的著作最著名的断言是，马基雅维利是"一位教授邪恶的教师"，甚至是"一个邪恶之人"（页1），而非那些有影响力的学者们至今常常声称的一位爱国的公民共和德性的拥护者。施特劳斯在"导言"的第一句话常被引用：

> 我们不会令任何人震惊，我们只会使自己面对敦厚质朴的或至少是无害的嘲讽，如果我们承认我们赞同一个老派的简单观点，即马基雅维利是一位教授邪恶的教师（页1）。

·《关于马基雅维利的思考》日文版前言·

施特劳斯支持这个老派的简单观点，并非因为他认为这是关于马基雅维利的完整或最深的真相，而是因为他认为"由此出发进行深思熟虑的攀升（considerate ascent）将引向马基雅维利思考的核心"（页6）。什么促使马基雅维利教授"关于公共和私人强横暴行的箴言"？对这个问题的严肃思考促使施特劳斯揭示马基雅维利关于祖国与灵魂的深邃思考。这就是施特劳斯以其优美而带有德尔斐色彩的句子中首要指出的："事物表面的、也只有事物表面的固有困难才是事物的核心"（页6）。我们必须以某种有条理的而具有说服力的方式，从一般意见的表面现象、从最初给定的事物开始，经由公开的言行，乃至在公开的言辞或共同意见中的种种矛盾，推进到作为哲人的马基雅维利思想核心的"隐秘中心"（页374）。

然而，施特劳斯并未真正宣称马基雅维利是"一位教授邪恶的教师"或"一位邪恶之人"。常为引用的第一句话是有限定的：它仅仅预先给出某些结论，如果施特劳斯承认他赞成这个观点。我们其实很难相信这个预告具有某种严肃的意图：毕竟，施特劳斯似乎有意令一些读者感到惊讶，甚至使他遭到不太敦厚质朴的嘲弄。这些嘲弄者拥护一个世故的观点：马基雅维利不过是一个热情洋溢的爱国者，一位公民共和主义者，或一名价值无涉的社会科学家。自苏格拉底和阿里斯托芬时代而来，哲人就常常令大众成员感到惊讶，也使得自己面对有害的嘲弄（《苏格拉底的申辩》第18段）。

235

施特劳斯"导言"的首段以另一个条件句结束：

> 假如千真万确，只有一个邪恶的人，才会如此堕落，在公共领域与私人交往中提倡明火执仗的强横行径的话，那么我们就别无选择，只能说马基雅维利是一个邪恶的人（页2）。

这句话的第一部分似乎在援引一个无可怀疑的真理，但某些不太邪恶的人也可能在非常情况下有充分的理由去传授这些经验。

在《什么是政治哲学》中，施特劳斯解释道，到了马基雅维利的时代，道德德性已转变为基督教的慈善。由此，人对其同胞的责任，以及为其同胞所承担的责任就被无限地增加了。对拯救众人灵魂的关切似乎允许，不，是要求一系列行动措施。对古典派和马基雅维利而言，这些措施显得既无人性也极其残暴。施特劳斯写道：

> 马基雅维利似乎已经把宗教迫害的巨大罪恶诊断为基督教原则乃至圣经原则的必然结果。马基雅维利倾向于认为，人身上不人道的大量增加，乃是人目标太高的无意的但并不让人感到惊讶的事果。让我们降低目标，以便我们不会为保存社会和自由

·《关于马基雅维利的思考》日文版前言·

被迫犯下任何并非明显必要的兽行。①

因此，马基雅维利的论述似是而非，他教导必然的邪恶和残暴，是基于人性，基于他对不必要和非人性之恶的反感，而这类恶起源于关心个人灵魂的获救置于关心尘世祖国的自由之上（页252）。

施特劳斯"导言"的第二段一开始指出，马基雅维利并非首位表达这种非道德观点的人，"这些观点与政治社会自身一样古老"，但他补充道，他是"唯一一个"将这种政治思考与行动方式"公然与自己的名字联系起来"的人。施特劳斯因而认为马基雅维利在哲人中具有极高的地位。施特劳斯写道，古代作家"隐秘地"教导邪恶的学说，或"在表面上对此深恶痛绝"，"通过笔下人物之口"偷偷地讲述；与此相反，马基雅维利"明目张胆、欣然自得地"而且"以他自己的名义"宣扬这些观点。

看起来，施特劳斯并非批评马基雅维利作为一位教授邪恶的教师，而是批评他是一位公开教授邪恶的教师。第二段这样结束："只有马基雅维利敢于在一本以自己名字发表的著作中阐发邪恶的学说，"就好像在批评马基雅维利的大胆而非邪恶。然而，施特劳斯后来又认为，马基雅维利在《君主论》十七和十八章中暗示他只不过"以他自己的名义公开讲述了一个古代学说，而某些古代作家已秘密地或通过其笔

---

① 参施特劳斯，《什么是政治哲学》，前揭，页35。

下人物之口讲述过了"，然而，"彻底改变一个学说的形式必然也会彻底改变其实质"（页72—74）。

施特劳斯认为，就算马基雅维利与前人的区别仅仅在于他的大胆：

> 这种勇敢大胆，作为勇敢大胆来考虑，就可能已经意味着，他地于能够公开提出何种看法，已经持有了一个全新的估计，因此对于公众的态势，以及对于人类的根本状态，也已经持有了一个全新的估计（页367）。

对公众和人的这些全新的判断，即允许对道德进行公开批评，可以被表述如下：人自然地是恶的，最重要的是这意味着，人自然地是自私的，即"唯一自然的善是私人的善"。由此一来，说人的自私是恶的就是荒谬的（页444—446）。人自然地是可塑的，而非善恶的任何一者：人并非自然地就是向善的（页395、428、446）。与此相反，亚里士多德并不清楚在多大程度上人是可塑的，尤其是人对人的塑造（页403）。施特劳斯进一步说道，对马基雅维利而言：

> 人并不具有一个自然目的，即他并不自然地倾向于实现他作为理性和社会动物的独特本性。人并非自然地是一个社会或政治动物（译文据英文直译，页448）。

这最终引向后来现代哲学的观点："既然人并非自然地就被安排为实现某些固定目的，他就可以说是无限可塑的。"而对马基雅维利本人而言，可塑性始终是有限的（页475、403）。

在"导言"第三段，施特劳斯写道，"高尚质朴的人"视马基雅维利为教授邪恶的教师和邪恶的人，他们误解了一件要紧的事情。施特劳斯把他们称为"不谙哲理的大众"，施特劳斯暗示，他们无法理解的是马基雅维利是一位哲人。在"导言"结尾处，施特劳斯提到，英国剧作家马洛（Christopher Marlowe）曾［在剧作《马耳他岛的犹太人》里让"马基雅维尔"（Machiavel）来讲述开场白］注意到马基雅维利的高贵，因为他认为马基雅维利讲了这句话，"我认为，唯一的恶是无知"。当施特劳斯在《自然权利与历史》里引用同一行时，他补充道，"这几乎是一个对哲人的定义。"① 这是苏格拉底格言"德性即知识"的推论。本书译者有理由选择将标题译成 Te—tsu—ga—ku—sha—Machiavelli—ni—tsu—i—te（论哲人马基雅维利）。在《君主论》和《论李维》的献词里，马基雅维利写道，他的知识是他最看重的财富；他声称，"对一切加以理性思考是非常好的"，并否认"以理性而不试图借助权威或暴力来捍卫观点"是某种缺陷，这几乎又是对哲人的一个定义（《论李维》1.18 和 58）。

---

① 参施特劳斯，《自然权利与历史》，前揭，页180。

施特劳斯眼中的马基雅维利不仅是一位政治哲人，也是一位思想囊括自然事物乃至一切事物的哲人（页12－13）。因此，施特劳斯从马基雅维利的著作中寻索出哲学和神学探究的传统主题，如良心、神意、灵魂不朽、物质的创造与永恒、神或诸神的存在、机运与偶然、宇宙论、目的论、自由意志与必然性（页31－32、218－220、248－250、298－315、326－351以及387－393）。作为一位哲人，施特劳斯笔下的马基雅维利不会对宗教的真理无动于衷，或者仅仅从其政治有用性的立场来评判宗教。施特劳斯本人认为，由于《圣经》以最纯净和最难调和的形式提出了道德和宗教要求，对《圣经》的分析必然是《论李维》的核心主题（页195）。

在讨论马基雅维利宗教批判的部分（页267－365），施特劳斯探究了哲人对待普通宗教和特殊基督教的立场，而这可能是他对此问题最完整的探究。〔马基雅维利在政治上反对教士统治（rule）的主要理由是，在本质上，它比其他统治形式更具僭主性质，因为它声称其命令源自神圣权威〕因此，马基雅维利对圣经教导的根本反对是因为圣经式上帝是一位僭主，他启示的命令并不基于理性而是权威（页283－290）。即便正如在他对基督教的政治评判中，他不能只哀叹基督教已使西方世界变得虚弱，而异教相反则培育了强大力量，他也不得不解释基督教对异教的胜利和对罗马帝国的征服，而这是他经常赞赏并视之为典范的事例（页283－287）。

在施特劳斯看来，尽管马基雅维利的宗教批判与古代和中世纪哲人（亚里士多德、德谟克利特、伊壁鸠鲁和阿威罗伊）的教导相容，他的原创性或现代性却在于其道德和政治学的教导（页 315—316、326、349、353—354 以及 366）。[①]马基雅维利与柏拉图和亚里士多德的古典政治哲学之间存在断裂，这最明显地表现在他质疑古典政治哲学的贵族偏见或前提，而这基于他对道德德性的破坏性分析（页 186、192、429—432、468—470）。

他从"人在根本上是不受保护的"推断出古典政治哲学设想的完善性是不可能的，因此人不应渴求超越人性（页 252、324—326）。古典政治哲学要求将道德德性作为最佳政制的目的，但马基雅维利视此为不可能之事，而且不过是幻想之物；与此不同，他接受最体面的国家所追求的目标：不是道德德性，而是在"非道德意义上"构想的公共善，亦即自由、法治、安全、财富与力量的增长、荣誉或帝国（页 406—408、473）。尽管施特劳斯强调马基雅维利的哲人地位，但施特劳斯总结认为，马基雅维利否认存在任何灵魂秩序和不同生活方式的等级体系，不像古典派那样基于"人的最高德性或完善性、哲人的生活或沉思生活"来分析道德—政治现象，也并未将政治共同体对哲学的开放或尊重程度视为其价值的最终标准（页 471—473）。

在施特劳斯看来，马基雅维利背离了古典派，是第一位具有如下信念的哲人：哲学与政治力量的偶合（coincidence；在柏拉图看来，这只能是机运的产物）能够通过宣传

[①] 另参施特劳斯，《什么是政治哲学》，前揭，页 31。

（propaganda）而实现，而宣传总能赢得大部分的民众，并因而将一个人的或少部分人的思想转化到公共意见或公共权力中（页264、475）。这并不是说公共意见总能与一个人或少数人（如马基雅维利及其追随者如培根、斯宾诺莎和卢梭那样的大哲）的哲学思想一致：这样的思想将仅仅"转变"到大众意见中（页194）。施特劳斯认为，在这点上，马基雅维利最重要的典范并不是先前任何一位哲人，而是基督教"仅仅以和平的方式宣传其新模式和秩序"对罗马帝国的征服（页259—264）。在《什么是政治哲学》里，施特劳斯解释了马基雅维利与整个政治哲学传统的断裂，他将宣传或精神战争的概念看成是"马基雅维利唯一从基督教那里继承的内容"及"其思想与基督教的唯一关联"。基督教宣传的胜利甚至可能使得马基雅维利进一步相信人具有相当大的可塑性。这或许并不必然，但施特劳斯声称，"此前没有任何一位哲人有过这种想法，即通过发展出某种具体战略和策略，来保证其教导在死后的成功"，此前的哲人从未梦想过通过从事一场宣传战争而"在大体上控制人类思想的未来命运"。马基雅维利本人似乎并未想过他能保证这样的成功：事实上，他的思考和写作有着如下愿景，即他或许在准备"一场将在不久的未来实现的转变"，但"他的计划也可能会彻底失败"。① 然而，按照施特劳斯所述，马基雅维利及其追随者已经神奇地完成了说服：现代西方指望制度而非道德品质，

---

① 参施特劳斯，《什么是政治哲学》，前揭，页36。

《关于马基雅维利的思考》日文版前言

不再将政治目标指向道德德性或人的完善。

施特劳斯的《关于马基雅维利的思考》勾勒了在马基雅维利的军事战略和策略分析中隐藏和透露的精神战争的战略与策略。为了说服少数读者接纳其哲学观点，同时感化多数人赞同其计划，马基雅维利不得不使用一种双重的写作技艺（页174）。在诸种文学手法中，马基雅维利使用了意味深长的缄默、故意的笔误、自相矛盾、引人误解的章节标题、反语、戏仿、借言（mouthpiece）、多样重复、不合适或虚构的例证、离题话、含糊语词以及有深意的章节序号（页28－64）。最明显的是，他常常先给出一个含有公认意见的陈述，随后说"虽然如此"并重新作出一个与这些意见多少有些不同的陈述（页47－50、365）。他迫使细心的读者自己进行思考（页38）。他遵循自己赞同的先进行分裂然后实行征服的策略：他呼吁道德而虔诚的人反对一个败坏的教士；他呼吁爱国者和共和主义者反对道德主义者；他呼吁追古慕古典者反对基督徒（页47、172－174、194、259－261）。

施特劳斯眼中的马基雅维利并不等同于古典共和主义者，后者在流行的学术观点中的形象是公民德性的拥护者。施特劳斯眼中的马基雅维利的确以共和德性（理解为手段而非目的，是实现公共善需要的品质）取代了古典派要求的道德德性或正义，并视之为公民社会的目的（页406－408）。马基雅维利将这些品质划分为对民众要求的善和对统治者以及某程度上对军队要求的德性（页421－423）。与道德德性不同，共和德性愿意用一切手段去实现这一目的，不问道德

243

上的善和正义与否，不仅对付异邦人，甚至与无罪的兄弟反目，乃至反对大众自身（页412－413）。与公民人文主义的解释对公共善大加赞扬不同，这种共和德性不是个人利益向公共善的无私服从；向公共善的这种奉献至多是民众希望在统治者身上看到的表象（页419－421）。这种共和德性服务的公共善甚至不是一种真正的公共善，而仅仅是大众的善，而这不仅需要牺牲道德德性、少数人的善，乃至节俭的共和德性，并允许财富的增长和与之相伴的堕落（页413－417）。马基雅维利给出的建议针对所有为私利而行动的人，因为人依据自然是自私的，只考虑自己的福利，而唯一的自然善是私人善（页438、446－448）。这种自私能被塑造以服务于共同生活的种种需要，但它始终是自私；每个人关心共同体的福利只是因为他自己的福利依赖于此。政治技艺仅仅引导种种自利的激情，包括对荣誉的渴望，使得它们无法满足，除非有助于公共善。施特劳斯总结道，马基雅维利著作单刀直入的实际意图是"表明有必要考虑统治者与被统治者种种自私欲望，因为它们是政治学唯一的自然基础"（页398－399、448－451）。

与仅仅把《论李维》视作与共和政体有关的论者不同，施特劳斯认为《论李维》和《君主论》都与共和政体有关（页9、451）。然而，施特劳斯注意到，对马基雅维利而言，由于善恶相随，因此就连最好的共和国也有特殊的缺陷；这意味着（君主治下的）诸侯国（principalities）具有某种优越性（页423）。君主共和国（imperial republics）对属国的压迫比普通君主更严苛，而共和国对于每种意见的表达与捍卫给予更少的自由（页424）。因此，马基雅维利在《论李维》中甚至对可能破坏共和政体的潜在（would－be）君主或僭主作出建议。共和政体并不总是可能的，无论在开端还是当民众被败坏之际：皇权要使民众适应共和政体的自由（页424－426）。尽管君主只考虑自身福利而非公共善本身，他们的动机与共和政体的优秀统治阶层的动机并无本质差别（页428－432）。

在马基雅维利看来，在某些情况下，支持僭政对民众而言甚或更好（页432－433）。建立并长久维持君主国的僭主将被铭记为君主，因此一位信仰共和的共和政体建立者与一位自私的僭政建立者之间并无本质差别（页434－436）。对马基雅维利而言，由于共和政体的运作以集体自私为基础，没有人在根本上谴责僭政道德低下；由于压迫或不义与政治共同体如影随形，最佳的共和政体与最差的僭政间只存在程度上的差别，尽管这个差别很重要。马基雅维利甚至愿意向原本正直之人暗示僭政的想法（页438－446）。对所有人而言，唯一无条件的公共善是真理（页452－455）。施特劳斯笔下的马基雅维利不只是共和主义自由的拥护者，也不单单是教导僭政的邪恶教师，而最重要的是，他是哲人马基雅维利。

四 理论与实践

《我们能够从政治理论中学到什么?》导言

曾俣璇 译

施特劳斯于一九四二年七月十七日在新学院（the New School）暑期课程的综合研讨会上作了报告，为此，他写下了《我们能够从政治理论中学到什么?》（"*What Can We Learn From Political Theory?*"）。① 课程的主题是"与当前时局相关的社会科学和政治行动"。② 施特劳斯的讲座包含了可能是他对政治哲学和政治行动的关系所作的最全面的说明，并且他还罕见地说明了，在当前时局中，什么是他所认为的合理的政治行动。讲稿显然经过了慎重考虑、组织和修改，即便施特劳斯无意将它出版。他也许对其中一些改进了

---

① 施特劳斯，《我们能够从政治理论中学到什么》，何祥迪译，收于刘小枫选编，《西方民主与文明危机》，前揭，页55—74。
② 以下是讲座的时间表：七月十日，所罗门（Albert Solomon），《学者的任务》；七月十七日，施特劳斯，《我们能够从政治理论中学到什么?》；七月二十四日，胡拉（Erich Hula），《规划世界秩序》；七月三十一日，洛维（Adolph Lowe），《我们能从英国对大战作出的努力中学到什么?》；八月七日，费勒（Arthur Feiler），《复员问题》；八月十四日，考夫曼（Felix Kaufmann）和施雷克（Paul Schrecker），《社会科学中的问题》。

的观点进行了重新思考，或者他只是选择从另一个角度使他的文辞更加具体。

理论和实践的关系问题，尤其是政治哲学——即施特劳斯所说的古典政治哲学——和政治行动的问题，仅仅偶见于《自然权利与历史》(*Natural Right and History*)。该书的导言指出，拒斥自然权利似乎会导致"灾难性的后果"，而当代社会科学对自然权利的拒斥将导向虚无主义（页3—5），但该书并没有许诺，对自然权利的重新发现将为政治行动提供积极具体的指引。在第一章"自然权利论与历史方法"的结尾（页35），施特劳斯感叹道，在现代，"哲学本身完全地政治化了"，它已经变成了一个武器和一个工具。[①] 他将其与哲学原初的特征——"人类对于永恒秩序的追求"与"人类灵感和激情的一个纯粹的源泉"——进行了对比。这种对比没有回答，在被现代政治化之前，哲学确实使政治实践人性化，让它更人道，抑或仅仅让哲学的实践者与那些受其影响的人成为更完满的人。在第四章《古典自然权利论》中，施特劳斯甚至将审慎（prudence）等同于服从上帝统治的宇宙法，而非人类统治的任何现实政治共同体中的智慧的政治行动（页152）。

人们本不该草率地从这种奇怪的说明中得出结论，然

[①] 他在此处暗指邦达（Julien Benda）的 La Trahison des clercs (1927)，该书在一九二八年被译成英文，译作《知识分子的叛国》（*The Treason of the Intellectuals*）。［译按］《自然权利与历史》的中译文皆引自列奥·施特劳斯著，《自然权利与历史》，前揭。

而,《自然权利与历史》的论述使哲学或古典自然权利无关于审慎的政治行动。在关于古典自然权利的章节末尾,施特劳斯将以下观点归于柏拉图和亚里士多德:"(世界上)存在着一种普遍有效的诸目的的等级制,但是却不存在普遍有效的行动规则"。因此,在决定"此时此地"该做什么时,一个人不仅必须考虑哪一个目的"等级更高,而且还要考虑在此情此景下哪一个更为紧迫"(页164)。因此看起来,理论或哲学提供诸目的的等级制,但那"不足以指引我们的行动",我们的行动必须依赖在特定的情形下对紧迫性的审慎判断(页245)。① 这一章的结尾暗示,古典派与孟德斯鸠有着共同的关注,即关注保持治邦术(statesmanship)的自由度,使其不受预设的普遍规则的过度妨害(页246)。

在《自然权利与历史》的结尾处,施特劳斯回到了理论和实践或审慎的关系问题上。他提醒道,如果有人将所有的理论理解为在本质上是服务于实践的,理论和实践的区分将变得含混。虽然科学可能关注"真理本身,而不在意它所带来的功利"(页263),但政治理论不仅关注对现实之物的理解,也关注"对应然之物的寻求",它"在理论上是实践性的(亦即第二等的深思熟虑)"(页326)。我认为这段晦涩的文字与他归于古典作品(classics)的那种理论相关,古典作品阐述了诸目的的等级制,而行动的实践指引则交给审慎。然而施特劳斯强调,无论多么悖谬,没有了真正的理论

---

① [译按]原文括号中为页162,恐有误。

（theoria），我们就无法看清审慎。真正的实践需要这样的可能性："存在这样一种人生，它有着有意义的和未经决定的未来。"这种可能性遭到了历史主义的否定，且否定了理论的可能性（页326—327）。

既然施特劳斯应暑期研讨会的主题要求，在写这篇讲稿时着眼于当时的局势，那么提醒我们自己注意这一点也许会有所帮助：他在构思这篇讲稿时，同盟国一点也不确定会在二战中取胜。轴心国的军队正继续深入苏联和北非，日本在亚洲的获利仍然盖过了美国近来在中途岛的胜利。

在《我们能够从政治理论中学到什么》的开头，施特劳斯明确说道，这个标题至少在某种程度上是被指定的，而不是他自己选的。他更愿意谈论政治哲学而非政治理论。政治理论这一说法暗中否定了对诸科学的传统区分，根据这一区分，政治科学是实践性的而非理论性的，相反，政治理论的说法暗示所有科学都最终是实践性的，或纯理论是合理政治行动的基础和最安全的指引。[①] 因此，施特劳斯在语词上的偏好直接指向政治哲学的实践影响（bearing）这一问题。因为在施特劳斯看来，根据暑期课程的总题，"我们能从政治哲学中学到什么？"这一问题意味着我们能从可为指导政治行动而服务的政治哲学中学到什么。

施特劳斯给政治哲学所下定义会引人期待政治哲学为政

[①] 关于对诸科学的传统的（亚里士多德式的）区分及其反对派的影响，对比《古今自由主义》，前揭，页239—240。

治实践提供指引,此定义为:

> 具有政治头脑的人对政治生活本质的连贯思考,以及他们的这一意图,即在这种思考的基础上,建立判断政治制度和行为的正确标准……去发现这种政治真理。①

在其预备性陈述的结尾,施特劳斯区分了政治哲学和政治思想,后者与人类同样古老。②

施特劳斯的这场讲座有着刻意而为的经院哲学式的结构,十分引人注目。就像在阿奎那(Aquinas)的《神学大全》(*Summa Theologica*)那样,施特劳斯首先给出了否定的观点(即我们不能从政治哲学中学到任何东西),接着是一个来自"权威"(柏拉图)的"相反的"观点,然后是肯定的观点(我们能从古典政治哲学中学到什么)。

施特劳斯认为否定的观点基于三个理由:第一,有许多相互矛盾的政治哲学家,所以政治哲学至多是关于难题或疑问的明确知识,而非关于办法和答案的明确知识,因此它不能安全地指导行动;第二,合理的政治行动需要的是实践智

---

① 施特劳斯,《我们能够从政治理论中学到什么》,前揭,页 56—57。这一定义应对比于《什么是政治哲学》,前揭,页 1—3,80—81。《论古典政治哲学》("*On Classical Political Philosophy*",前揭,页 75)中的段落也暗示,古典政治哲学主要关注的不是对政治生活的理解,而是对它的正确引导。
② 施特劳斯在《什么是政治哲学》("*What Is Political Philosophy?*",前揭,页 3—4)中更全面地表述了这一区分。

慧，一种对处境的精明估算，而不是政治哲学；第三，政治哲学是无法起效的，它仅仅反思政治实践而非指导政治实践，因为所有重要的政治意见都来自政治家、律师和先知，而不是政治哲学家。

对于第二个理由——指导行动所需的是实践智慧而不是政治哲学，施特劳斯做出以下断言：

> 我根本不怀疑，要设计出明智的国际政策完全有可能，丝毫不用求助于政治哲学。但要洞晓如下情况显而易见的本质，人们并不需要一门特别的政治哲学课：比如，这场战争必须获胜；战胜之后，能确保较长和平时期的唯一保证是，盎格鲁－撒克逊和俄国（Anglo Saxon Russian）签订一条友好协约；盎格鲁－撒克逊民族和其他民族关注的或依赖的是，盎格鲁－撒克逊要保持优势，务必不能解除武装或放松戒备；而你将武器扔出窗外，并不能避免首位见到的强盗拿起来使用的危险；全世界公民自由的存在取决于盎格鲁－撒克逊的优势。实际上，奉行截然不同的政治哲学的人们，得出了这些相同的结论。①

在首先描述了否定的观点后，施特劳斯接着以很好的学

---

① 施特劳斯，《我们能够从政治理论中学到什么》，前揭，页59。

院派风格展示了"来自权威"的一种观点:"相当一小部分智力超群之人坚信,政治哲学是公民社会的正确秩序之必要条件。"他援引"这些人中最超群的和最著名的那些"所言:"恶不会从城中隐退,除非哲人成为王或者王成为哲人",这当然指的是柏拉图的《王制》(*The Republic*)。他接着援引帕斯卡尔(Pascal)的理论:对柏拉图和亚里士多德来说,政治哲学的效用在于,它在尽可能地减小疯狂的统治者所造成的伤害方面具有一些实际用途。

在讲座的第三部分,也是最长的和最后的部分,施特劳斯对政治哲学的实际效用表达了肯定的观点,这种政治哲学最终呈现为古典政治哲学。这种肯定的观点最终不是呈现为对否定观点的反驳,而是对它的修正。它承认前两个否定理由是有力的,即政治哲学是关于问题而非关于办法的知识以及常识或实践智慧,非政治哲学才是合理的政治行动的向导。因此,施特劳斯讲座的经院派形式表明了,在理论与实践或者说政治哲学与政治行动的关系上,他的观点有何特征:在他看来,政治哲学和政治行动的关联就在于对政治哲学与审慎的作用的看法,这些看法与否认政治哲学与政治行动有关的观点有着同样的基础。然而,施特劳斯补充道,虽然审慎的政治家不需要政治哲学就发现了合理的政治行动,但当这种行动受到错误的政治教诲的质疑时,需要政治哲学来捍卫它。[1] 这也许关系到施特劳斯在《自然权利与历史》的结尾处将政治哲学称为"第二等的深思熟虑"是何意谓（页326）。

施特劳斯在阐述政治哲学的作用时，涉及他在否定部分所描述的那种明智的国际政策，要得出这种政策，无须依靠政治哲学。他是这样重述这种政策的：

> 如果人类自身没有先变好，人类的关系就不会变好，因而，如果能为持续两代以上的人奠定和平，这确实会是一项丰功伟绩，那么，问题就不在于选择帝国主义，还是选择消灭帝国主义，而在于选择那（the）可忍受且正派盎格鲁—撒克逊型的帝国主义，还是选择那（the）不可忍受且不正派的轴心型帝国主义。[2]

施特劳斯在这里似乎是说，既然人类不会变好，我们就不能指望国际关系会简单地变好，而必须接受宽容正派的帝

---

[1] 参施特劳斯，《古今自由主义》，前揭，页240。在《城邦与人》关于亚里士多德《政治学》（Politics）的章节中，施特劳斯首先断言，审慎所统治的领域，由仅对贤人来说才是自明的原则所封闭，明了审慎的目的不需要依靠理论科学（页25），但他随后承认，通过理论科学可以真正了解人的自然目的（页26），而且实践领域并非无条件地接近于理论科学（页28）。然而，这一讨论是在亚里士多德式的框架中进行的，这种框架认为理论是指物理学和形而上学，而不是政治哲学。施特劳斯将这种观点与柏拉图和亚里士多德的观点进行对比，后两者的观点认为"审慎的哲学是永远不可能完美地考虑一个人自身之好"（页29）。

[2] 施特劳斯，《我们能够从政治理论中学到什么》，前揭，页61。

国主义（也许指不列颠帝国或美国对菲律宾的管治）。出于同一理由，他的第一个陈述就要求武装警戒，甚至要求由英国和美国占据权力优势，以维持战后世界范围内的公民自由。①

施特劳斯提到，这一政策不仅遭到那些逃避"一种正派领导权"负担的人的攻击，也遭到了"极其宽宏的政治思想家"的攻击，这些思想家对人类天性抱有乌托邦式的想法，这些想法使权力变得无关紧要，使领导权变得可有可无。（这种特定的危险在施特劳斯接下来关于古今乌托邦理论的对比中得到了更详尽的解释。）这种不需要借助政治哲学就能得出的审慎的政策，需要"一种真正的政治哲学，提醒我们注意人类的全部期望与祝愿所具有的限度"，以抵抗那种乌托邦式的幻想。施特劳斯进一步阐明了政治哲学在保护审慎不受错误教导时所起的作用，他断言："如果智术师没有破坏政治生活的基本原则，也许柏拉图就不会迫不得已去构造他的《王制》了。"（我认为这非凡的论述指的是《王制》中对政治正义的辩护，而不是对哲学生活的辩护。）同样地，施特劳斯认为，如果政治哲学家没有启蒙公众意见，说服人们相信自己没有宗教或道德上的责任去反抗异教政府，那么在十六和十七世纪，由开明的政治家开创的宗教宽容政策就

---

① 笔者在《真正的施特劳斯将愿意站起来吗？》中讨论过施特劳斯展示这些政策可能具有的一些当代含义，Cf. *Will the Real Leo Strauss Please Stand Up?*", in The American Interest 2. 1, September/October 2006, pp. 120—128.

不会被接受。(不一定是这样，但必须注意到施特劳斯在这里将宗教宽容描述为一种开明的政策。)

虽然施特劳斯的肯定观点承认并修正了第二种否定观点，即明智的政策来自实践智慧而不是政治哲学，他的肯定观点拒绝了第三种否定的主张，即所有重要的政治概念都是政治人的作品，而不是哲学家的。一个基础的政治概念——自然法或自然权利的概念，就源自哲学。自然权利是古典政治哲学家们评判所有现实政治秩序的标准，是他们进行改革和改进的指引。与自然权利比起来，所有现实的秩序都是不完美的。① 这种对比就是施特劳斯在这里所说的柏拉图和亚里士多德的政治哲学中"合理的乌托邦理论"。他们不相信完美的条件可由政治行动实现。施特劳斯承认，要看出丘吉尔的方法之稳健，我们不需要从政治哲学传统中学习任何东西，他补充说道，"要是没有目前讨论的这个传统的影响，丘吉尔的政策要去捍卫的事业就不会存在"。② 若没有政治哲学的传统和自然法的概念，保护公民自由的自由民主政策将是不可想象的。

在《我们能够从政治理论中学到什么》中，施特劳斯为他在《自然权利与历史》中所作的一个著名宣言埋下了伏笔，他认为，在以新的现代乌托邦理论取代传统的乌托邦理论上，马基雅维利是一个重大的转折点。更广义上说，古代

---

① 参施特劳斯，《自然权利与历史》，前揭，页14、153。
② 施特劳斯，《我们能够从政治理论中学到什么》，前揭，页71。

和现代乌托邦理论间的对比预设了主导该作品的古代或现代政治哲学之间的对比,虽然这两种对比各有侧重。施特劳斯在此处认为,现代乌托邦理论降低了行为的标准以保证行为的实现,但在这里他没有将这种尝试归因于马基雅维利本人,而是归因于对其教诲的一种回应,这种回应导致了"一种在马基雅维利主义和传统之间的妥协"。[1] 现代乌托邦理论将德性降为开明的自利,并最终假定启蒙将会逐渐使暴力的使用成为多余。施特劳斯对比了现代乌托邦理论的假定与从前的哲学家们的观点,前者认为,如果所有人都关注提高自己的生活水平,社会和谐就会随之而来,而后者认为,只有当所有人都能够满足于真正的必需品,开明的自利才会导向社会和谐。

施特劳斯与现代乌托邦理论进行争论基于几点理由。呼吁开明的自利削弱了促使人们自我牺牲的道德品格。此外,开明的自利与至少某部分人对权力、优先权和支配权的欲求相矛盾。现代乌托邦理论忘记了恶的存在,好像"所有的邪恶、污秽、恶毒和攻击都源于"需要,都可以通过满足人们的需要来治愈。[2] 因此,施特劳斯拒斥经济主义,无论是它

---

[1] 在这里,施特劳斯写的是降低行为标准,而后来,他写的是现代性降低了目标。在这篇演讲中,他本人在某种意义上更主张的是降低目标(的说法),例如,不以废除战争或帝国主义为目标。

[2] Cf. Strauss, *The City and Man*, pp. 5:"任何流血的或不流血的社会变革都无法根除人们之间的邪恶:只要有人,就会有恶意、嫉妒和仇恨。"类似地,施特劳斯在《什么是政治哲学》中写道,古典政治哲学"摆脱了所有的狂热主义,因为它知道邪恶无法根除,因此人对政治的期望必须适度"(页19)。

的自由形式还是它的马克思主义形式。他认为经济主义与现代乌托邦理论是分不开的。他预测道:"在马克思主义衰落后,国家的衰落在长时间内仍将是一个关于虔诚或不虔诚的希望的问题。"施特劳斯总结说,古代哲学家坚持认为理想的实现与机遇有关,或者神学家坚持认为天意是神秘莫测的,这些都比现代乌托邦预设理想的实现是必然的要更现实。

施特劳斯概述了政治哲学的历史,强调古典与现代之间的对比,使他能够回应此前被忽略的第一个否定观点,即有如此多相互矛盾的政治哲学,以至于我们不能从其中的哪一个中学到任何东西。与此相反,施特劳斯的概述意在说明,存在一种单一的政治哲学传统:

> 其拥护者认同苏格拉底、柏拉图和亚里士多德创立的基本原则和传统,在怜悯和谦卑这些圣经德性的影响下,这个传统有所转变,但未断裂,而且就基本原则来说,它仍为我们提供最需要的指导。①

然而,现代性的"虚假乌托邦理论"危及这种指引,它"让我们低估了产生正派和人道的那一缘由所面临的并将一直面临的危险"。他总结说:"看起来,政治哲学今天最首要的任务就是抵抗这种现代乌托邦理论。"

---

① 施特劳斯,《我们能够从政治理论中学到什么》,前揭,页71。

虽然施特劳斯判断，在他所处的时代，现代乌托邦理论是对审慎的政治实践最首要的威胁，政治哲学必须抵抗它，但他也指出，"所有的时代"都需要政治哲学，需要它来教育我们：要保护在自由的国家里习以为常的最低程度的正派、人道和正义是何等困难，不要对未来抱有太多的期待。政治哲学既防止我们得意地认为我们自己的社会是完美的，又防止我们鲁莽地幻想我们正在实现一个未来的完美社会。常识不能抵御危险，反而需要政治哲学的支持。

施特劳斯没有在这次演讲中确切地说明，政治哲学是如何知道这些事情的：比如恶的存在和持续存在；所有人类制度的最终衰败；权力的持续重要性；正派、人道和正义的不稳定性；不可能永久废除战争以及人类进步的绝对限度。他也没有解释，政治哲学是通过什么方式知道了这些，这一方式不同于常识、经验和历史所用的方式。看起来它似乎是从关于人类天性的知识中，即从关于自然和本性的知识的一部分中（得来的）。施特劳斯暗示，此类洞见源于"哲学地，比如从永恒的视角（sub specie aeternitatis）"观看政治事务，看到相对于整全来说，政治事务是"本质上有朽的"，它们包含着其最终毁灭的萌芽，因此无法维持我们所有的意愿、希望、信仰和爱。①

---

① 施特劳斯没有明确回应第一个否定观点中的那一部分，它强调哲学至多是关于问题而非办法的明确知识。值得注意的是，在后来施特劳斯本人也作出了这样的说明，例如施特劳斯，《自然权力与历史》，前揭，页126，以及施特劳斯，《什么是政治哲学》，前揭，页2、29、104。

施特劳斯坚持认为,在哲学上承认这些限度并不是悲观。他问道:"即便我们很肯定地知道,我们注定要死去,我们就不再生活,不再合理地愉快生活,不再尽我们所能了吗?"讲座的结尾说道,哲学家们劝告我们爱命运,《圣经》向我们承诺上帝的仁慈,而肉体却想要一个不可能的"人为的终极和平与幸福"。理性和启示的问题只是偶见于《自然权利与历史》,[①]它出现在讲座的最后一句话中:"我们必须在哲学和《圣经》中作选择。"

[①] 在关于韦伯(Weber)和洛克(Locke)的章节中(页 75—77 和页 206—005)最明显。

施特劳斯：论理论与实践之关系

陈淑仪　译

1942年7月17日，纽约社会研究新学院举办了夏季课程研讨会，会议主题为"社会科学与政治行动——两者与当今局势的关系"。① 会上，施特劳斯发表演讲《我们能从政治理论中学到什么》（"What can we learn from political theory?"）他充分论述了政治哲学与政治行动（political action）之间的关系，极为难得地阐发了他之所想，即在当时的局势下，什么才是明智的政治行为。施特劳斯的演讲法度严谨，文辞优美，但他并没有公开演讲稿，也许是想再斟

---

① 研讨会演讲安排表如下：7月10日，艾伯特·所罗门（Albert Solomon）：《学者的任务》（"The Task of the Scholar"）；7月17日，列奥·施特劳斯：《我们能从政治理论中学到什么?》；7月24日，埃里希·胡拉（Erich Hula）：《设计世界秩序》（"Planning for World Order"）；7月31日，阿道夫·洛（Adolph Lowe）：《英国战备的启示》（"What can We Learn from the British War Effort?"）；8月7日，亚瑟·费勒（Authur Feiler）：《复员问题》（"The Problem of Demobilization"）；8月14日，费利克斯·考夫曼（Felix Kaufmann）和保尔·施雷克（Paul Schrecker）：《社会科学问题》（"Problems in Social Science"）。

酌某些意见，或者精炼文辞。

理论和实践之间的关系如何，尤其是政治哲学（施特劳斯在此特指古典政治哲学）与政治行动之间的关系如何，关于这个问题，施特劳斯在著作《自然权利与历史》（*Natural Right and History*）中仅偶尔提及。在《自然权利与历史》的导论部分，他消极地认为，拒斥自然权利似乎会导致"灾难性的后果"，当代社会科学对自然权利论的拒斥通向的是虚无主义（3—5），[①] 不过恢复自然权利也不定然为政治行动提供积极具体的指导。在第一章《自然权利论与历史方法》（"*Natural Right and the Historical Approach*"）的结尾处（页35），施特劳斯痛陈在现代性中"哲学本身完全地政治化了"，最终变成了武器和工具。[②] 这正与哲学原初的特性相反，哲学本是"人类对于永恒秩序的探求"，是"人类灵感和激情的一个纯粹的源泉"。若将现代政治化的哲学与原初的哲学两相对比，则留下了一个问题：在哲学现代政治化之前，哲学是否已经影响了政治实践，让政治实践更具人道精神，抑或只是让哲学的践行者、受到哲学思想影响的人变得具有更完满的人性。在第四章《古典自然权利论》（"*Classic Natural Right*"）中，施特劳斯认为，服从上帝统治下的宇宙之法，就是审慎（prudence）；人类统治下的政治群体中出

---

① ［译注］引文部分参施特劳斯，《自然权利和历史》，前揭。下文相关引文亦参考此版译文。
② 此处，他指的是班达（Julien Benda）的《知识分子的背叛》（*La Trahison des clercs*；1927）。此书英文译本 *The Treason of the Intellectuals* 于1928年面世。

现的明智的政治行动则不是审慎（prudence；页152）。

这段话虽然偏激，但不能就此草率地认为《自然权利和历史》将哲学与古典派所说的自然权利这两者与审慎的政治行动分割开。在第四章末尾，施特劳斯写道，柏拉图和亚里士多德都认为"存在着一种普遍有效的诸目的的等级制，但是却不存在普遍有效的行动规则"。这就导致人们在决定"此时此地"该做什么的时候，除了要考虑哪件事的目的"等级更高，而且还要考虑在此情此景下哪一个更为紧迫"（页164）。理论或者哲学仿佛能够给出一个诸目的的等级制，但它"不足以指引我们的行动"，因为在特定情形下，人们必须凭借审慎（prudence）判断谁更紧迫（页164）。在此章末尾，施特劳斯暗指孟德斯鸠认同古典派的忧思，都认为要维护统治者施展能力的自由，不让其受到所谓的普遍规则的过度束缚。

在《自然权利与历史》的结尾处，施特劳斯又回到了"理论"与"实践"［或说"理论"与"审慎（prudence）"］两者关系的问题上。他提醒我们注意，如果将所有理论看作为实践而服务的，那么理论和实践之间的差别也随之抹消了。尽管科学关注的是"真理本身，而不在意它所能带来的功利"（页263），但是政治理论关注的不仅是对现实之物的认识，也有"对应然之物的探求"，并且"在理论上是实践性的"（亦即，第二等的深思熟虑；页326）。我认为这个晦涩的论断指的正是他之前的看法，即古典派悉心建构了诸目的的等级制，而审慎（prudence）成为人们行动的实践指导。

265

施特劳斯认为若无真正的理论（theoria）（页 327），人们也无法看清审慎（prudence）。尽管有自我矛盾之处，施特劳斯仍坚持这种观点。真正的实践有可能通向"有意义和未经决定的将来"的人生，然而历史主义否认了这一可能性，也否认了真正实践之可能性（页 316—317）。

施特劳斯应夏季课程研讨会之邀，围绕主题"社会科学与政治行动——两者与当今局势的关系"写下了这篇关于当代局势的演讲稿。读到这份文本，我们可能想起这份稿子创作的时间。当时正值第二次世界大战，同盟国胜利无望，轴心国的军队正向苏联、北非挺进；美军赢得了中途岛战役，但胜利的光辉很快就在日军对亚洲的攫掠中黯然失色。

这份演讲稿的题目名为《我们能从政治理论中学到什么?》，文章开篇明义，作者自陈文章标题并非出自其本意，而是研讨会指定的。施特劳斯喜欢用的术语是政治哲学（philosophy），不是政治理论（theory），因为使用术语政治理论意味着否认了科学学科传统的划分方法。根据传统的划分方法，政治科学是实践性的，不是理论性的，政治理论则预设了所有的科学学科最终都是实践性的，纯粹的理论则成了明智的政治实践之基础，成了实践活动最为可靠的指导方法。① 由此可见，术语"政治哲学"直接凸显了其实践特性问题。所以施特劳斯讲的是"政治哲学有何启示?"，思考以

---

① 关于对各科学学科的传统分法（亚里士多德式的）以及否定这种分法的含义，请参施特劳斯，《古今自由主义》，前揭，页 239—240。

·施特劳斯：论理论与实践之关系·

指导政治行动（to guide political action）为目的的政治哲学给我们的启发——正合乎研讨会的主旨。

施特劳斯给政治哲学下了一个定义：

> 掌握了政治思维的人对政治生活的本质不懈地反思，并且试着以这一反思为基础制定关于政治机构和政治行动的正当标准……（政治哲学就是）去找寻这种政治本性（the political truth）的尝试。①

这个定义不由地让人认为政治哲学是为政治实践提供指导的。在演讲开场白结束时，施特劳斯辩明了政治哲学与政治思想（thought）的区别。从人类诞生之初，就产生了政治思想。②

《我们能从政治理论中学到什么？》是一场优秀的经院哲学式演讲。施特劳斯仿照阿奎纳的《神学大全》的行文结构，采用先抑后扬的手法，首先陈述反面论点［即政治哲学教不了我们什么（learn nothing）］，然后援引"权威"（柏拉图）的驳斥意见，呈上正面观点［即我们能够（can）从古代政治哲学中学到的东西］。

以下三点为反面论点之论据：1）存在许多自相矛盾的

---

① 试将此定义与《什么是政治哲学》中的相关定义相比较。参施特劳斯，《什么是政治哲学》，前揭，页 1－3、页 80－81。在第一章《古典政治哲学》中……［译注］此处注释原文缺。
② 参施特劳斯，《什么是政治哲学》，前揭，页 12－13。

267

政治哲学，所以政治哲学只不过是关于某种问题或者疑问的确定知识，并不是解决方案或者答案，也不可能为行动提供可靠的指导；2）明智的政治行动需要的是实践的智慧以及准确的形势判断力，不需要政治哲学；3）所有重要的政治观念（political idea）不是由政治哲学家提出的，而是由政治家、律师和理论先锋提出的，所以政治哲学只能反思政治实践，而不能指导政治实践，因此它没有效用。

针对第二个反面论点，即指导政治行动需要的是实践智慧而非政治哲学，施特劳斯说道，

> 我深信，谋深远计纵横之策无需借助政治哲学；此仗只许赢；战后若要长久和平，则英俄之间需以真诚相待，以真心建交，方为保证；英国各民族及其他依赖英国优势武力的盟友，仍须不解甲不放松，武装警惕，利器紧执在握，以避旁落之险，世界民权存亡尽在此举——此中种种局势，不必学习政治哲学都能懂得。政治哲学种类虽殊，其质同一。

施特劳斯遵循经院哲学的传统，引用"权威（authority）"之言展开了第一个反面论证："许多智性上佳的人认为政治哲学是维持正当的文明社会秩序之必不可少的条件。"他引用道："其中最明智、最出名的人认为，在城邦中，只有当哲人成为王，或者王成为哲人的时候，恶才会消

失。"这句话指的是柏拉图的《王制》的观点。接着,他引用帕斯卡的观点,大意为对柏拉图和亚里士多德而言,政治哲学具有一定的实践意义,能够减少疯癫之人的统治危害。

第三部分是演讲中篇幅最长的最后部分,在此,施特劳斯做正面论证,补充并修正了政治哲学无用论,进一步肯定了古典(classical)政治哲学的实践功能。他首先承认,政治哲学是关于问题的知识,不是关于答案的知识;政治哲学不是明智的政治行动的指导,常识和政治智性才是。然后,施特劳斯以经院哲学的方式提出了他即将论证的内容:理论与实践之关系,或说政治哲学与政治行动之关系。施特劳斯再次从政治哲学的范围和审慎(prudence)的作用出发,以论证二者间无关联性的方式来论证政治哲学与政治行动实具关联性。他加上了这么一条:尽管审慎的政治家无需政治哲学也能认识何为明智的政治行动,但是,当明智的政治行动与错误的政治教育冲突时,政治哲学则为前者提供支撑。[1] 这和他在《自然权利与历史》一书结尾处提到的观点"第二次深思熟虑"(页 326)类似。

---

[1] 请参施特劳斯,《古今自由主义》,前揭,页 240。在施特劳斯《城邦与人》的文章《论亚里士多德的〈政治学〉》(*On Aristotle's Politics*)中,施特劳斯首次表示,审慎统治的领域受某些原则的约束,而这些原则仅对绅士显现,且其最终结果与理论科学无关(页 25)。但施特劳斯也承认凭借理论科学可以真正地通晓人的自然目的(页 26),不过实践领域并非完全排斥理论科学的(页 28)。对这一问题的讨论,是在亚里士多德的框架内进行的,亚里士多德认为,理论比政治哲学更近物之理,更近形而上。在此,施特劳斯对观柏拉图和亚里士多德的观点,认为"哲学,或说审慎,是对人之善的未完成的关注"(页 29)。

政治哲学有何作用？施特劳斯仿照前面反面论证的部分（"谋深远纵横之策无需借助政治哲学"）阐释了政治哲学的功用。他重新论证道：

> ……若人类自身不先为善，则人类之关系不为善。若能为两代和平创立坚实基础，实为伟业。创此伟业，不在帝国主义废止与否，而在选择宽容有度的帝国主义如英国者，抑或狭隘无度的帝国主义如轴心国者此二者中。

由此可见，施特劳斯认为如果人类不能（not going to）向善，那么国家之间的建交也不能向着纯粹的善，因此必须选择宽容有度的帝国主义制度。（可能类似于战后续存的大英帝国和庸俗中产统治的美国）正是出于这个原因，施特劳斯在第一个反面论述中提到，维护战后的世界民权有赖英美两国保持武装警惕，增加优势武力。①

但是施特劳斯指出这个政策遭遇了多方抨击。反对者不仅有逃避"有度的霸权"之人，还有"极度宽容的政治思想家"，后者不切实际地认为人之本性中没有权利欲望，霸权无关紧要（这种观点尤为危险。就此，施特劳斯比较了古今

---

① 关于施特劳斯对这些政策的解读，我讨论了几点可能的当代含义。参拙作《真正的施特劳斯会站起来吗？》Cf. Nathan Tarcov, "Will the Real Leo Strauss Please Stand Up？", in The American Interest, II: 1, 9/10, 2006, pp. 120—128.

乌托邦主义之异同，以做详述）。如果在制定上文所述的审慎政策时没有借助政治哲学之力，那么就要用"真正的政治哲学"保护它不受乌托邦幻想的影响。因为"真正的政治哲学使人们醒悟，人类的希望是受限的，不可无穷大"。

　　施特劳斯进一步解释了政治哲学的作用，他说，"如果智者没有撼动政治生活的基本观念，那么柏拉图可能不会愤而著书《王制》。"（不过依笔者所见，施特劳斯认为《王制》是为政治正义辩护的，非为政治生活而辩护）。政治哲学保护审慎（prudence）使其免受错误教育之累。在16世纪和17世纪时，某些明智的政治家提出了宗教宽容政策，得到了民众的响应。但施特劳斯认为，如果当时政治哲学家没有启发民智，没有说服民众相信反抗异端政府其实并非民众的宗教或道德责任，那么宗教宽容政策可能也没法实行（施特劳斯认为宗教宽容政策是明智的，此应特别注意）。

　　施特劳斯的正面论证接受且修正了第二个反面论证，但否定了第三个反面论证，得出了这样的结论：审慎的政策源于实践智慧而非政治哲学，重要的政治概念全部出自政治家之手而非哲学家之手。自然法或自然权利概念是基本的政治概念，它具有哲学渊源。自然权利是指古典政治哲学家用以评判实在政治秩序的标准，是他们改革和改善政治秩序的方向。但所有的实在政治秩序都是不完美的，恰恰与自然权利相反。[①] 施特劳斯认为此二者的关系正如亚里士多德的政治

[①] 参施特劳斯，《自然权利与历史》，前揭，页14及页153。

271

哲学与柏拉图的"合法的乌托邦主义"（the legitimate utopianism）。柏拉图和亚里士多德认为政治行动无法带来完美的政治状态。施特劳斯承认，就算不知道政治哲学的传统惯例，人们也能觉察出丘吉尔制定的战略是异常有力的，但是"如果没有政治哲学打下的基础，丘吉尔想要守护的事业也将烟消云散"（页16）。如果没有政治哲学留下的传统，没有先人提出的自然权利概念，自由民主的政体何谈保护民权。

在《我们能从政治理论中学到什么？》中，施特劳斯将马基雅维利视为现代新乌托邦主义取代传统乌托邦主义的转折点。之后《自然权利与历史》（页180－182）沿用了这个观点，并成为名篇。这就是说，施特劳斯在《自然权利与历史》中着重比较了古典政治哲学与现代政治哲学，但在此之前，他先比较了古今两种乌托邦主义。他认为，现代乌托邦主义者为了实现乌托邦理想，降低了行动的标准；实现乌托邦理想，这个愿望并非出于马基雅维利本人，而是源自人们对他的理论的反应，是"马基雅维利主义与传统之间的妥协"。① 现代乌托邦主义降低了美德的标准，将其降为明智的利己主义，最终认为启蒙逐渐走向了权利的滥用。在此，施特劳斯又做了一组比较：现代乌托邦主义认为如果所有人都追求提高生活水平，社会才能够和谐；古典哲学家则认为当

---

① 此处施特劳斯谈的是降低行动标准，之后他谈的是现代性降低了行动目的。演讲中，施特劳斯主张降低行动标准，而不是废除战争或帝国主义。

且仅当每个人满足于得到真正需要的东西时，明智的利己主义才能带来社会和谐。

施特劳斯从如下几个方面反对现代乌托邦主义。明智的个人主义削弱了人的道德品性，人们不再有牺牲精神；同时个人主义和人们的权利欲、等级欲和支配欲等欲望相冲突。现代乌托邦主义遗忘了恶的存在，仿佛"所有的罪恶、污秽、恶意和攻击性全部来自"欲望（want），而且只要满足了人们的欲望，这些"恶"就会不药而愈。① 因此，施特劳斯拒斥经济主义，因为他认为无论其是自由经济主义还是马克思经济主义，都是现代乌托邦主义不可分割的一部分。他预言道："马克思主义消亡后，一大段时间内，国家消亡与否取决于人们的寄望虔诚与否。"进而总结道，古代的哲学家坚信理想城邦的实现具有偶然性，神学家认为上帝难以捉摸，不可预测，但现代乌托邦主义者却认为理想的城邦是必然可以实现的。古代哲学家和神学家比之现代乌托邦主义者更为现实。

施特劳斯简短地回顾了政治哲学史，对比古今，终于回应了他提出的第一个反面论点：存在着许多互为矛盾的政治哲学，因此人们从政治哲学中学不到任何东西。施特劳斯意在说明虽然政治哲学种类殊异，但存在着唯一一条延续的政

---

① Cf. Strauss, *The City and Man*, p. 5, "流血或不流血的社会变革都不能杜绝人性中的恶：只要有人，就有恶意、妒嫉和憎恨。"施特劳斯在《什么是政治哲学》中也认为，"古典政治哲学摆脱了所有的狂热主义，因为它知道邪恶无法根除，因此人对政治的期望必须适度"（页19）。

治哲学传统线索：

>它的追随者都赞成修改由苏格拉底、柏拉图以及亚里士多德构建的基本哲学观念，但由于受到了圣经道德之宽恕和谦让的影响，追随者并未打破这些基本观念。而且就基本哲学观念而言，圣经道德成了我们的有力指引。

但是，圣经道德的指引受到了"谬误的"现代乌托邦主义的威胁。无论是现在还是将来，直接揭露文明准则和人性的起源会带来危险，但在现代乌托邦主义的影响下，"我们低估了这种危险的程度。"施特劳斯得出结论："如今，政治哲学最紧要的任务就是对抗现代乌托邦主义。"

施特劳斯将现代乌托邦主义诊断为审慎政治实践的最大威胁，并且政治哲学必须在审慎的政治实践受到威胁时挺身而出，不断地和现代乌托邦主义做斗争。政治哲学不仅在"那时"不可缺少，而且是"一直"不可缺少的。在自由国家，文明准则、人道和正义成了理所当然的事情，但我们需要政治哲学提醒我们保护最低限度的文明、人道和正义是多么艰难，提醒我们不能对未来寄予太大的期望，提醒我们不能洋洋自得地认为现在的社会是完美的，提醒我们不要轻率地认为我们能创造一个完美的社会。常识能经得起直揭文明准则和人性起源的危险考验，但还是需要政治哲学的支持。

那么，关于恶的存在和延续，人类机构最终的灭亡，权利的恒常重要性，文明准则、人道和正义的危险性，永久和平的不可能性，以及人类发展的绝对限度等等问题，政治哲学是如何认知它们的，施特劳斯没有在演讲中给出确切说明。同样，有关这些问题的认知方法，在政治哲学和依靠经验和历史的常识二者之间有何区别，施特劳斯也没有解释。他只是说，洞察这些问题的能力源于以"哲学，即 sub specie aeternitatis（从永恒的角度）"的方式看待问题，明白政治问题的独特"本质是多变的（perishable）"，蕴含着终极的破坏能力，无法维持人类所有的愿、信、望和爱。

但是施特劳斯认为从哲学上承认政治有局限性并不消极。他问道：

> 毫无疑问，我们最终将走向死亡，尽管人人都知道这件事，但我们选择立刻死去了吗？又或者，当我们活着，适度享乐，就不全力以赴求臻至境界吗？

最后他说，哲学家教我们顺命运，《圣经》允我们上帝的慈悲，但是血肉之躯想要的却是不可能实现的"永久的人创的和平幸福"。在《自然权利与历史》[①] 中时隐时现的问题重现于此，事关人的理性和神的启示——"我们要在哲学和《圣经》中做选择。"演讲以此作结。

---

① 相关讨论详见韦伯和洛克的部分，参页 75—77、页 206—225。

施特劳斯：自由主义的批判与辩护[1]

曾俣璇 译

很荣幸也很高兴受邀在"施特劳斯：宗教与自由主义"的会议上发言。施特劳斯日渐被认为是二十世纪最重要的思想家之一。近年来，其思想的主要著作已在美国、意大利、法国、德国、荷兰和其他地方出版；我被邀请参加其他在德国、波兰、荷兰和日本举行的关于他的思想的会议。他的作品被译作多种语言，我已记不清究竟有多少了。不过，在这里就这个主题发言尤其令人高兴，因为也许只有在意大利，才有如此多这样的演讲者——他们分属诸多不同领域，却都写了如此多关于施特劳斯的书，比如在场的库贝多（Raimondo Cubeddu）教授、阿尔蒂尼（Carlo Altini）教授和卡梅洛（Mauro Farnesi Camellone）教授。

请各位原谅，在继续我的主题之前，我想就芝加哥的施特劳斯中心说几句。中心成立于2008年秋，我有幸任负责

---

[1] 发表于"施特劳斯：宗教与自由主义"会议，罗马：大宪章基金会，2011年5月13日。

人一职。几周前，施特劳斯中心完成了它的第一项重要计划：整理施特劳斯的课堂录音，对幸存的录音加以数字化处理，并上传到施特劳斯中心的网站，由此施特劳斯的课能重新被全世界的学生和学者听到——说不定还有外星生物也能听到。

我们的第二项计划也进展顺利：编辑和注释施特劳斯的课堂录音文字稿。原稿陈旧，常不准确，多有残缺，而处理后的音频远比旧录音清晰，使我们能够加以校正，我们还会把文字稿印刷出版或公布在网站上。这些文字稿内容丰富，施特劳斯的课堂教学会借此历历在目，那些他极少提到，或根本未曾写过的文本和作者会出现在这些文字中（比如柏拉图的《高尔吉亚》《美诺》和《普罗塔戈拉》，亚里士多德的《尼各马可伦理学》和《修辞学》，西塞罗，维柯，孟德斯鸠，康德，黑格尔，马克思和尼采）。它们将为学者们的学习和研究提供更多的材料，至少两倍于施特劳斯自己发表过的作品。二十五位研究施特劳斯作品及其所教主题的学者应征参与稿件的编辑。如果得到充足的资金并且一切顺利，我们希望在2014年完成这项计划。

为了清晰地谈论施特劳斯和自由主义，我必须首先且详尽地区分施特劳斯在几个不同的意义上使用自由和自由主义——哪怕这听起来有些学究气，而他为1968年出版的《古今自由主义》（*Liberalism Ancient and Modern*）写的序言是我的主要（尽管不是唯一的）参考来源。①

首先，当自由主义一词被用于当代美国政治生活时，其意义与保守主义相对，在这种意义上，奥巴马总统被称为自由派，而他在 2008 年的对手共和党议员麦凯恩则被称为保守派。施特劳斯在 1968 年版序言开头写道："在这个地方和这个时代，人们把自由主义理解成保守主义的对立面。"② 当施特劳斯说自由主义"足以满足大多数实践用途"时，他所暗示的是它不仅不能满足一切实践用途，而且也不能满足理论性解读的需求。事实上，他继续写道：

> 承认这一点就等于承认这种对立的划分并非不具有理论上的困难，而这些理论上的困难并非必然不会造成实践上的后果。……在这个地方和这个时代（即在 1968 年的美国），人们广泛认为，一个支持脱贫战争（the war on poverty），并反对越南战争的人无疑是一个自由派，而一个支持越南战争并反对脱贫战争的人无疑是一个保守派（前言页 1）。

---

① 在这本书将要出版的时候，该书的原出版社［基础图书出版社（Basic Books）］的副执行董事克里斯托尔（Irving Kristol）在一次私聊中告诉我，施特劳斯最开始并没有为这本书作序，而是在出版社的邀请下才写了这篇序言。

② 参施特劳斯，《古今自由主义》，前揭，前言页 1。［译按］以下《古今自由主义》的所有引文页码将采取夹注形式。为了顺畅文意，译者略微调整了现有的中译文，若本译文对原译文有原则性改动，将加译按说明。

反贫困大战是约翰逊（Lyndon Johnson）的对内政策的标志性特征。我不太确定如何将施特劳斯这一整齐的表述对应于四十三年后的情况。或可说，此时此地，在 2011 年的美国，支持刺激消费和医疗改革，并反对伊拉克战争的人（person；我们不再用 man 一词①）通常被看作是毋庸置疑的自由派，而支持伊拉克战争，反对刺激消费和医疗改革的人则通常被看作地道的保守派。当然也有支持伊拉克战争的自由派和反对伊拉克战争的保守派，但正如施特劳斯在序言里所说，"大多数人在有些方面是自由派，在其他方面则是保守派；也许没有办法区分一个非常节制的自由派和一个非常节制的保守派"。我将把这种意义上的自由主义称为美国自由主义（American liberalism）。今天，美国的自由派倾向于市场调控和经济再分配，而相反，在欧洲，那些最支持自由市场的人被称为自由派，尽管他们更接近于美国的保守派。不过，我不打算讨论施特劳斯对美国或欧洲自由主义（European liberalism）本身的看法。

根据施特劳斯的序言，美国"在这个地方和这个时代"的自由主义和保守主义源自"在那个时代和那些地方"的自由主义——即"保守主义和自由主义的对立出现时的那个时间和地点"（我猜想他指的是十九世纪的欧洲），在"保守派代表着'王座和祭坛'，而自由派代表着人民主权，以及宗教的严格的非公共的（私人的）品性"时（前言页 9）。美国

---

① ［译按］以 person 取代 man 来表达"人"的概念，以避免性别歧视。

保守派（至少在 1968 年）在这种意义上是自由派（尽管我应当注意到他们中的一些人似乎不再赞同宗教的绝对非公共性品质），尽管代表"王座和祭坛"的那种保守主义"在政治上不再重要了。"施特劳斯没有说明 1968 年的美国自由主义和欧洲十九世纪的自由主义之间的差别，不过他所举的约翰逊的反贫困大战的例子表明，至少一部分差别在于美国自由派追求一个更公平的，无阶级的或同质的社会，同时，他提到美国自由派对于自由民主国家"越来越完善的福利制度"的看法也印证了这一点。施特劳斯进一步指出，自由主义与共产主义都追求无阶级社会这一最终目标，但自由主义坚持以民主与和平的手段来达成目标，允许革命，但拒绝对外战争，坚持认为"每个人平凡也好，古怪也好，不善言辞也好，自由派把每个人批评政府乃至最高领导人的权利视为神圣的权利"。（前言页 2）

施特劳斯在序言里所指的自由主义的第二种意义包含在自由民主一词中，它是美国自由派和美国保守派都捍卫的一种政制或社会。施特劳斯没有在那篇序言里提供对自由民主的定义或阐释，不过，当《政治学科学研究论文集》（Essays on the Scientific Study of Politics）的结语重印于《古今自由主义》时，他在结尾部分以插入句解释道，自由民主中的民主以"基于普选权的自由选举"为基础，又以"一种言论只要没有构成明显且现实的危险，就享有无限自由"为例解释自由民主中的自由主义〔大法官小霍姆斯（Oliver Wendell Holmes）在联邦最高法院对申诉合众国案的一致意见中，使用了"明显且现实的危险"这一说法来解释第一修正案对言论自由的保障〕（页287）。关于自由民主的自由特征，这种言论自由只是例子之一，尽管它可能是最重要的一个。施特劳斯在别处更为一般地解释道，自由政体"的成败取决于是否区分国家与社会，或是否承认一个受法律保护而又不被法律入侵的私人领域。"（页299）我将这种意义上的自由主义，这种在不同方面受美国自由派和美国保守派共同捍卫的自由主义，称为自由民主（liberal democracy）。

然而，自由民主并不是唯一的一种自由政体——施特劳斯在别处举俾斯麦时代之后的威廉德国（post-Bismarckian Wilhelmine Germany）为例，它不实行民主，却是一个"在其中，人们竟然能在公开的作品中攻击既定的社会或政治秩序及其基本信仰"的社会，尽管可能由于它允许那种确实构成明显和即时危险的言论存在，施特劳斯称之为"极端自由主义"的例子。[1] 同样地，自由民主也不是唯一的一种民主：施特劳斯在别处指出，亚里士多德不同意的那种古代民主不同于预设了国家和社会之间区分的现代（自由）民主。[2] 施特劳斯甚至在别处提到，"经常有人说，希腊城邦是一个全控社会，它收纳并规制了道德、神灵崇拜、肃剧和谐剧"。[3]

施特劳斯在序言里继续描述道，美国自由派追求的社会

---

[1] 参施特劳斯，《什么是政治哲学》，前揭，页218。
[2] Cf. *The City and Man*, Chicago, 1964, p. 35；施特劳斯，《古今自由主义》，前揭，页78—79。
[3] 参施特劳斯，《迫害与写作艺术》，前揭，页14—15。

或联邦是普遍的（universal）且无阶级的（classless），相反，保守派更赞同"特殊的或特殊主义的事物和异质的（heterogeneous）事物"，而且"比起自由派所尊重或者视为理所当然的多样性"，保守派更乐意"尊重并维持一种更为根本的多样性"。他写道，自由派的政治普世主义"立足于来自理性的普遍主义"，而保守主义"常被看作是信任传统，怀疑理性的，而传统必然是各种各样的"。（前言页3）他指出，在保守派因此而面临来自唯一真理观的批判时，美国自由派则陷入忽视西方传统衰败的危险之中，而这一传统正是他们的自由主义所由来与依赖的。

我必须补充说明，自施特劳斯在1968年写下这篇序言以来，一些自由派和保守派似乎交换了各自的倾向，这些自由派看起来像在赞美多样性，而保守派则肯定了自由和民主的普世性，甚至认为对外战争是一种使自由民主普世化的方式。如果施特劳斯还在世，看到这些发展，他也许会认为自由派所尊重的并非本质上的多样性，或者断定，一些自由派对相对主义的赞同或是他们对普遍理性的怀疑已经赶上甚至超越了保守派。

根据施特劳斯的说法，保守派对普世和同质国家的不信任，源于他们对理性的怀疑和对传统的信任，他"比较靠近表面（closer to the surface）"地说道，这种不信任实际上源于对变化的不信任，而自由派则倾向于相信进步（前言页4）。他指出，只要保守主义厌恶变化，它的实质性原则（substantive principles）将会随着其所处时代与地方的不同现状而改变。

施特劳斯甚至更进一步提出，如果"回到现代性的起源，回到与前现代传统的断绝节点（这种断绝发生在 17 世纪），或者说回到古代人与现代人之间的争执"，当代保守主义和自由主义都与共产主义"最终拥有一个共同的根源"（前言页 4）。他由此暗示了自由主义的另一个意义，但没有在《古今自由主义》的序言里明说，而是在他的其他作品中表明：自由主义是捍卫那种自由社会的一种特定的政治理论或政治学说。例如，施特劳斯在《自然权利与历史》（*Natural Right and History*）里关于霍布斯的一章中写道：

> 倘若我们把自由主义称之为这样一种政治学说——它将与义务判然有别的人的权利视为基本的政治事实，并认为国家的职能在于保卫或维护那些权利，那么，我们必须说自由主义的创立者乃是霍布斯。[1]

我不知道施特劳斯条件性的措辞——"倘若我们把自由主义称之为"——是否暗示了对这一意义的使用有所保留；可能这种措辞指向了施特劳斯将如何在原初和古老的意义上理解自由一词。因为这种理论或学说关系到像斯宾诺莎、霍布斯、洛克和孟德斯鸠等思想家的现代政治哲学，我将这种

---

[1] 参施特劳斯，《自然权利与历史》，前揭，页 184—185。

意义上的自由主义称为现代自由主义（modern liberalism）。[①]

施特劳斯比较了这种现代自由主义与他在"前现代意义"上或在"这一词的原初意义"上所说的自由（前言页5）。当然，《古今自由主义》的标题就让我们注意到这种对比或区别。施特劳斯解释说，在原初的意义上，自由意味着实践宽宏大度的德性（the virtue of liberality），或者更一般地说，意味着富有德性。在《古今自由主义》的第二章《自由教育和责任》中，这种意义得到进一步的阐述，表明自由的这种原初意义关系到前现代前哲学世界（the pre-philosophic pre-modern world）的贤人德性（页11—18；亦参页36—37）。

在序言里，施特劳斯从自由的这种原初的前哲学意义，即富有德性，迅速地转向了古典政治哲学的自由主义〔这是《古今自由主义》的第三章，是针对哈夫洛克（Eric Havelock）的《希腊政治的自由气息》（*The Liberal Temper in Greek Politics*）所写的极尖锐的评论〕。不同于保守派和贤人，古典政治哲学"意识到人依据自然并不追求祖传事物或传统事物，而是追求好事物"。但也不同于现代自由主义，古典政治哲学认为：

> 每个存在着或将会存在的政治社会都取决于一个特殊的根本意见——这个意见不可能为知识所取

[①] 参施特劳斯，《古今自由主义》中对共和主义的现代学说的讨论，页14—16。

代——从而必然是一个特殊的或特殊主义的社会（前言页5—6）。

最后，施特劳斯在提到自由主义时，有时是指犹太教自由派（liberal Judaism；德国的犹太教自由派相当于美国的犹太教改革派），或更一般地说，是指"宗教自由主义"（页313—315）——一种试图改良传统宗教观，使其适应现代科学和现代自由主义，并以个人的判断而非传统为选择依据的宗教或神学。

只是在《古今自由主义》序言的末尾，施特劳斯才表明写作这本书的目的是进行"对自由主义的批判性研究"（前言页6）。为了达到这一目的，仅以保守主义作为参照是不够的。施特劳斯对比了此时此地的自由主义和欧洲十九世纪早期的自由主义，那时，自由主义与保守主义的对立才刚刚开始出现（前言页4），然后对比了前现代原初意义上的自由（前言页5），接着对比了古典政治哲学的自由主义（前言页5—6），最后又对比了犹太教（前言页7）。

因此，关于自由或自由主义的意义，我们可以列出一串复杂的解释：

第一，1986年的美国自由主义，一种政治党派意见（political partisanship），区别于欧洲今日所谓的自由主义和欧洲十九世纪的自由主义；

第二，自由民主，一种政治制度或社会；

第三，现代自由主义，一种源于现代政治哲学的政治理论或学说；

第四，在原初的前现代前哲学意义上的自由，即贤人的德性；

第五，古典政治哲学的自由主义，一种政治哲学的特征；

第六，宗教自由主义，一种宗教或学说。

我将尽可能地从施特劳斯的早期生平说起。根据施特劳斯自己的记述，他在十七岁时转向犹太政治复国主义（political Zionism），在 19 世纪 20 年代，他一边完成学业，一边积极地投身德国犹太复国主义青年运动，他向各种犹太教刊物投过稿，还给犹太复国主义青年团体做过演讲。[①] 施特劳斯写关于犹太复国主义的文章最初是为了解决复国主义者内部的争论和日益增多的理论问题，而不是为这种主义辩护。因此很难说施特劳斯在多大程度上转向犹太复国主义，这种转向或是因为认识到自由主义无法解决犹太人的问题，或是因为认识到德国的自由主义太过虚弱（虽然他后来对两者都有清晰的认识）。

他在 1962 年为英文版的《斯宾诺莎的宗教批判》（*Spinoza's Critique of Religion*）所写的"自传性"序言中，回顾性地说明了这两种理由。他解释道，一方面，"德国自

[①] 关于施特劳斯参加犹太复国主义运动的事迹，以及在此期间他写的一些作品的英译文，可参 Michael Zank, *Leo Strauss: the Early Writings* (1921—1932), New York: State University of New York Press, 2002, pp. 3—6, 8—10, 18—23, 26—27, 63—137. 亦参 Jerry Muller, "*Leo Strauss: The Political Philosopher as a Young Zionist*", in *Jewish Social Studies: History, Culture, Society*, 2010 autumn, 17: 1, pp. 88—115.

由民主制的虚弱可以解释,为什么在德国当地的犹太人的处境比在任何其他西方国家都更不安定"。当他在那篇序言里引介平斯克(Pinsker)和赫兹尔(Herzl)的犹太政治复国主义时,他提到"自由主义解决方案的失败之处",但他只提及"犹太复国主义所宣告的真理与自由主义的局限有关",而非自由主义的"失败"。他解释说,因为"自由主义的好坏取决于是否区分国家与社会,或是否承认一个受法律保护而又不被法律入侵的私人领域,"它不能消除个人对犹太人的歧视,而用法律禁止任何种类的歧视将意味着私人空间的废除和自由政体的毁灭。(自施特劳斯写下这些以来,在美国,对犹太人的歧视实际上已经消失,我想知道他将如何看待这种现状,以及如何看待从那时起为了禁止和消除所有种类的歧视所作的努力。他会认为我们正在废除私人空间并且摧毁自由政体吗?)然而,解释犹太政治复国主义时,他继续说道,"犹太人问题的真正解决之道要求犹太人……建立一个现代的自由主义式世俗(但未必是民主的)国家"。因此,从1962年的这份记述来看,施特劳斯在19世纪20年代信守的犹太政治复国主义终究只是另一种形式的自由主义,一种意识到了自身局限,能进行自我批判的自由主义。[①]

然而,要从施特劳斯的早期犹太复国主义作品中弄清他在19世纪20年代对于自由主义的态度并不容易。当他还是

---

① 比较他在《武装的教会》(1925)中拥护的"自我批判的犹太复国主义",Cf. Michael Zank, *Leo Strauss: the Early Writings* (1921—1932), p. 128.

个犹太复国主义青年时,他写道,自由主义通过分离宗教和世俗,强行打开了流亡犹太人的封闭世界。他清楚地说明了他的计划"对于政治实践的影响"——"犹太复国主义与正教信仰的联合将不得不被犹太复国主义与自由主义的联盟代替。现在,敌人站到了正确的立场上(on the Right)。"他进一步解释说:

> 我所要描述的,作为根本的犹太政治复国主义的那种主义是自由的,也就是说,它拒绝完全服从法律,相反,它使个人对传统条条框框的接受取决于其自身的考虑。

他将自己描述为:

> 并非真正相信1789年的理想的人之一,并且含糊地写道,所谓犹太复国主义者(意即无论其个人信念如何)是"被同化的","自由的",或者怎么形容都行。如果这里面有某种东西叫"个人主义",那么,看在上帝的份上,甚至连我们也是"个人主义者了"。但不是因为个人主义和自由是如此美丽,噢,如此美丽。①

---

① Cf. Michael Zank, *Leo Strauss: the Early Writings* (1921—1932), pp. 68—69、80、118、120—121.

他在这里提到的自由主义在狭义上是指犹太教自由派，尽管在广义上也指现代自由主义。

施特劳斯在 1932 年发表的著名的《〈政治的概念〉评注》("*Notes on Schmitt's Concept of the Politiical*")的结尾总结道，施米特"对自由主义的批判发生在自由主义的视界之内"，"人们只有成功地突破了自由主义的视界"才能完成"对自由主义的彻底批判"。施特劳斯并没有说明这一视界的边界在哪里。在《斯宾诺莎的宗教批判》的 1962 年版序言里，施特劳斯写道，"转向"将他从那种偏见——不可能回到前现代哲学——中解放出来，并在他关于施米特的"评注"中"首次得到了表达"。

我由此推断，他之所以说转向在"评注"中首次得到了公开的表达，是因为他在 1930 年 10 月犹太复国主义青年撤退时，曾做过一场讲座，在这篇题为《当今的宗教状况》("*The Religious Situation of the Present*")的发言手稿中，施特劳斯已经表达出这种转向，虽然这一表达不完整，非公开，却更加充分。由于知道这场讲座的人不多，这篇手稿也仅以德语原文发表过，而且还没有被广泛地讨论，我把它的要点总结如下：

第一，宗教的，或更准确地说，精神的，包括哲学的状况是今日状况的最重要的方面。

第二，提问比回答更能表现人类的精神特性。

第三，什么是正确的生活，这是古老的、永恒的、本初的问题。

第四，我们提出某一问题的自由受到了当今的专制信念的阻挠，这种信念认为，对某一问题的回答必须仅仅或本质上来源于对当下的理解，永恒的唯一真理是不存在的，每个时代都有它的真理，因为所有的人都是历史的，不存在某一问题（the question），只存在当下的问题（the question of the present）。

第五，由于当下所有的观点都可能立足于一种错误的想法，即认为我们的命运就是我们的任务，为了了解当下，我们必须跳出当下。

第六，苏格拉底最先提出什么是正确的生活这一问题，柏拉图的答案是离开洞穴，即离开哲学思考的天然屏障。

第七，本质上，随着一种基于启示的传统进入哲学，并且随着哲学本身成为一种传统，这些屏障增加了。

第八，启蒙运动（与现代自由主义联系紧密）只获得了回答的自由，而非提问的自由，只是说"不"的自由（the freedom to say no），而非传统上说"是"的自由（the traditional yes）。

第九，在尼采那儿，传统的根基已经被动摇；我们会问，如何重新生活。我们深深地陷入传统中，比柏拉图的洞穴民陷得更深，却必须回升到自然无知的层面，但我们可以自由地理解那些被一直传承下来近乎自明的真理到底是什么。

要注意这个"第二洞穴"形象的早期表达有三层指代。

在柏拉图所提出哲学思考的天然屏障之上,被添加的人为屏障有:第一,哲学本身成为一种传统;第二,启示进入哲学;第三,当前时代的专制信念——历史主义,它认为真理是历史的。

我认为,这次方向的转变,意味着超越自由主义的那种视界恰恰就是这样的返回:返回到提出苏格拉底问题的可能性上,返回到逃出宗教的、哲学传统的和历史主义的第二洞穴的可能性上。由此,施特劳斯得以尝试对现代自由主义进行一次彻底的批判。他不满现代自由主义学说的最根本的一点在于,它不再问什么是好的生活,只关注权利(权利对于善的优先性)和利益(功利主义者、还原论者或相对主义者所说的那种利益)。

施特劳斯不仅以此反对那种将德性降低为和平或替换为经济利益的现代自由主义,甚至反对那种以自愿性而非功利性为德性基础的现代自由主义:"不是因为德性不重要,而是因为它是高尚和卓越的,国家才必须对德性和邪恶本身漠不关心",这导致了德性和宗教的私人化。这种自由主义与"一种始于道德与其影响的平等主义"密切关联,它假定"所有的人在变好或变坏的可能性方面是平等的,即在看起来最高的方面是平等的"。[①]

然而,施特劳斯对现代自由主义学说不满,因而转向古

---

① Cf. Strauss, *The City and Man*, pp. 32—33、38—41.

典政治哲学，这不必然导致他拒绝自由民主政体。① 他不认为自由民主在所有地方都可行，也不认为德国有望实行自由民主，这从1933年5月19日他给洛维特（Löwith）写的那封著名的或者说臭名昭著的信中，或1934年11月7日所作的关于德国教育的讲座中，都可得到例证。然而，在19世纪50和60年代，他提出"自由或宪政的民主比我们时代其他任何选择都更接近古典的要求"，以及自由民主从西方传统的前现代思想中得到了有力的支持。②

施特劳斯赞赏作为一种政体或社会的自由民主，在于这种民主是以古典政治哲学而非现代自由主义学说为基础。例如他写道：

> 由于主张人超越城邦，亚里士多德就与现代自由主义达成一致。但两者又有区别，因为他将这种超越仅仅局限于那些最卓越的人身上。人只能通过追求真正的幸福来超越城邦，而追求任何被理解为

---

① 对比 Nasser Behnegar，"*The Liberal Politics of Leo Strauss*"，in *Political Philosophy and the Human Soul: Essays in Memory of Allan Bloom*，Lanham, MD.: Rowman and Littlefield, 1995, pp. 251—267; Steven B. Smith, *Reading Leo Strauss: Politics, Philosophy, Judaism*, Chicago: University of Chicago Press,, 2006, pp. 104—107; 以及 William Galston, *Leo Strauss's Qualified Embrace of Liberal Democracy*, in *The Cambridge Companion to Leo Strauss*, Cambridge: Cambridge University Press, 2009, pp. 193—214.
② 参施特劳斯，《论僭政》，前揭，页227，《现代性的三次浪潮》，原文98，中译文参《苏格拉底问题与现代性》，页317—330。

幸福的东西都是无法超越城邦的。①

因此，施特劳斯总结道：

> 堕落的自由主义主张"人的简单却最高的目标只是安全而快乐地活着，得不到保护就不接受约束"——它遗忘了品质、优秀或德性，比起与之对抗，真正的自由主义者如今没有更为紧迫的任务了（页82）。

施特劳斯对当代民主有所保留或有所关注，也可以被认为是自由的。例如，他叹息当代民主：

> 存在一种非常危险的倾向，把好人等同于有风度的人、有协作精神的家伙和"老好人"，也就是过分强调社会德性中的某一部分，相应地忽视那些在私下，更不用说在孤独中成熟起来（即便不是繁盛起来的话）的德性——只是教育人们以友好的精神彼此合作，还不能教育出不因循守旧的人，不能教育出那些准备独自承受、独自战斗的人以及"有

---

① Cf. Strauss, *The City and Man*, pp. 49.

棱角的个人主义者"。①

他认为，美国社会的种种弊病"可以化约为一个最主要的疾病：趋向同质性（homogeneity）或因袭主义（conformism），即趋向用非政治手段压制个性和多样性"。（页350）施特劳斯关注代表隐私性、个体性和多样性的因循守旧，可以被合理地理解为一种古典与现代双重意义上的自由。正如施特劳斯评论他的朋友里茨勒（Kurt Riezler）时所说，"由于掌握了羞耻和敬畏的含义，里茨勒成为一位自由主义者，一位隐私热爱者"。②

考虑到施特劳斯对自由民主和现代自由主义的立场，有必要注意，按照他所展示的古典政治哲学，哲人不拥护任何政党或政治运动的现实政制。相反，古典政治哲人是各种政党之间的裁判，是依据最好之物（the best）来批评现实的人，即便他们在一个适宜的现实政制中充当好公民的角色时，也依然如此。正如民主雅典之于苏格拉底，他选择生活于此，为它战斗，服从它的律法（而他在三十僭主期间拒绝这么做），也正如美国之于施特劳斯。③

根据施特劳斯的说法，古典政治哲人将政策的制定留给

---

① 参施特劳斯，《什么是政治哲学》，前揭，页38。[译按]原译作"粗鲁的个人主义者"，改译作"有棱角的个人主义者"，中译文参施特劳斯，《什么是政治哲学》，李世祥等译，北京：华夏出版社，2011。
② 参施特劳斯，《什么是政治哲学》，前揭，页260。
③ 参施特劳斯，《什么是政治哲学》，前揭，页80—81、90；《我们可以从政治理论中学到什么》，前揭，页64—65。

明智的治邦者，这些治邦者制定的政策并不来源于政治哲学，但他们可能需要政治哲人的保护，以免接受错误的政治学说或理论，这些学说或理论危害到审慎，并且宣称要左右政策。施特劳斯就是这样看待他自己对现代自由主义学说的批判的。然而，在施特劳斯看来，政治哲学最大的作用就是在公众面前保护哲学生活，并将有能力过哲学生活的人引向哲学。[①] 最终，施特劳斯在某种程度上倾向于亚里士多德式的政治科学（至于是在多大程度上，我不做定论），他承认不同的政体适应于不同的环境，自由民主制不是在所有地方都可行。

布鲁姆（Allan Bloom）曾为1989年重印版《古今自由主义》写过一篇打动人心的前言，我认为，结束这次发言的最佳方式，就是引用这篇前言的开场段落作为总结：

> 既护短又教条化的（defensive and dogmatic）自由派有时痛斥施特劳斯是自由民主制的敌人，这些自由派既不可能容忍友好的批评，也不可能花工夫读施特劳斯写的东西。然而施特劳斯在这本书中警醒我们，"我们不被允许做民主制的谄媚者，正因为我们是民主制的朋友和盟友"。当今太多自封的自由主义卫士混淆护卫和谄媚，正如太多自由主义的批评者忽略自由民主制明显的优点。施特劳斯

---

① 参施特劳斯，《什么是政治哲学》，前揭，页93—94。

这本书可能会令这两批人都获得如下教益，即：尽管民主制使自身和属人卓越一并暴露于重重危险之中，而且我们不被允许对这些危险保持沉默，但我们不能忘记一个明摆着的事实，及民主制给所有人自由，故他也把自由给了那些关心属人卓越的人（序页1）。

施特劳斯与美国保守主义思想和政治[1]

冯程伟 译

最近几年中，施特劳斯一直被视作当代美国保守主义思想和政治的主要来源之一。[2] 关于施特劳斯的思想有种种理

---

[1] 感谢以下人员的评论和建议：Robert Devigne, Kenneth Hart Green, John Holbo, Arthur Jacobson, David Janssens, Ralph Lerner, Sanford Levinson, John McCormick, Robert Pippin, Steven B. Smith 以及 Melissa Williams。不过，我想，他们不会全部同意我在文中的所写观点。

[2] 关于施特劳斯和美国保守主义，参 Robert Devigne, *Recasting Conservatism: Oakeshott, Strauss, and the Response to Postmodernism*, New Haven: Yale University Press, 1994; Shadia B. Drury, *Leo Strauss and the American Right*, New York: St. Martin's Press, 1997; Steven Lenzner, "Leo Strauss and the Conservatives", in Policy Review, 2003, 3—4, pp. 75—82; Anne Norton, *Leo Strauss and the Politics of American Empire*, New Haven: Yale University Press, 2004; Kenneth R. Weinstein, "*Philosophic Roots, the Role of Leo Strauss, and the War in Iraq,*" in The Neocon Reader, Irwin Stelzereds., New York: Grove Press, 2004, pp. 203—212; Douglas Murray, *Neoconservatism: Why We Need It*, New York: Encounter Books, 2006, pp. 1—21; Francis Fukuyama, *America at the Crossroads: Democracy, Power, and the Neoconservative Legacy*, New Haven: Yale University Press, 2006, pp. 21—31; Andrew Sullivan, *The Conservative Soul: How We Lost It, How to Get It Back*, New York: HarperCollins, 2006, pp. 256—265; Thomas L. Pangle, *Leo Strauss: An Introduction to His Thought and Intellectual Legacy*, Baltimore: Johns Hopkins University Press, 2006, pp. 83—86; Tony Burns and. James Connellyeds., *The Legacy of Leo Strauss*, Exeter, U. K.: Imprint Academic, 2010, pp. 197—275; C. Bradley Thompsonand Yaron Brook, *Neoconservatism: An Obituary for an Idea*, Boulder, 2010; and Robert Howse, *Leo Strauss: Man of Peace*, Cambridge, U. K: Cambridge University Press, 2014.

解和误解，确定这些理解和误解对美国保守主义思想和政治的各个部分的影响程度，这个工作我只能留给学术史家来完成。我自己则限于尝试着确定施特劳斯本人对于美国保守主义思想和政治的立场，以及他对美国保守主义思想和政治的思考中的某些可能暗示。

政治哲学与现实政治

要评估施特劳斯的思想对美国保守主义思想和政治的影响，必须首先考量对思想和政治的一般关系的理解。更确切地说，必须考量对政治哲学与现实政治的关系的理解，从而考量对试图使古典政治哲学回归到现实政治的理解。对于施特劳斯来说，政治哲学的原初观念（对他来说最重要的是柏拉图式政治哲学）是"试图用关于政治事物本质的知识取代关于政治事物本质的意见"。作为哲学，政治哲学追本溯源，包罗万象。作为政治的哲学，政治哲学"处理政治事务，一定程度上这就注定与政治生活相关"；政治哲学指向关于好生活（good life）或好社会（good society）的知识；政治哲学谋求关于善良（goodness）和正义（justice）的真实标准，政治现象或显或隐地需要通过这些标准加以评判。[①] 然而，由于指导政治行动的不是知识，而是成问题的意见，"社会正是在这种要素下存活着"，对施特劳斯来说，作为最高理

---

① 参施特劳斯，《什么是政治哲学》，前揭，页1—2。

智的思想，即哲学——尤其是政治哲学——与政治之间存在着一种永恒的和根本的张力。① 既然对施特劳斯来说，这种张力是根本的，就可以稳妥地推测，施特劳斯教导和研究的古典政治哲学必定与政治处于某种张力之中，这其中也包括与美国保守主义政治相冲突。

施特劳斯区别了政治哲学与政治思想，他用后者意指对有关政治基本原则观念的全部反思和阐述。但是，不同于政治哲学，这种政治思想说来"对意见与知识的差别漠不关心"；它也许仅仅是"为某一确定信念或某一鼓舞人心的神话提供详细解说或辩护"。② 一位并非政治哲学家的政治思想家主要对创建一种特定的秩序或政策，或为这种特殊的秩序或政策辩护感兴趣，或者他主要依附于这种秩序或政策，而不是发现真理。施特劳斯不仅使政治哲学区别于一般的政治思想，也使其区别于政治理论或"对政治形势的全面反思，这种反思能为一种宽泛政策的提出做好准备"。③ 我很清楚，施特劳斯明白他自己从事的是政治哲学而非政治思想或政治理论，他的兴趣在于澄清评判社会体制和政策的标准，而不是提出一种宽泛的政策。相反，他很可能将美国保守主义视作政治思想或政治理论。

施特劳斯强调政治哲学与政治之间的张力，这并不一定意味着政治哲学与政治无关或反政治，或者它在政治中没有

---

① 参施特劳斯，《什么是政治哲学》，前揭，页 2、页 215。
② 参施特劳斯，《什么是政治哲学》，前揭，页 3。
③ 参施特劳斯，《什么是政治哲学》，前揭，页 4。

作用。正相反，正如前文所引，政治哲学"处理政治事务，一定程度上这就注定与政治生活相关"。

　　基于对古典政治哲学的理解，施特劳斯给出了种种令人困惑的对哲人的政治角色的描述。第一种描述或许会被轻率地称作亚里士多德式的，依据这种描述，政治哲人站在启蒙后的民人和治邦者的视角看待政治，说着民人和治邦者的语言，接受"政治生活中形成的基本差别，这些差别就其意义和导向而言完全由政治生活创造"，并且担当一名仲裁者，试图解决具有最高和永恒意义的政治争论。① 这种政治哲人因此履行了一个好民人的义务，通过劝服平息国内冲突，在民人中创造共识。在更高的层面上（在我看来，施特劳斯自身似乎也没能处于这个层面），他是立法者和建邦者的导师，是"最优秀的仲裁者"。② 渴望作为公正的仲裁者的政治哲人采取了一种"包容诸党派观点"的视角，看到了党派观点的部分真理（如像亚里士多德处理寡头派和民主派问题那样），而非站在某个党派一边。③ 人们会期望这样的仲裁者不是简单地站在美国保守主义一边，反对自由主义者；反之亦然。人们期望这样的仲裁者带来各个方面的部分真理，而这些真理说来也是谬误。正如我们看到施特劳斯在《古今自由主义》前言中的做法一样。

　　关于政治哲人在现实政治中的角色，施特劳斯给出的第

---

① 参施特劳斯，《什么是政治哲学》，前揭，页18—19、页67—68。
② 参施特劳斯，《什么是政治哲学》，前揭，页70—71。
③ 参亚里士多德，《政治学》，1280a7—1281a10。

二种描述是，这类人作为自主明智（autonomous prudence）的守护者，以避免理论错误为己任。与仲裁者相比，这是一个更为偶然和边缘化的角色。施特劳斯解释说：

> 明智（prudence）所统辖的领域在原则上具有自足性或封闭性。可是，有关整全——人类是整全的一部分——的虚假学说，即虚假的理论意见，总是危及明智；因此，明智总是需要得到捍卫，以抵御这样的意见，而这种捍卫必然具有理论性。可是，如果认为这种捍卫明智的理论是明智的基础，那就误解了这种理论。①

施特劳斯于是区分了哲学与治邦者所需的明智，且未宣称自己代表更优秀的哲人的明智。施特劳斯不是哲人规则的支持者，这与某些断言正好相反。根据施特劳斯的说法，哲学提醒民人和治邦者，人类本性的永恒特性，以及解决人类诸多问题的所有现实方案存在的问题性，这么做至多使非哲学的（nonphilosophic）民人和治邦者具备的明智免受乌托邦主义和自满思想的侵害。

1942年7月，在新学院大学普通暑期研讨课程上，施特劳斯发表了一篇名为《我们能从政治理论中学到什么？》的

---

① 参施特劳斯，《古今自由主义》，叶然等译，上海：华东师范大学出版社，2019，页262。

演讲，在这篇演讲中他对上述看法给出了全面解释。① 尽管题目中提到了"政治理论"——这并非施特劳斯自己的意愿——但这个演讲内容却是关于我们能从古典政治哲学中学到什么，而古典政治哲学亦能够指导政治实践。施特劳斯首先指出了否定的一面，即"我们从政治哲学中什么也学不到"，理由有三：(1) 政治哲学致力于问题的最佳知识（best knowledge），而不是解决方法，因此不能指导行动；(2) 要指导政治行动，所需的不是政治哲学，而是实践智慧；(3) 政治哲学几乎不反映政治实践，因为所有重大的政治观念都出自政治实践者。接着，施特劳斯指出了肯定的一面，削减了否定的一面前两种理由的力量，并以二战中和二战后的外交政策为例，说明当合理的政治行动遭遇错误的政治教导的挑战时，政治哲学需要捍卫合理的政治行动，明智的治邦者如丘吉尔发现了这一点，却并未依靠政治哲学的帮助。

施特劳斯也不承认所有重大的政治概念都是政治人（political men）的成果：古典政治哲学用自然法或自然权利的概念断定所有的现实政治秩序都不完美，这两个政治上有影响的概念都具有哲学源头，尽管在某些前哲学（prephilosophic）的政治争论中这种哲学源头是隐含的。施特劳斯对比了这种古代的乌托邦主义和现代的乌托邦主义，

---

① Cf. Leo Strauss, *"What Can We Learn From Political Theory?"* in Review of Politics，69：4，2007，Autumn, pp. 513—529. Cf. Tarcov, *"Will the Real Leo Strauss Please Stand Up?"* in American Interest，2：1，2006，9—10, pp. 121—123.

他声称后者灾难性地降低了行动标准以求实现现代乌托邦主义。施特劳斯远未期望政治哲学为外交政策提供指导方针，他宣称，没有政治哲学的帮助也能制定合理的外交政策并且抵御住其他流俗看法；不过，考虑到人类的一切希望和祝愿所固有的天然局限，这种外交政策也许需要政治哲学的援助以使自身抵御住乌托邦的和其他错误的政治学说。

施特劳斯论证道，尤其需要保护合理的政策免受当今乌托邦主义的侵害，这种乌托邦主义常常忘记了"邪恶势力"一直都存在的事实，或者认为可以通过制度和经济变迁消除这些"邪恶势力"，信赖启蒙的早期现代先驱们的启蒙行为也将被取代——这种信赖同样是虚幻的。[①] 施特劳斯论证，尽管更为紧迫的危险来自现代乌托邦主义，因为它相信我们的社会正在实现一个未来的完美社会，但是庸人觉得我们自己的社会完美无缺，政治哲学需要预防这种自鸣得意（smugness）。施特劳斯严肃地指出：

> 政治哲学教导我们要保全那些最低限度的体面、人道（和）正义是极其困难的，这些东西在少数的自由国家里过去一直被且目前仍然被视作理所当然。政治哲学在那些似乎微不足道的成就的价值上启迪（enlightening）我们，从而教导我们不要对未来预期过高。政治哲学的教诲是：所谓的世界上

[①] 参施特劳斯，《我们能从政治理论中学到什么？》，前揭，页128—132。

的完美秩序注定是一种幻想。①

与政治哲人的各方仲裁者或明智德性的守护者的角色密切相关的是节制德性（moderation）的导师这个角色。根据施特劳斯的说法，古典政治哲学"摆脱了所有的狂热，因为它知道邪恶无法根除，因此人对政治的期望必须节制"，②这是保守主义者同时也是自由主义者或激进主义者需要学习的一课。

最后但绝非最不重要的是，施特劳斯将政治中的政治哲人描述为哲学自身的守护者，这种哲学即施特劳斯所理解的作为一种生活方式而非一套学说的哲学。政治哲人努力"证明政治共同体的幸福取决于哲学研究，从而替哲学在政治上进行辩护"，同时"将合格的民人，或更准确地说，将他们合格的后代从政治生活引向哲学生活"。③这类努力尽管也许以诉诸保守主义和自由主义开始，但是注定会引向一些既不同于两者又高于两者的东西。

---

① 参施特劳斯，《我们能从政治理论中学到什么？》，前揭，页133—134。
② 参施特劳斯，《什么是政治哲学》，前揭，页20。
③ 参施特劳斯，《什么是政治哲学》，前揭，页80—81，亦参页92；另参施特劳斯，《迫害与写作艺术》前揭，页10—11、29—30；以及Tarcov, "Leo Strauss's 'On Classical Political Philosophy'" in Rafael Major eds., *Leo Strauss's Defense of the Philosophic Life: Reading What Is Political Philosophy?* Chicago: University of Chicago Press, 2013.

保守主义与自由主义

施特劳斯在《古今自由主义》的前言中最为明确和全面地讨论了美国保守主义。[①] 对一本如此命名的书的前言，人们会有所期待。与这种期待一样，相比于保守主义，本书前言侧重于自由主义。尽管如此，前言一开始便注意到"在这个地方和这个时代，人们把自由主义理解成保守主义的对立面"（前言，页1）。上下文明确表明"这个地方和这个时代"（here and now）指的是20世纪60年代后期的美国：

> 在这个地方和这个时代，人们广泛认为，一个支持脱贫战争并反对越南战争的人无疑是一个自由主义者，而一个支持越南战争并反对脱贫战争的人无疑是一个保守主义者。（同前）

尽管施特劳斯承认，"这个地方和这个时代"的这种区分"出于大多数当下的实践意图……已经足够"（同前），但他对这种区分的理论困境和这些困境的实际后果表现了更多的兴趣。

施特劳斯注意到，自由主义和保守主义在自由民主制之下拥有一个共同的基础，从而对共产主义都有一种共同的敌

[①] 本节括号中的注释指该书的页码。[译按] 为统一术语，译文略有改动。

意。在本书的其他地方，施特劳斯断言，对他那个年代通过古典政治哲学确定自己位置的政治学者们来说，最重要的关注点将不是自由主义和保守主义之间的对立，而是"自由民主制和共产主义之间的性质差异，或者说冲突"（页275；亦参页266—267、276、287）。尽管如此，施特劳斯还是察觉到自由主义者和保守主义者在反对共产主义另一形态间的某种深刻差别。根据施特劳斯的说法，当今的自由主义拥有和共产主义相同的终极目标——一个普世的（universal）和同质的（homogenous）国家，或者至少是全球联邦（a universal federation）中与此相近的国家；[①] 也拥有重要的差别，即自由主义将批评政府视作神圣不可侵犯的权利，但是自由主义更喜欢民主或和平手段，并且反对对外战争（尽管不一定是事关绝大多数人利益或同情此类人的革命），仅对将对外战争作为通向那个目标的途径。自由主义者们相信，自由民主制和共产主义间的张力会消失：

> 这是自由民主制国家的福利主义一直在壮大的结果，共产主义国家的自由主义也一直在壮大，因为共产主义极其迫切需要各种各样的消费品（前言，页2—3）。

---

① 我怀疑施特劳斯是否将哈钦斯（Robert Hutchins）的世界联邦（World Federalism）视作自由主义的代表，某种程度上这听起来已经不为人所知。

据施特劳斯说，与此相反，保守主义者"把普遍的且同质的国家要么视为不可欲却有可能，要么视为既不可欲也不可能"（前言，页3）。他们之所以这样认为并非由于他们是民族主义者，因为施特劳斯声称他们并不否认比民族国家更大的单位的必要或可欲。例如，他们未必反对一个统一的自由欧洲；也并非因为他们是帝国主义者，"不管是好是歹"，他们都也不能是帝国主义者了——施特劳斯对此没有进一步解释。（这与下列看法正相反：认为施特劳斯是民族主义或帝国主义的美国保守主义的先驱。）

施特劳斯写道，自由主义者和共产主义者以各自不同的方式追求着普世的和同质的国家，而保守主义者对此表示反对，其原因在于，他们"比自由主义者以更大的心来看待特殊的或特殊主义的事物和异质的（heterogenous）事物"，或者至少他们比自由主义者更愿意"尊重并维护一种更为根本的多样性"。因而，不言而喻，保守主义者也像自由主义者一样反对将对外战争当成通向普世的和同质的社会的途径，因为他们本就无此目标。我想说，自从1968年施特劳斯写下了这些话，一些自由主义者和保守主义者就互相同情，至少在修辞上是如此。之后那些自由主义者似乎赞颂多样性，而那些保守主义者也肯定自由和民主的普世性，甚至支持对外战争作为传播自由民主制的方式。

如果施特劳斯活着看到这种新情况，他也许仍然会认为，自由主义者尊重的多样性并非那么根本；或者，他反而可能总结道，一些自由主义者对普遍理性（universal reason）

的不信任超过了保守主义者,而一些保守主义者的政治普遍主义(universalism)则超过了自由主义者。因为,施特劳斯将保守主义者对特殊主义(particularism)的同情追溯到他们对理性的不信任或对传统的信任。[1] 对此,他评论道,传统"严格说来必然是这种或那种传统",这暗示出包含在坚持传统这种普遍原则中的悖论,以及传统主义和传统之间的根本差别。因此,施特劳斯总结道,保守主义"面临真理统一性的观念所引发的批评"(前言,页3)。

在这一根本方面,对施特劳斯来说,哲学作为普遍真理的理性追求便不同于保守主义。对施特劳斯而言,哲学肇始于对传统权威或对原初时将好的(the good)与祖传的等同起来的质疑。[2] 在《自然权利与历史》中,他批评"那些创立了历史学派的声名显赫的保守主义者""否认了普遍性规范的意义(如果说他们没有否认其存在的话)",从而摧毁了"所有超越现实的努力的唯一稳固的根基"。相反,施特劳斯论证道,"只有依据某一普遍的原则,特殊的或历史性的标准才能具有权威性。"遵循传统"并不见得就更好,它当然并不一定就比焚毁原来的崇拜对象更好"。[3] 这本书论述柏克的部分指控道,那种声名显赫的保守主义者并不满足于保护

---

[1] 早在1921年的博士论文中,施特劳斯就认定"保守主义的原则"等同于"传统主义的原则",严格说来是对传统的认同而不是对某种特定传统的认同。Cf. Heinrich Meier eds., *Gesammelte Schriften*, vol. 2, Stuttgart: J. B. Metzler, 1997, p. 282, no. 135.

[2] 参施特劳斯,《自然权利与历史》,前揭,页84—87。

[3] 参施特劳斯,《自然权利与历史》,前揭,页15—18。

实践或明智抵御住理论科学的入侵，而是要为转向历史学派甚至黑格尔的历史扫清道路。① 对施特劳斯来说，正是他那个时代为"一切传统的动荡"提供了意外的有利条件，使得对古典政治哲学的非传统的、真正的理解成为可能。②

一方面是保守主义对理性的不信任和对传统的信任，另一方面是哲学对理性的信赖或对传统的质疑。然而，这两者的对立未必意味着保守主义立场不适合于政治。施特劳斯问道："难道保守主义——通常来说它是实践的智慧准则——也是理论的神圣法则吗？"（页335，亦参页17—18）尽管施特劳斯在彼处没有回答这个问题，但可以稳妥地推断，于施特劳斯而言，理论不会承认那样的神圣法则。然而，于我们的目标而言，此问题的紧要部分恰是，承认保守主义总体而言就是实践的智慧准则。但是，也有必要一开始就注意到，施特劳斯说保守主义是实践的智慧准则仅仅就"通常来说"；其次要注意到，施特劳斯论述的保守主义不是"字面上的传统主义"（literalist traditionalism），而是"忠诚且满怀热爱地重新塑造或重新解释传统（the inherited）"。

似乎施特劳斯亦认同亚里士多德对革新的功效（the virtue of innovation）的保留态度。理由在于，尽管法律把强制服从的权力赋予了历经长时间形成的习俗，而非赋予理

---

① 参施特劳斯，《自然权利与历史》，前揭，页310、317—326。
② Cf. Strauss, *The City and Man*, p. 9.

性，但亚里士多德仍然承认法律有时有修改的必要。① 作为"一般而言"的实践的智慧准则，这种保守主义只不过是某种经验法则（a rule of thumb），需要不时地纠正。施特劳斯告诫：

> 数十年乃至数百年数千年无争议的经验所证明的判断或信条，可能会因无法预见的变化而必须得到订正（页213）。

施特劳斯引用柏克的话来支持他的告诫："大部分人在他们的政治上落后至少50年。"（页274）② 保守主义坚守总体上的传统或某项传统，它仍需要由明智或普遍理性加以补充或纠正。保守主义不信任普世的和同质的国家，其根源在于不信任理性而信任传统，这是施特劳斯在前言中一开始的意见。施特劳斯从这个意见进一步走向了表面，指明其根源是不信任改变，然而自由主义者相信进步（前言，页4）。

施特劳斯指出，就保守主义厌恶改变而言，保守主义的实际原则会随其时代和位置中的现状而变化。美国保守主义厌恶改变，由于其反对改变的立场而处于一种难堪的地位，

---

① Cf. Strauss, *The City and Man*, pp. 21—22, 涉及如下内容：亚里士多德，《政治学》(*Politics*), 1269a12—24。
② 引自柏克，《论当前不满情绪产生的原因》, Cf. Edmund Burke, *Thoughts on the Present Discontents*, Create Space Independent Publishing Platform, 2017.

因为它置身于一个"通过一场改革，通过暴力的变化，或者说通过与过去断绝关系"而诞生的国家之中。施特劳斯明显调侃地继续补充道："在这个地方，最保守的几个团体中有一个自称为'美国革命女儿们'。"他提到，当保守主义者和自由主义者间的对立首次出现时（大概在十九世纪早期的欧洲），对立的内容非常不同：保守主义者支持"王位与祭坛"，而自由主义者支持人民主权和宗教信仰的私人属性。施特劳斯补充道："这个意义上的保守主义如今在政治上不再重要了。"（施特劳斯提出了一种与这种观念相反的现实计划——消灭民主或重建宗教）施特劳斯写道，相比之下，我们时代的保守主义"等于原初意义上的自由主义，这种自由主义后来或多或少为一些变化所改动"（前言，页4）。

施特劳斯甚至暗示，在现代与前现代传统的决裂上，保守主义、自由主义和共产主义同根同源。一如既往，施特劳斯由此从当代自由主义者与保守主义者间的对立上升到古今之争，认为这才是更根本的争论。[①] 施特劳斯一开始援引"自由"的原初含义作为践行自由（liberality）德性或更广泛

---

① 这个转折在施特劳斯发表于1931年的演讲《科恩与迈蒙尼德》（*Cohen and Maimonides*）的结尾处便已经可以看到，彼处他呼吁获得"一种超越进步/保守主义、左派/右派、启蒙/浪漫主义对立的视野"，Cf. Kenneth Hart Green, eds, *Leo Strauss on Maimonides*: *The Complete Writings*, Chicago: University of Chicago Press, 2013, p. 222. Cf. Steven B. Smith, *Reading Leo Strauss*: *Politics*, *Philosophy*, *Judaism*, Chicago: University of Chicago Press, 2006, p. 179. 施特劳斯"理解政治既非从右派也非从左派，而是从两者之上……根据保守主义者和自由主义者这些术语使用的任何标准，施特劳斯既不属于前者，也不属于后者"。[校按] 中译文参史密斯，《阅读施特劳斯》，高艳芳、高翔译，北京：华夏出版社，2012。

地践行各类德性的依据，然后转向了古典政治哲学的自由主义（前言，页5）。施特劳斯在《自由教育与责任》（"*Liberal Education and Responsibility*"）一文中详细解释了这个转折，明确指出自由的原初含义是指属于前哲学的前现代世界的君子（the gentleman）的品质，还不具有古典政治哲学的自由主义品质（页11－19）。作此区分也许有助于我们理解下面这些可能令人困惑不解的话之间的关系，施特劳斯在《古今自由主义》前言的这部分中写道：

> 成为原初意义上自由的人与成为保守的人之间的不一致如此之细微，以至于一般来说，成为原初意义上的自由人，伴随着一种保守立场。就自由这个术语的观念而言，前现代政治哲学，尤其古典政治哲学，是原初意义上的自由的（政治哲学）。它不可能是完全保守的（政治哲学），因为引导它的是如下意识，即所有人依据自然并不追求祖传事物或传统事物，而是追求好事物（前言，页5）。[1]

前现代的君子是亚里士多德伦理德性的楷模，从信任传统的意义上说，这类君子是保守的，然而古典政治哲学在这个意义上不可能是保守的。尽管古典政治哲学不可能"完全

---

[1] 第二句话开启了新的一段。第三句话中我将"一个人"（man）改正为"人"（men），暗指亚里士多德，《政治学》1169a3－4。

保守"，却可以采取"一种保守立场"，对传统表示尊重，与此同时，明智而理性地理解超越、重塑和背离传统的要求。

不同于保守主义信任传统而不信任改变的形式性原则，古典政治哲学以"实质性原则"反对普遍同质的国家，坚称封闭社会才适合于人，每个社会"取决于一个特殊的根本性意见——这个意见不可能为知识所取代——从而必然是一个特殊的或特殊主义的社会"（前言，页5—6）。无独有偶，施特劳斯在《城邦与人》的导言中写道，西方应当从共产主义的经验中学习某种"实践的特殊主义"，意即接受：

> 在可见的将来，政治社会将保持长久以来的面貌——一种局部的或特定的社会，最紧要且首要的任务是自我保存，最高任务是自我完善。①

因而，施特劳斯将理论的或哲学的普遍主义与实践的或政治的特殊主义相结合。施特劳斯告诫，科耶夫的普遍同质的国家实际上会是"全球终极僭主"的统治和"哲学在世上的终结"。② 在《自然权利与历史》一书中，施特劳斯解释古典自然权利反对普遍社会的理由是：

> 政治自由，尤其是那种以追求人类卓越来证实

---

① 比较 Strauss, *The City and Man*, pp. 6, Tarcov, "Will the Real Leo Strauss Please Stand Up?", pp. 125—128.
② 参施特劳斯，《什么是政治哲学》，前揭，页119—120。

自身正当性的政治自由,并非天赐之物;它只有通过许多代人的努力才能成为现实,而且其保存总是需要最高程度的警惕。①

施特劳斯教导的"实践的特殊主义"并非立足于信任传统和不信任理性,而是意识到自由的脆弱和追求卓越的可能性。尽管施特劳斯声称困难不在于指明"自由民主制或宪政民主制比我们时代中可行的其他备选方案更接近古典作家的要求",②但是他也远未教导,由于自由民主制或宪政民主制可行,因而是每个时代和地方的唯一合法政体。

施特劳斯仅仅在《古今自由主义》前言的结尾才指出此书意在作为"对自由主义的批判性研究"(前言,页6)。鉴于此,我们可以明白,保守主义并没有为这种批判性研究的目标提供充分的参考点。施特劳斯将此时此地的自由主义与十九世纪早期欧洲的自由主义进行了对比,彼时自由主义和保守主义间的对立刚刚兴起(前言,页4),然后与前现代观念中自由的含义进行了对比(前言,页5),接着又与古典政治哲学的自由主义进行对比(前言,页5),最后与犹太主义相对比(前沿,页7)。前言的最后一段几乎没有讨论保守主义:如同我们从本书的题目中期望的,施特劳斯在此既作为

---

① 参施特劳斯,《自然权利与历史》,前揭,页132。
② 参施特劳斯,《什么是政治哲学》,页101。比较 Leo Strauss, "The Three Waves of Modernity", in HilailGildin eds, *An Introduction to Political Philosophy: Ten Essays by Leo Strauss*, Detroit: Wayne state University Press, 1989, p. 98.

批评者又作为朋友，其主要关心的是自由主义。

施特劳斯在美国的政治行动

迄今为止，我主要关心的还是施特劳斯思想的政治含义，尤其指他转向古典政治哲学，[1] 这区别于他对他那个时代的政治表达过的任何意见。大概他的政治意见与他转向古典政治哲学的可能政治含义之间相互矛盾（尽管这种可能性不能完全排除），但他的政治意见本就不需要是他的政治哲学的必然结果或唯一可能的含义。

据我所知，施特劳斯仅仅在三次场合公开参与了美国的政治生活。[2] 第一次是1943年12月7日，在新学院大学的犹太事务会议（the Conference on Jewish Relations）公开年会

---

[1] 许多主张都认为施特劳斯鲜明地转向古典政治哲学掩盖了他对诸如马基雅维利、尼采、施米特和海德格尔等现代思想家的信奉，最全面的主张参 Shadia Drury, *The Political Ideas of Leo Strauss*, New York: St. Martin's Press, 1988. 回应这种观点或根据施特劳斯明显转向古典政治哲学给出我自我定位的理由超出了本文的范围，无论这个转向可能"暂时和依据经验"到何种程度（《城邦与人》，前揭，页11）。Cf. Catherine Zuckert and Michael Zuckert, *The Truth about Leo Strauss: Political Philosophy and American Democracy*, Chicago: University of Chicago Press, 2006.

[2] 这区别于出版的短篇评论，如施特劳斯提到由"像麦卡锡参议员一样的人"造成的知识自由的危险（《什么是政治哲学》，页223）也区别于他公开表达的意见，如据报道他支持阿德莱·史蒂文森出任总统: Cf. Clifford Orwin, *Anne Norton's Leo Strauss and the Politics of American Empire*" in Claremont Review of Books, http://www.claremont.org/writings/crb/spring2005/orwin.html, 以及 Smith,《阅读列奥·施特劳斯》前揭，页235 注102。

上，参加了关于犹太人问题对轴心国的再教育的专门小组。[1]施特劳斯的主题紧紧围绕德国，但又把它扩展到涵盖德国关于纳粹和自由民主制的再教育问题上。他声称鼓动大多数德国人的并非纳粹学说，而是他们期待以一场短暂、关键性的战役解决德国所有问题。施特劳斯因此总结道，德国的再教育不会产生于战后的教室内，而是通过战败产生，一场公正、坚定而牢固的和平随之而来，德国的再教育也将以审判战犯们告终。考虑到德国的历史缺陷，施特劳斯怀疑自由民主制是否会吸引德国人，他警告："仅仅由获胜的敌人强加的政体不会长久。"只有德国留存下来的德国人才能承担再教育的任务，因为德国人骄傲，也因为德国与英美之间学术气候的差异，而德国人也清楚英美的学说有别于其实践（比如种族隔离，美国有，英国管辖的印度也有），德国人因此认为《大西洋宪章》是一纸空文。

至于犹太人的德国化再教育，施特劳斯说，除非德国人自行为他们所作所为赎罪，以此为他们自己净罪，否则"没有哪位略有自尊的犹太人能够对德国感兴趣，也没有哪位犹太人应该如此"。他说关于犹太人问题能够教育德国人的不是归来的德国犹太人或犹太裔美国人，而只能是德国人。他提示，德国天主教教士和一部分天主教知识分子，以及路德教教士也许会成为关于犹太人问题的德国再教育的重要行

---

[1] 比较 Leo Strauss, "The Re — education of Axis Countries Concerning the Jews", in Political Review, 69: 4, 2007 autumn, pp. 530—538; Tarcov, "Will the Real Leo Strauss Please Stand Up?" pp. 123—125.

动者。

回顾一下，我们一定想起施特劳斯对战后德国自由民主制的前景非常悲观。施特劳斯对同盟国再教育德国人的能力的怀疑也许合情合理，但对德国人自愿以英美自由民主制为榜样的怀疑则过度了。而且，他错误地认为，德国人视那些民主制原则为一纸空文的倾向会阻止他们接受那些原则。施特劳斯似乎搞错了理解的方向，没有高估反而低估了军事征服所造成的自由民主制的扩散，他时常被指控鼓动人们高估那一结果，但事实正好相反。

施特劳斯在美国第二次公开参与政治是出版致《国家评论》（National Review）编辑的一封信，最初这封信是写给他的朋友——杰出的保守主义者肯德尔（Willmoore Kendall）。施特劳斯在信的开头承认他与保守主义出版物中许多文章的意见一致，但随后，他转而严厉批评这些出版物对以色列的敌意。① 施特劳斯为以色列辩护，认为它是"西方在东方的前哨"，其特征是"接近于古老的圣经年代，维持着英雄式的朴素"。施特劳斯解释，必须分情况理解以色列工会的作用，他还为以色列缺乏民事婚姻辩解，他的理由是"尚未肯定民事婚姻在任何情况下均为绝对的祝福"。施特劳斯以称赞政治犹太复国主义结尾，纵使这种主义"显而

---

① 比较 Leo Strauss, "*Letter to the Editor*", in National Review, 1957. Jan. 5th, p23; John A. Murley and John E. Alvis eds., *Willmoore Kendall: Maverick of American Conservatives*, Lanham, Md.: Lexington Books, 2002, pp. 192—199.

易见存在问题",但是它可以实现一种"保守主义的作用",重建犹太民族的尊严,遏止消除祖传差异的趋势。尽管这封信原本打算获得保守主义读者的信服,但丹浩泽(Werner Dannhauser)的论证令人心服口服,他认为这封信包含着"对《国家评论》的那种保守主义的隐含批评的苗头",《国家评论》不假思索地依附于传统,过分在意成功,常常"脾气暴躁,心胸狭窄",而且武断专行,对不同情况无动于衷。①

施特劳斯最后一次公开参与政治是连同另外四十四位杰出的学者签署一份声明,该声明1972年10月15日以广告出现在《纽约时报》(New York Times)上。全文如下:

> 在两个主要的美国总统候选人中,我们相信尼克松显示了优秀的能力,他有明智、负责的领导力。因此,十一月七日我们将给尼克松总统投票,我们恳请公民同胞们也投他一票。②

这份签名并未提出任何具体政策或原则。1972年支持尼

---

① Werner J. Dannhauser, "*The Achievement of Leo Strauss IV*", in National Review, 1973, Dec. 7th, pp. 1355—1357.
② 《纽约时报》,1972年10月15日,E版,页7。其他签名者包括 Edward Banfield, Robert Bork, Martin Diamond, Milton Friedman, Oscar Handlin, Gertrude Himmelfarb, Sidney Hook, Morton Kaplan, Irving Kristol, Robert Nisbet, W. V. Quine, William Riker, Edward Shils, George Stigler and Thomas Szasz.

克松而非麦戈文（McGovern）的声名与众不同，比方说1964年支持戈德华特（Goldwater）而非约翰逊（Johnson），前一行为未必等同于一个保守主义者。许多自由主义者认为麦戈文偏离了自由主义划定的政策。回顾施特劳斯的粗略定义：

> 人们广泛认为，一个支持脱贫战争并反对越南战争的人无疑是一个自由主义者，而一个支持越南战争并反对脱贫战争的人无疑是一个保守主义者。

我们也许注意到，尼克松毕竟推动结束了越南战争，而非结束脱贫战争。

施特劳斯与当代美国保守主义

上文讨论了传统主义。无疑，这只是当代美国保守主义思想和政治的几个主要部分之一。这几个主要部分时而相互交错，时而各自为营，诸如文化保守主义、自由市场或自由保守主义（libertarian conservatism）、社会保守主义、民粹保守主义以及"强硬派"或"新保守主义"外交政策。对于施特劳斯的思想与上面每个部分的关系，我将大胆给出一些粗略的、尝试性的评论。我相信，虽然施特劳斯认为每个部分都是对方的解毒剂，因而也许对每个部分都有些同情；但是这种同情是批判性的。

施特劳斯并未不合情理地与这些保守主义者往来,而他们自视守护着西方文化或西方传统。在《古今自由主义》前言中,施特劳斯告诫道:

> 自由主义者,尤其是那些知道自身种种热望(aspirations)根植于西方传统的自由主义者,并不足够关心一个事实,即这个传统正在越来越为一些变化所侵蚀,这些变化指向他们要求或欢迎的同一世界(One World)(前言,页3—4)。①

然而,施特劳斯还指出,以"西方文明的理想"这个历史问题代替"正确的生活方式"这个哲学问题是历史主义的典型做法,而历史主义正是他倍加批判的对象。② 尽管施特劳斯为自由教育的辩护成了"几乎等同于一起阅读伟大的书",但他主张,阅读伟大的书籍不是要将它们作为传统的来源,而是为了提醒人类的伟大,他补充道:"我们应该倾听的最伟大的心智,绝不只是西方最伟大的心智。"③ 正因此,施特劳斯并未要求回归我们的传统,因为我们的传统包

---

① 比较 Leo Strauss, "*Progress or Return?*", in Kenneth Hart Green eds., *Jewish Philosophy and the Crisis of Modernity: Essays and Lectures in Modern Jewish Thought*, Albany: State University of New York Press, 1997, p. 101. 中译文参施特劳斯,《犹太哲学与现代性危机:现代犹太思想文集与演讲》,前揭。
② 参施特劳斯,《什么是政治哲学》,前揭,页49。
③ 参施特劳斯,《古今自由主义》,前揭,页1—2、5—6、7、32。

含着自相矛盾的因素，我们需要找到自己的位置并为自身考虑。①

据我所知，施特劳斯虽然从未就经济政策公开提出任何具体问题，但他将洛克眼中的理性生活描绘成"不快乐的人追求快乐"的说法广为人知，他的名言"经济主义是马基雅维利主义的充分发展"，这两条足以确定他对自由市场保守主义持批判性态度。②对于自由市场保守主义者的市场机制，施特劳斯也许把依赖于这套机制自动运作视作又一种现代性成果，它企图取代治邦者的审慎和民人的德性。更宽泛地说，施特劳斯似乎赞同经典著作的意见，认为"人类生活的目的，从而也是社会生活的目的，不是自由，而是德性"，政治自由"通过追求人类卓越来证明自身的正当性"。③据此所闻，他并不像一个自由主义者。④

由于一些相同的理由，施特劳斯似乎对自由市场或自由保守主义也保持了批判性态度，他似乎同情社会保守主义对德性和宗教的关注。施特劳斯暗示，关注自由不应该妨碍关注德性，不过，目前还远不清楚他所指的德性与社会保守主义者所关注的事物有多大关系。很可能，施特劳斯会把他们

---

① 参施特劳斯，《古今自由主义》，前揭，页 9；《进步或回归?》，页 104、113；Leo Strauss, "German Nihilism", in Interpretation, 26: 3, 1999, Spring, p. 367.
② 参施特劳斯，《自然权利与历史》，前揭，页 255—256；参施特劳斯著，《什么是政治哲学》，前揭，页 40。
③ 参施特劳斯，《什么是政治哲学》，前揭，页 26；参施特劳斯著，《古今自由主义》，前揭，页 32、82；参施特劳斯，《自然权利与历史》，前揭，页 132。
④ 参斯密斯，《阅读施特劳斯——政治学、哲学、犹太教》，前揭，页 266。

关注的事物视作宗教的要求，而非完全出自政治考虑。然而，我却看不出有什么方法能确定施特劳斯的成果如何影响了社会保守主义议题中的核心问题，如限制或禁止同性恋和堕胎。举例来说，以下做法无疑是愚蠢的：根据柏拉图的《王制》认可男女平等、同性恋行为和杀婴，便以此推断出施特劳斯的柏拉图式政治哲学观念也会要求二十一世纪的美国认可这些行为；而根据柏拉图的《法义》限制男女平等和同性恋行为，又得出与《王制》相反的结论。

施特劳斯终身研究的主题是神学政治问题，但该主题的实际影响同样不能确定。宗教对道德有效用，进而对政治产生效用，宗教也将永远作为人类内心渴望和恐惧的表达方式，这些都表明，政策的目标不应该是消灭宗教，乃至不应该从公共场合中驱逐它，而且政策也无法以此为目标。在这方面，施特劳斯也许赞同社会保守主义者的某些抱怨以及某些自由主义者对世俗化政策的批评。然而，施特劳斯远未要求以宗教的效用为由接受它。[①] 施特劳斯强调天启对理性和哲学怀有敌意，还提到宗教对政治存在的偶然负效用，这些

---

① "我不该对这个非常流行的争论（支持启示）白费口舌，这个争论取自当今文明的需求，当今的危机不过相当于此：为了与共产主义竞争，我们需要让启示成为一个神话。目前的这个争论要么愚蠢，要么渎神。"参《进步或回归？》，前揭，原文页 123。施特劳斯的终极关怀是，宗教自称为真理，从而形成对哲学的挑战，而不是宗教的政治效用或负效用。对比 Heinrich Meier, *Leo Strauss and the Theologico—Political Problem*，New York: Cambridge University Press, 2006.

都表明，政治应该从宗教那里享有独立自主权。①

一些保守主义者如同一些自由主义者一样，易受民粹主义的影响，尽管他们呼唤的民众和责备的精英截然不同。施特劳斯批评"大众民主"（mass democracy），毫无疑问，他既非左派也非右派民粹主义者。②他高度评价：

> 名副其实的公仆体制。公仆之所以实实在在地不同于官僚，在于公仆是受过自由教育的人，当他履行职责时，他所受的自由教育会对他施加决定性影响……被典型的司法制度粉饰过的宪政民主唯一的反面是真正的自由主义。③

他谴责"逐渐出现的墨守成规和民主制培养的对隐私前所未有的入侵"，称赞"非墨守成规者"。他做的这些都远不是民粹主义者所为，反而像他那个时代的社会批判行为，既立足于左派又立足于右派。④

确切描述施特劳斯的成果对外交政策的影响还需要另外

---

① 参施特劳斯，《自然权利与历史》，前揭，页166—167；参施特劳斯，《什么是政治哲学》，前揭，页34—36。
② 参施特劳斯，《古今自由主义》，前揭，页4—5。
③ 参施特劳斯，《古今自由主义》，前揭，页24；比较 Leo Strauss, "Letter to the Editor", p. 23.
④ 参施特劳斯，《什么是政治哲学》，前揭，页27—28。

研究。① 应该很少人会认为施特劳斯转向古典政治哲学的目的是为外交政策提供具体的指导。因为施特劳斯声明，指导古典政治哲学的是对政治共同体内部结构的疑问，而非其外部关系。② 施特劳斯对此给出的理由是："外交政策的最终目的（政治共同体的生存与独立）本质上不存在争议。"他认为政治社会是"一种局部的或特定的社会，最紧要且首要的任务是自我保存，最高任务是自我完善"；他也认识到军事力量事关紧要，而且有时必须使用；他还怀疑联合国样式的全球联邦。

以上他的理由连同他的观点、认识和怀疑均显示出与同时存在于保守主义者和自由主义者的外交政策的"现实主义者"关系密切，也与存在于大多数保守主义者中的"单边主义者"关系密切。但是施特劳斯也暗示了政治制度很重要，他不仅讨论了美国的外交政策，也讨论了二战期间同盟国和冷战期间西方的外交政策。美国作为习惯于认为自身与某个普遍目的相关的社会，仿佛也不得不将自身看作一个更大的整体的一部分，关心着那个整体的存活。③ 施特劳斯认可相对立的政治制度的共存，否认普遍的自由民主制，他也怀疑

---

① 比较 Thomas G. West, "Leo Strauss and American Foreign Policy", in *Claremont Review of Books*, 4: 3, 2004 summer, p. 13—16；Smith,《阅读施特劳斯》，前揭，页 184—201；Howse, *Leo Strauss: Man of Peace*; and Tarcov, "Will the Real Leo Strauss Please Stand Up?"
② 参施特劳斯,《什么是政治哲学》，前揭，页 71—72。
③ 比较 Leo Strauss, *The City and Man*, p. 2—6；Leo Strauss, "What Can We Learn from Political Theory", p. 123；《再教育》("Re-education")，页 532、534。

给战后德国施行自由民主制的可能性。这些使我怀疑他与一些新保守主义者一样,对军事征服下的自由民主制的扩散前景持有乐观的看法。他认为,好战习性与对正义的要求之间的矛盾必然损害公民道德,因此,我们既不能忽视对正义的要求,也不能忽视战争的紧急状态。①

对于我们的特殊情况,施特劳斯会认为什么是合理的政策?从他恢复古典政治哲学和批判现代政治哲学之中,我们很难对此进行推断。无论这种尝试可能证明是多么富有教益,重要的还是要注意到,即使极少数场合下,施特劳斯确实提出了一些具体政策,但这些并不是他自身试图从反思政治哲学中得到的。施特劳斯告诫:"我们不能理所当然地期待对古典政治哲学的全新理解会提供给我们供现今使用的方案。"②对施特劳斯来说,各种情况都至关重要,将原则运用于各种情况是明智要做的,而非哲学。施特劳斯冒昧表达了古典看法,即存在着"一种普遍有效的诸目的的等级制",但这并不足以指导我们的行动:由于更为紧迫的"这个地方和这个时代",一个人可能不得不偏向一种等级更低的目的。③

我要冒昧地提出,对施特劳斯来说,当代美国保守主义的这些部分也许典型地反映了现代理论的种种错误:文化保守主义的历史主义说法,偏爱传统的胜于好的和理性;自由

---

① 参施特劳斯,《自然权利与历史》,前揭,页151,亦参页162—163。
② 比较 Leo Strauss, *The City and Man*, p. 11.
③ 参施特劳斯,《自然权利与历史》,前揭,页164—165。

市场保守主义努力寻求明智和德性的替代品；社会保守主义使政治或明智从属于宗教；民粹保守主义的平等主义以及新保守主义外交政策的普遍主义。

施特劳斯对政治哲学及其在政治共同体中的作用的理解与政治理论家们迥然不同，他们恰恰将自己的任务理解成从哲学原理中得到具体的政策。[①] 如果有人试图将施特劳斯变成这类政治理论家，那他就没有抓住关键。施特劳斯既不完全是一个保守主义者，也不完全是一个自由主义者，施特劳斯可以同时提醒保守主义者和自由主义者需要明智和节制，提醒他们人类本性的永恒性及他们可能被诱导而忽视的永恒问题。

[①] 比较 Meier, *Leo Strauss and the Theologico—Political Problem*, pp. 14—15.

政治哲学与外交政策：施特劳斯的审慎与清醒？[①]

冯程伟 译

记者们、学者们甚至偶尔某个剧作家、制片人也开始宣称：施特劳斯（1899—1973年）这个遭驱逐而长期待在芝加哥大学的德国犹太政治哲学家，去世后仍然对近期美国外交政策的关键性决定有所启发，其中有些决定对军事征服造成的自由民主制的扩散表达了不切实际的希望，而这些决定受施特劳斯的启发尤甚。[②] 这些声明的根据要么是施特劳斯的

[①] [译按]原英文标题译作："能请真正的施特劳斯先生站起来吗?"，塔科夫先生邮件告知，此标题并非其亲拟，他更愿意用法文版的标题 *Philosophie politique et politique étrangère : prudence et lucidité de Leo Strauss*——因此改译作"政治哲学与外交政策：施特劳斯的审慎与清醒"。

[②] 早期的例证, Cf. Tim B. Müller, "*Partei des Zeus*", in *Süddeutsche Zeitung*, 2003, Mar. 5th; Alain Fraichon and Daniel Vernet, "*Le stratège et le philosophe*", in *Le Monde*, 2003, Apr. 15th; Jeet Heer, "*The Philosopher*", in *Boston Globe*, 2003, May 11th; 戏剧《嵌入》(*Embedded*)，由 Tim Robbins 编剧并导演，以及电影《梦魇的力量》(*The Power of Nightmares*)，由 Adam Curtis 编剧并导演（独立故事片项目，2005）。更冷静的描述，参 Steven B. Smith, *Reading Leo Strauss: Politics, Philosophy, Judaism*; Thomas G. West, "*Leo Strauss and American Foreign Policy*", in *Claremont Review of Books*, 2004, summer.

某些学生们（或学生的学生）支持的政策，要么是从施特劳斯的著作中抽取的一些片段，这些片段中大部分是对其他思想家思想的解读。例如，施特劳斯宣称过去的许多伟大作者面对政府和基督教审查隐藏了自己的异见，这个富有争议的宣言却被颠倒成据说是在为各个政府欺骗各自民族乃至镇压异议提供辩护。

在施特劳斯公开出版的著作中，他很少讨论任何具体的外交政策。对于他研究、教授和撰述的政治哲学的实际影响，施特劳斯也很少以自己的名义探讨这个更宽泛的问题。

然而，在一些文本中，施特劳斯的确讨论了具体的外交政策或比这个更宽泛的问题。我知道的最明显的文本有三处：一处是一篇未出版的演讲稿，该演讲 1942 年 7 月发表于新学院大学普通研讨会，讨论政治哲学的政治影响；另一处也是一篇未出版的演讲稿，该演讲 1943 年 11 月 7 日发表于新学院大学的犹太事务会议公开年会，讨论德国的再教育问题；最后一处是《城邦与人》（*The City and Man*；1964）的导言。事实证明，施特劳斯的观点似乎不仅没有启发最近美国的外交政策，反而对近些年困扰美国的某些过失是一种告诫。

政治哲学的实际影响

施特劳斯 1942 年在新学院大学演讲的题目是《我们能从政治理论中学到什么》（"*What Can We Learn from Political Theory*"），这不是他选择的题目。施特劳斯更喜欢说"政治哲学"，因为"政治理论"暗中否定了传统的学科区分。根据这种区分，政治学是实践性的，而非理论性的。"政治理论"暗示，纯理论（pure theory）是合理的政治实践基本的和最可靠的指导，但施特劳斯反对这种看法。这种术语上的偏好指向的恰恰是一个问题——政治哲学的实际影响。对施特劳斯来说，提出"我们能从政治哲学中学到什么"的问题，表达的意思即是我们能从中学到什么东西来指导政治实践。

施特劳斯首先介绍了否定的论述——"我们从政治哲学中什么也学不到"，理由有三：1）政治哲学是关于问题的最佳清晰的知识（best clear knowledge），而不是解决方法，因此不能可靠地指导行动；2）对合理的政治行动来说，所需的不是政治哲学，而是实践智慧；3）政治哲学徒然无用，仅仅反映政治实践，并不指导它，因为所有重大的政治观念都出自治邦者、律师和先知，而非政治哲人。施特劳斯宣称，

> 我一点都不怀疑有可能制定出明智的国际政策——即使对政治哲学没有任何依赖：必须赢得这场战争；战争胜利后，维持稍长的和平期的唯一保证是盎格鲁撒克逊－俄国间一份真诚的协约；盎格鲁撒克逊民族和其他关涉或依赖于盎格鲁撒克逊优势的民族都不得解除或放松武装戒备；尚未面对第一个强盗出现并占据政权的危险，你就不能放弃政权；全球范围内公民自由的存在依赖于盎格鲁撒克逊优势——知悉目前处境中这些明显的要素，无需

上一堂政治哲学课。事实上，人们遵从着根本不同的政治哲学，都得出了这些相同的结论。

施特劳斯一开始用娴熟的学院笔调概述了否定的论述，接下来又介绍了"来自权威"的肯定论证："许多智识出众的人（如柏拉图）确信政治哲学是公民社会秩序井然的必要条件。"或者，政治哲学至少有一些实际用途，能够把统治我们的癫狂之人的危害降到最低限度。但是，施特劳斯对古典政治哲学的实际效用给出的肯定论证最终不是对否定论证的反驳，而是一种修正。

施特劳斯承认了前两条否定说法的说服力：政治哲学是关于问题的知识，而不是关于解决方法；指导合理的政治行动的不是政治哲学，而是常识（common sense）或实践智慧。对政治哲学的肯定论证是，当审慎治邦者探索的合理政治行动遭到错误的政治教导挑战时，我们需要政治哲学来守护它。

施特劳斯否认了第三种否定说法——所有重大的政治概念都是政治人（political men）而非哲人的成果。毕竟，自然法或自然权利的概念就具有哲学源头。古典政治哲学评判所有现实政治秩序的标准是自然权利——实现自然的或完美的秩序是个机遇问题，相比之下，所有现实的政治秩序都不完美。他把这称为哲学"正当的乌托邦主义"。

施特劳斯接下来解释了何为政治哲学的守护作用。他说，一种新型的现代乌托邦主义取代了古典哲学正当的乌托邦主义。这种现代乌托邦主义为了达到行为准则，将准则降低，使德性沦落为启蒙后的利己行为。施特劳斯认为，这种现代乌托邦主义假定：启蒙将逐步促使不再需要使用武力；而且如果所有人首先致力于提高自己的生活标准，社会和谐也就会随之而来。施特劳斯不认同这种现代乌托邦主义，理由是启蒙后的利己行为至少与某些人对权势、优先权和统治权的欲望相冲突。因此，仅仅靠启蒙并不能战胜邪恶，正如人类未必因为变得更强大或更富裕就变得更好。施特劳斯因而贬低经济主义，他认为经济主义与现代乌托邦主义密不可分，无论是它的自由主义或马克思主义形式。施特劳斯告诫，即使"经济主义的形式消亡"很久之后，国家的消亡仍将是"一个问题——可能是幻想，也很可能发生"。

提出肯定论证之后，施特劳斯道出了合理政策该有的样子：

> 目前，我认为一项合理的政策应该属于这些方式：如果人类自身没有首先变好，人的关系便无法变好；因此，如果能为持续两代之久的和平奠基，则必将是一个伟大的成就；因此，不是在帝国主义和废除帝国主义间做出选择，而是在盎格鲁撒克逊式的可忍受的、体面的帝国主义和轴心国式的不可忍受的、不得体的帝国主义间做出选择。

即使探讨很有可能实现的战后政策也需要先见之明和一些勇气。当施特劳斯1942年夏季发表这篇演讲时，尚无法确定胜利的到来。轴心国军队仍然在向苏联挺进，而且跨越了北非，亚洲日军的增加也使美国在中途岛的胜利蒙上了阴影。

因此，施特劳斯既主张这场战争的胜利，又支持战后的和平，但他明显不相信永久和平的可能："摆在目前这代人面前的任务是为一段长期的和平奠基——这不是要永远取消战争，这不可能。"

施特劳斯从未宣称古典政治哲学可以为美国外交政策提供指南，他说无需对政治哲学有任何依赖，就可以做出合理的外交政策。但是这种政策仍然可能需要政治哲学守护它免受乌托邦或其他错误的政治学说的侵害：

> 众所周知，这种政策绝不可能被普遍接受；不仅不喜欢伴随着体面霸权的负担和责任的人抨击这种政策，最重要的是，一群宽宏大量得多的政治思想家也会抨击它，他们不相信暗含在这种合理政策中的关于人类本性的假定。如果不为其他目的，至少为了守护合理的政策免受过度宽宏大量或乌托邦思想的侵害，我们也需要一种真正的政治哲学，以提醒我们人类的一切希望（hopes）和祝愿（wishes）所固有的界限。

施特劳斯认为，尤其要保护合理的政策免受现代乌托邦主义的侵害，这种乌托邦主义忘记了还存在着"邪恶势力"，忘记了无法仅仅靠启蒙就打败这些势力。消除霸权的期望就像消除战争的期望一样不合情理。施特劳斯提醒人们，邪恶势力依旧存在，有时需要对它们发动战争，有时又需要高贵者中的大多数人阻止战争。施特劳斯的提醒使人想起美国外交政策处于最佳状态时，道德明确性与明智的现实主义合而为一。

施特劳斯于是认为，我们需要政治哲学，从而预防"庸人的自鸣得意"和"空想家的幻想"。他警告，不能自鸣得意地认为我们的社会完美无缺，也不能轻率地幻想我们正在实现一个未来的完美社会。施特劳斯没有将美国政治秩序等同于古典政治哲人的"依据自然的最佳政体"。他并没有鼓励他的听众对美国或其他任何现存的政治秩序采取不加批判的立场，而是警告说：

> 只要哲学遵守它的先天准则，真正的哲人——仅仅因为他们是哲人——会阻止那些愿意聆听他们的人将任何现行秩序等同于完美秩序，无论现行秩序在各方面多么令人满意：政治哲学对庸人是永恒的挑战。

但是他认为更加紧迫的危险来自现代乌托邦主义，这种乌托邦主义

> 注定要导致灾难，因为它使我们低估了体面和人道事业（the cause of decency and humanity）目前面临的以及始终会面临的危险。当今政治哲学首要

的任务看起来就是要对抗这种现代乌托邦主义。

政治哲学对政治实践的影响体现在一种更重要的方式上，施特劳斯说：

> 例如，为了辨别丘吉尔的手段的可靠性，我们无需向那个（政治哲学的）传统学习。但是，如果不是这个传统的作用，丘吉尔的政策准备守护的事业将不复存在。

换言之，没有西方政治哲学传统，难以想象会有保护公民自由的自由民主政治。

德国的再教育

施特劳斯1942年7月的演讲概述了政治哲学与政治实践的关系，1943年的演讲对此保持了一致看法。该演讲针对的是德国的再教育问题，其中就政治行动给出了几条个人的方针，这些方针不是基于他对古典政治哲学的解读，而是基于他自己的观察和判断——这些判断未必与其他没有研究过古典政治哲学的观察家的判断不同。施特劳斯的哲学研究也许使他的判断免受某些错觉的干扰，但正如我们要看到的，他的判断仍然不免被后来的事件证明是错误的。正如施特劳斯在1942年的演讲中注意到的，遵从不同政治哲学的人对政策可以得出相同的结论,因此,对政治哲学有相同理解的人对政策也可以得出不同的结论,这取决于他们掌握信息的范围和可靠性以及他们对事件的可能原因的判断。

1943年演讲的题目是《关于犹太人问题对轴心国的再教育》("The Re-education of Axis Countries Concerning the Jews"),这个题目也不是他的选择。所以他把主题限定于德国,他只有关于这个轴心国的一手知识;同时又不仅仅关于犹太人问题,而是把它扩展到涵盖德国的再教育问题上,而且首要的是关于纳粹主义和自由民主制问题。在演讲开始部分,他说比起赔款、救援和移民,这个主题并不十分重要。他接着说,这个问题还是一个"未知数",因为解答取决于战争得胜,取决于英美俄合作得以幸存,也取决于德国大部分领域没有被红军占领。(1943年11月比1942年7月更容易预见胜利:斯大林格勒的德军1月份就已投降,9月份意大利投降,盟军正向南太平洋和阿留申群岛挺进。)

作出这些重要的说明之后,施特劳斯继续论述道,鼓动德国民众的并非纳粹主义,而是他们期待以一场短暂且关键性的战役解决德国所有问题——简言之,他们相信"大规模和高效准备的犯罪有好处"。施特劳斯于是总结道:"德国的再教育不会发生于教室内——它此刻正发生在户外,在第聂伯河的两岸,在德国城市的废墟中。"盟军的胜利带来了一场公正、坚定和牢固的和平,胜利也在战犯审判中达到高潮。这次胜利将切实驳斥纳粹主义并且根除纳粹教育。

于是,施特劳斯认为,关于犹太人问题的德国再教育仅

335

仅是德国再教育这个整体问题中特殊的困难部分。德国再教育的目的是让德国人不仅反对纳粹主义，而且找到正确的主义：自由民主制。施特劳斯问道，自由民主制是否会吸引德国人？他事后在那一页底部写下了悲观的回答：

> 也许是德国式的集体主义——也许是官僚体制的独裁政体，以恢复对基督教教义的权威解读为基础——但不会是自由主义。

他进一步警告："仅仅由获胜的敌人强加的政制形式不会长久。"只有留存在德国的德国人（不是流亡者或外国人）才能承担再教育的任务，因为德国人骄傲，也因为德国与英美之间智识氛围的差异，而德国人也清楚英美的学说有别于其实践（他指的是种族隔离，美国有，英国的印度政策中也有）。德国人因此认为《大西洋宪章》是一纸空文。（由于德国人不熟悉妥协的实践和精神，他们也就不懂得一部公正的法律即使没有得到遵守，仍然可以起到教化的作用。）施特劳斯从更普遍的角度声称：

> 一个国家也许会以另一个国家为榜样，但是没有一个国家胆敢教育另一个拥有深厚本国传统的国家。这种自以为是会引发怨恨。对怨恨你成为他们导师的人，你不可能进行教育。

此外，施特劳斯认为：

> 如果德国人一定要服从外国人的再教育，德国人将失去他们的自尊，随即失去全部责任感。但是，一切又都取决于让德国人承担责任。

尽管德国的再教育只应该属于德国的事务，但是施特劳斯认为："德国之外的国家防范德国再次侵犯的保障措施，则一定是属于德国之外的国家的事务了。"战后盟军可以影响德国的再教育，只要向德国人展现"武装戒备，德国统治世界的所有前景，甚至德国扩张的所有前景都已经逝去了，而且永远逝去了"，从而迫使德国回到自身精神传统的教化中。

恰好在演讲的中间部分施特劳斯终于转向了指定的主题——关于犹太人的再教育问题。首先，他以一个犹太人对其他犹太人说话的方式问道："一个怀有荣誉感的犹太人，究竟怎么就会对德国人如何看待犹太人感兴趣呢？"他回答道，除非德国人自行为他们所作所为赎罪，以此为他们自己净罪——在最惨烈的"大屠杀"发生之前，因此也是在"大屠杀"的规模被知晓前，施特劳斯就说了这——"没有哪位略有自尊的犹太人能够对德国感兴趣没有哪位犹太人应该如此"。

鉴于施特劳斯自愿在德国，我推测，他后来认为战后德国通过了这个检测标准他们1943年，他并没有看到犹太人得以返回德国"与德国人被血河（rivers of blood) 隔离,这将长期持续下去"。然而,他愿意假定犹太人将"以某种不可思议的方式"再次生活在德国,成为德国公民。这种情况下,他的听众也许才对关于犹太人问题的德国再教育感兴趣。

施特劳斯再一次问道,谁将承担再教育的任务?不是归来的德国犹太人或犹太裔美国人(德国人清楚美国存在的反犹太人情绪的势力),而是"关于犹太人问题,只有德国人能够教育德国人"。但是哪一类德国人?他认为德国中间阶层的自由主义者(middle-class liberals)太孱弱,不能胜任。他注意到德国天主教比起美国天主教来较少反犹太人,他建议,德国天主教教士和一部分天主教知识分子也许会成为关于犹太人问题的德国再教育的重要行动者。相比之下,施特劳斯注意到中学和大学教师,还有新教教士也许已经成为反犹太病毒的最重要携带者。他写道,被纳粹主义吸引的教师不同于民众,他们不会仅仅因为失败就被驳倒。尽管路德教传统以来就反犹太,但是他们也认识到,反犹太主义很容易导致泛基督教主义。因此,他们许多人站出来反对纳粹。施特劳斯用一个着重条件句做总结,如果新教教士意识到它必须反对犹太人的敌意,如果纳粹的战争和失败导致在德国再次唤起基督教信仰和习俗,"德国天主教和新教的领袖将就关于犹太人问题的德国再教育付出努力,我相信这并非不可能"。

施特劳斯以一段充满希望但依旧有所怀疑的评论结束了演讲:

但是，如果我不将一个德国人给我的评论报告给你们，对于那些没有动摇他们的正派态度的德国人就不公平：德国群众对以德国之名的所作所为惭愧至极，战后德国将会是世界上最亲近犹太人的国家。如果我是德国人，如果我曾经是德国人，也许我应该有责任要有这些希望。如果这些希望并非毫无根据，关于犹太人问题的德国再教育甚至将不必要了。在我亲眼目睹之前，我不会相信。

回顾前文，我们一定会认为比起施特劳斯本人，充满希望的德国人——施特劳斯报告过他们的评论——更加接近战后德国的真相。施特劳斯似乎没有意识到战败的经历也许不仅消除了国家社会主义的幻想，也促使德国人效仿解放和占据了德国西部的自由民主制。施特劳斯对英国人和美国人再教育德国人的能力持怀疑态度可能是对的，但他怀疑德国人效法英美自由民主制的意愿则可能错了。德国人倾向于将那些民主制原则看作一纸空文，施特劳斯错误地认为这种倾向会阻碍德国人亲自采用这些原则。在这一点上，他可能过于怀疑民主制的扩散了。

共产主义的教训

施特劳斯在《城邦与人》的导言中讨论了共产主义。写作这本书时,西方仍然感觉到东方的威胁,自由主义者和保守主义者一致同意反共产主义的外交政策。这个讨论是他总体观点的组成部分,他认为西方的危机使得尝试回归古典政治哲学既必要也可能。他写道:

> 曾几何时,对许多可教的西方人来说,更不用说对不可教的西方人——共产主义似乎仅仅是与西方的运动相平行的运动——好像共产主义是西方运动某种急不可耐、野蛮、任性的孪生体,它注定要变得成熟、耐心与和善。

这样看来,共产主义就与西方的目标一致,"最初由最成功的现代政治哲学所陈述"(施特劳斯指的是培根、霍布斯和洛克的现代自由主义):通过征服自然,实现普遍权利以培育人的能力,以及"一个自由与平等的国家组成的普世联盟,其中每个国家都由自由与平等的男人和女人构成",从而实现向更伟大的繁荣持续前进。

施特劳斯指出这个西方的目标已经成为全球性的:

> 人们逐渐相信,单个或仅仅几个国家里的繁荣、自由和正义的社会不可能长期存在:为了使世界对西方民主制来说安全可靠,就必须让整个地球变得民主,无论每个国家内部还是国际社会都是如此。……这场迈向普遍社会或普遍国家的运动被认

为不仅被目标的合理性和普遍有效性所担保，而且也因为迈向这个目标的这场运动似乎是大多数人代表大多数人的运动：不过，有一小群人奴役着数以百万计的人类同胞，他们守护者自己陈旧的兴趣，抵抗着这场运动。

已经有人引述施特劳斯对西方政治目标的全球化特征的阐释，证明其与最近的美国外交政策有关。例如，阿特拉斯（James Atlas）写于2003年5月4日的《纽约时报》的文章中声称施特劳斯相信，

如他曾经写过的，"为了使世界对西方民主制来说安全可靠，就必须让整个地球变得民主，无论每个国家内部还是国际社会都是如此"。布什的一些幕僚持续诉诸施特劳斯的名义是有原因的。

现在，首先我不知道任何"布什的幕僚"为了支持他们的外交政策曾经诉诸施特劳斯的名义。其次，阿特拉斯完全误读了施特劳斯。这个阐释远不能代表施特劳斯自己的观点，反而与科耶夫（Alexandre Kojève）的观点相近。施特劳斯在《论僭政》(On Tyranny) 的"重述"中已经对此进行了批判。恰恰由于施特劳斯反对西方目标中明显含有的共产主义——他认为这是彻底的歧路——他才在《城邦与人》的导言中提出这个观点，仅仅是为了当即对它提出质疑。相

反，他宣称：

> 我们看到，共产主义的胜利的确意味着原初的西方自然科学的胜利，但当然同时也意味着东方专制主义的极端形态的胜利。

施特劳斯并未视共产主义为西方自由主义任性、不成熟的孪生体，而是视为拥有卓绝实力的孪生体。①

施特劳斯坚称共产主义以斯大林主义或"实际上存在的社会主义"而非托洛茨基主义的方式出现。托洛茨基主义"被自身的原则责难和驳斥"，作为历史的失败品，又受到历史唯物主义原则的责难。施特劳斯此处谈及斯大林主义和托洛茨基主义间的对立表明，西方推进全球范围的民主化，而不在单个国家建立民主制，这种做法是托洛茨基"世界革命"的民主化等同物，与斯大林的"一国社会主义"相对。

施特劳斯承认，信任迈向普遍自由和平等这一有所担保的进程仍具有某些可信度，"并非尽管存在法西斯主义，而是因为存在法西斯主义。"不同于共产主义，法西斯主义大概能够被西方运动的追随者理解（不管理解得多么不完善），"只不过是一种新版的无休止的反动思想，西方运动与之争斗了几个世纪。"共产主义既不完全是前现代僭政，也不是东方专制主义。它也不是以"王位与祭坛"或优等民族的名

---

① ［译按］疑该句原文有误，略作删改。

义，对迈向自由与平等的现代渴望（modern aspiration）的反现代反应。施特劳斯宣称面对共产主义，西方"必须承认，西方的规划以自己的方式防范了早期所有的邪恶形态，但它在言辞和行动上都防不了这种新型邪恶"。这个句子令人困惑，意思似乎是说，鉴于西方运动通过启蒙和传播遍世自由与平等的观念，同时通过武装大多数人反对奴役他们的一小群人，在言辞和行动上都有效地抵抗了旧形态的僭政，这些手段不足以对抗共产主义，而它也主张这些观念，也动员和武装了群众。

据施特劳斯所言，西方对共产主义第二阶段的理解继承了那种错觉，认为共产主义是自由西方的平行运动，这一阶段的观点是：

> 尽管西方运动与共产主义目标一致——自由与平等的男男女女所组成的普遍繁荣社会——但它们在手段上无法达成一致：对共产主义而言，目标是全人类的共同利益，是最神圣的事物，它能证明任何手段的正当性；任何事物只要有助于实现最神圣的目标，就能享有目标的神圣性，从而使自身变得神圣；任何事物只要阻碍该目标的实现，就是邪恶的。

他的意见也许是，一旦政治行动的目标从一种当地的和暂时的共同利益膨胀为全人类终极的共同利益，如此放弃约束着手段选择的神圣道德就必然是一种诱惑。

施特劳斯进一步描述了西方对共产主义第三阶段的理解,即认识到"西方运动与共产主义之间的不同不仅在于程度,也在于类别,可以看出,这种不同关系到道德、手段的选择"(正如纳粹说服大部分德国人"大规模和高效准备的犯罪有好处")。之前的观点认为西方运动和共产主义有一致的目标,只是在手段上无法达成一致。这个认识则与此不同,在这第三种观点中,人们理解到

> 任何流血或不流血的社会变革都不可能根除人类的恶;只要还有人,就有恶意、妒忌和仇恨,因此不可能存在一个无需进行强制性约束的社会。

施特劳斯暗示,这个认识不仅仅要求保留对手段选择的神圣约束,而且要极度节制西方对自由与平等的普遍社会的原初渴望。人类不可根除的恶不仅使僭政成为当前政治生活的威胁,而且要求每个非僭政的政体在国内国外都进行强制性约束,以防范种种形态的邪恶带来的威胁。[1] 因此,希望有一个完全自由、无压迫的政治秩序是一种妄想。

施特劳斯就共产主义道德与政治,而非其社会与经济的差异进行了区分。他没有提到共产主义的私有财产或自由企

---

[1] 《论僭政》,页 22;《自然权利与历史》(Natural Right and History),页 132—133。

业或无神论性质。这些方面他与同时代的各种反共产主义都不同；与自由主义甚至社会民主形态相比，又尤其与保守派的反共产主义不同。

施特劳斯总结了他对共产主义的讨论，他教导说：

> 共产主义的经验为西方运动提供了双重教训，这也是一种政治教训。一重教训是关于在可见的将来能期望什么和能做什么，另一重教训是关于政治的原则。

实践上的教训是"在可见的将来，不可能有什么普遍国家，无论单一制还是联邦制的国家都不可能"。美国掩盖了一个根本上的分歧，施特劳斯因而警告人们不要真的把它当作"人类迈向完美的普遍社会之路上的里程碑"。施特劳斯推论道

> 尽管人们仍然会认为西方的目标与共产主义者一样是普遍的，但在可见的将来，人们必须满足于一种实践的特殊主义（particularism）。

施特劳斯并没有明确标示共产主义经验教导的"关于政治原则的教训"，但是似乎

> 在可见的将来，政治社会将保持长久以来的面

345

貌：一种局部的或特定的社会，最紧要且首要的任务是自我保存，最高任务是自我完善。

施特劳斯在其他地方解释说，自我保存和自我完善的任务之间有时存在紧张状态。① 他进一步提出，共产主义的经验使得西方"对富裕是幸福和正义的充分乃至必要条件的信念产生怀疑：富裕并没有祛除最深的邪恶"。

施特劳斯也提出，西方现代性的普遍主义者渴望依靠现代科学，包括富裕和保障自由与平等，从而解决人类所有问题，共产主义的经验告诫对此要有节制。僭政的替代品不是一个无限自由和平等的普世社会，而是许多关心自我保存、自我约束和自我完善的特定社会。

施特劳斯警告，节制西方普遍主义者的渴望不同于放弃他们的渴望，而且也不应该相同，因为"一个习惯于按照普遍目的理解自身的社会没有彻底茫然失措，就不会对这个目的丧失信心"。施特劳斯提出节制西方普遍主义，无论在理论还是在实践上，这种做法都与他提醒提防的相对主义有差别——相对主义如今已广为人知。

施特劳斯在其他地方反对普遍主义者的政治规划，这并非仅仅对暂时阻碍的让步，而是因为一个普遍的国家很可能成为一个普遍的僭政。他指出了古典的看法，认为政治自由

---

① 参施特劳斯，《自然权利与历史》，前揭，页152、160—163。

只有通过许多代人的努力才能成为现实，而且它的保存需要最高程度的警惕。所有人类社会能够同时真正自由的可能性微乎其微。因为一切珍贵之物都稀缺至极。一个开放的或包罗万象的社会要由许多个社会组成，这些社会的政治成熟度差异巨大，而且较低级的社会十有八九要拉低较高级的社会。……比起只有一个独立社会的情况，如果有许多个独立社会存在，一个好社会存在的前景要广阔得多。

简单点说，古典的看法警告人们"没有人或人类团体能够公正地统治全体人类"。①

施特劳斯并未排除共产主义转变为僭政之外的其他政制的可能性，但是他将西方与共产主义间的对峙比作另一种对峙，即"几个世纪中，基督教与伊斯兰教各自都提出了普遍的主张，却又不得不满足于与对手共存的不自在局面"，这表明，施特劳斯期望这场对峙持续许多年。但是他并不惊讶于目睹西方遭遇到新型僭政，这种僭政也许将导致对普遍自由与平等的期待变得"早产"乃至危险。

从这三处文本中可以明显看出，施特劳斯相信合理的政策并非出自政治哲学。所以人们不应该期望从他对古典政治

---

① 参施特劳斯，《论僭政》，前揭，页208—211；参施特劳斯，《自然权利与历史》，前揭，页131—132、页149。

哲学的解读中得出一项当今合理的美国外交政策。他自己对当时合理的外交政策的说法也没有声称是这样得来的。《城邦与人》的导言没有通往特别的指示，而是警告"我们不能合理地期望，一种对古典政治哲学的全新理解将为我们提供今日可用的药方。……只有活在今日的我们才可能找到解决今日问题的办法"。

施特劳斯关于外交政策真正说过的话与他最近被指控的错误几乎没有相似之处。首先，除了1942年和1943年谈到过"联合国"政策（战时同盟国，不是战后的那个组织）、"自由主义的势力"、"盎格鲁撒克逊民族和其他关涉或依赖于盎格鲁撒克逊优势的民族"以及1963年谈到过"西方"外，他就没谈论过单方面的美国外交政策或美国霸权甚至美国国家利益。此外，他强调，通过征服不可能强加一个持久的政体，政治传统和智识氛围的差异导致了一个民族对另一个民族进行民主教育的阻碍，对迈向自由民主制的再教育的需求这项工作应该是交给牵涉其中的人，而不是外国人或流亡者。施特劳斯似乎搞错了方向，没有高估反而低估了自由民主制的扩散前景——这个错误恰恰与他最近被指控的错误相反。施特劳斯可以提醒我们永恒不变的问题，但是对于当今问题的错误的解决办法，我们只能归咎于我们自己。

五 附识

论某种对"施特劳斯主义"的批评[1]

曾俣璇 译

这篇文章要探讨某种对"施特劳斯主义（Strausianism）"（我擅自这么称呼）的批评，它引起了一些我认为值得讨论的问题，尤其值得所有对施特劳斯的作品感兴趣的人来讨论。这种批评来自一篇书评，它评论了一本有关柏拉图政治哲学的书。书评作者是一位年轻的学者，此前他本人只发表过几篇关于古典政治哲学的文章。

这位评论者恰切地将书的作者描述成这样的人：他"丝毫不满于现代哲学的方方面面，由不想苟安于托马斯主义……他转向了古典哲学——柏拉图和亚里士多德的教诲，以之作为真正的教诲"（页326）。[2] 在这位敏锐的批评者看来，作者认为古今之争"无疑以古典的胜利作为结束。在处

---

[1] 这篇文章来自一篇为波士顿学院宗教教学和政治学研究中心的研讨会准备的发言稿，福廷（Ernest Fortin）和布吕尔（Christopher Bruell）组织召开了那次会议，这篇文章也从研讨会的组织者和参与者的反响中受益良多。

[2] Strauss, *The City and Man*, pp. 10—12.

理了这个理论性的根本问题之后,他得以据古典教诲为基础继续致力于一种实践性或政治性的目标"。① 然而,这位心存疑虑的评论者坚持认为,"古典教诲不能产生即时的实践效用,因为今天的社会不是城邦(polis)"(页332)。他告诫说,"正因为现代社会与古典著作所展现的社会之间有着许多本质差异,所以古典教诲无法即刻应用于现代社会,只有使之变得能应用于现代社会,这就是说,它必须得被现代化或被歪曲"(页333)。他因此拒斥了作者的假定——"我们能在古典教诲中发现我们的现代问题的解决之道……必须认为古典著作能给我们提供一种对现代病的分析、诊断与疗治"(页334—335)。

这位警觉的评论者警告说,这种错误的设想"将带来危险的后果"(页332)。作者认为自由民主以对人之自然(human nature)的古典看法为基础,而且他试图调和民主与柏拉图主义,② 与此相反,这位批评者主张"任何想要根据'我们时代鲜活的诉求'来重建柏拉图教诲的人"必须直面这样的事实:古典政治哲学并没有为自由民主的诉求提供一个哲学依据。相应地,他提出,"现代'现实的'政治哲学否弃以'超验的'标准来定位自身(这也是其受到作者猛烈批评的原因),其政治意义在于,前者事实上提高了人的地

---

① 参冈内尔,《传统的神话》前揭,页127。
② 参施特劳斯,《政治哲学导论》(*An Introduction to Political Philosophy: Ten Essays by Leo Strauss*, ed. Hilail Gildin, Detroit: Wayne State University Press, 1989),页98。

位（the status of man），即提高了所有人的地位，因此有史以来第一次为民主——更准确地说，是自由民主——的诉求提供了哲学依据"。而对于柏拉图来说，"民主是与自然权利相背离的"（页357，359）。实际上，这位评论者指责作者没有始终坚持他那不可能达成的努力——让柏拉图成为一个从极权主义中拯救民主的政治自由派，反而败落于一种强势的主张，这种主张认为民主应被极权主义（authoritarianism）废弃。

除了尖锐地批评这种重建古典政治哲学的尝试所具有的实践目标和结果，这位评论者提出了其他一些严肃的理论问题。他指责这种对古典的回归不能公正地对待现代政治哲学，原因在于它"没有认真思考现代哲学为什么会反叛古典传统这一问题，换句话说，他没有认真思考古典哲学曾经面对并且依然在面对的困境"（页338）。尤其是，这样的一种重建必须考虑到，对古典来说，知识设想了世界是可理解的，甚至自然神学也是可能的，以及"特别是由于圣经的影响，古典观念受到质疑，甚至对它的许多追随者来说也是如此。"这位评论者表明，"对于这一观点，我们至少能举出一个例证：……（现代哲学）认为我们所能够理解的世界，即人的知识所探究的世界，必定是人类心智的'产物'"（页339）。这种重建古典政治哲学的尝试之所以不能公正地对待现代哲学，或不能思考古典哲学的困境或缺陷，似乎在于它谈及现代哲学与古典哲学决裂的根源时，几乎没有提及宗教改革。与此相反，这位批评者比较了霍布斯和其他现代哲人的大众启蒙思想与路德的观点（页360注44）。类似地，他提出了这样的问题：是否个人自由的思想并非源于基督教学说中的"个人具有无限价值"（页358）。反之，他认为，试图将柏拉图与现代政治学关联起来的做法依赖于另一种"极成问题"的做法，即"试图用圣经概念（Biblical terms）来解读柏拉图哲学"（页344、362）。

根据这位批评者的说法，如果要使古典哲学和现代哲学真正交锋——更别说在其中决定支持古典一方——必须严肃地考虑古典哲学的困境或缺陷，要做到这一点，不仅要认识到圣经对现代哲学的影响，还要面对据说"众所周知的事实，即如今现代自然科学的成功最充分地体现了古典哲学所面临的困境"（页339）。那种"显赫"的成功"使得自然神学的可能性（它可以说是古典哲学的最终依靠）丧失了它先前所拥有的一切证据"。

他进一步反对说，"在古典教诲中能找到我们的问题的解决之道——这一主张面对着另外一项困难，我们或许可以把这种困难的起因称为'柏拉图与亚里士多德的根本对立'"。他指出，"为了找到一个正当的理由"，"不得不断定，这两种哲学有着根本的一致"（页345）。任何这样的一致都是虚假的，只要它依赖于认为其中一人的回答是针对另一人的问题，而非针对其自身的问题，或者依赖于将其中一人的回答插入另一人关于其自身最重要的问题的论证中必须首先且极谨慎地考虑亚里士多德对于柏拉图教诲的传达，而这是作者"很少提到的"（页346）。这位批评者主张，为了证明柏拉图和亚里士多德之间存在基本的一致,最重要的事情似乎是调和他们对实践与理论的排序或关系的明显不同的看法(页347—348)。

最后,我要指出这位评论者所强调的矛盾——重建古典政治哲学的努力与"柏拉图对历史真实的置之度外"相差甚远。书写柏拉图的政治哲学本身就是一种"非柏拉图式的冒险"(页334)。他合理地提醒我们,"柏拉图当然把'最佳政治秩序'这一哲学问题看得比'某某人关于最佳政治秩序的思想'这一历史问题重要得多;所以,柏拉图从未就别人的'理论'写过任何书。"(页333)。这位批评者明白地指出,甚至恰恰是以历史的解读来重建古典哲学的努力似乎远离了古典哲学,因为这一努力承认哲学和历史的古典差异在"当下"是"误导性的"和"危险的",而当下反而要求一种哲学和历史的融合(页332)。因此,这位批评者批评道,"如果作者以自己的名义来阐述他的'哲学',或者学习摩尔爵士(Sir Thomas More),像他那样大胆地模仿《王制》,也就是说,假如他敢于承认这实际上是自己的教诲,不要拿柏拉图的威名作为挡箭牌,那么他就接近了柏拉图的这一精神:漠视甚至是鄙视单纯的历史真实"(页333)。作者既不能这么做,又不能根据柏拉图所蔑视的那种要求历史确切性的现代标准来写作,这使得作者不得不"面临这样的危险:柏拉图所拥有的某些观点,仅是历史性观点的证据,然后会转变成哲学推理,以至于认定某些成问题的看法是正确的。还会将与柏拉图相关的哲学论题的展示变成认定柏拉图文本中所涉及论题的确定性"（页334）。① 问题是，通过对一种轻视历史探究的哲学进行历史探究，从而进行哲学思考，这种悖谬的努力是否必然是自相矛盾或自挫的，并且是对健全的哲学（sound philosophy）和健全的历史（sound history）的一种威胁？

总之，这种对"施特劳斯主义"（我擅自这么称呼）的尖锐批评强调以下几点：

第一，将古典政治哲学直接应用于现代哲学问题会造成谬误和危险；

第二，这种道路无法公正对待现代哲学或考虑古典哲学的困境：这种困境一方面是由现代哲学在圣经，尤其是在宗教改革的影响下看出来的，另一方面则由现代自然科学的成功所体现；

第三，柏拉图和亚里士多德之间的根本对立，以及因此而导致任何想从古典哲学本身寻找相应（the）解决之道的尝试都很困难；

第四，对一种蔑视历史探究并将哲学从历史中区分开来的哲学进行哲学的历史探究所具有的矛盾性。

无论是否像我一样尊重和理解这种批评，那些稍微熟悉施特劳斯的作品但非深入熟悉他的全部著作的读者，肯定会从这部受到批评的作品中看出"施特劳斯主义"的主要特

---

① 参 M. F. Burnyeat,《没有秘密的斯芬克斯》(*Sphinx without a Secret*)，载 *New York Review of Books*（30 May 1985），页32。

点，而且会很自然地认为我在讨论近来对施特劳斯作品的批评。然而，那些彻底了解他的作品或能辨认出他的风格的读者，会意识到这部受批评的作品的作者并非施特劳斯，而是怀尔德（John Wild），而批评他的正是施特劳斯本人，那时他仍年轻，在 1964 年的《社会研究》（*Social Research*）上他写下了这篇书评（本文所有括号内的页码都指这篇书评的页码）！[①]（这些读者无须提醒就能意识到，一个人可以通过写作使他的大部分读者以他想要的方式来误解他。）但这种可能存在的对上文的误解不是一种简单的误解——我确信那篇书评终究是对于施特劳斯主义的批评。因此我现在可以揭晓了，本文的标题可被替换为"施特劳斯对施特劳斯主义的批评"。

我这么做是什么意思呢？首先，在某种程度上，我的意思是要区分施特劳斯自己的作品和"施特劳斯主义"——属于施特劳斯的学生、学生的学生、追随者和模仿者（比如我自己）的各种纷繁复杂的著作、教学和其他实践。我相信在那篇书评中，施特劳斯意在警示某些错误和危险，它们包含在他着手发动的计划中，这些错误和危险也许是他本人曾经面临过的，但肯定是他的学生有可能会陷入的。这是一个非凡的人在一个非凡的时刻所作的一次非凡的自省。关于古典政治哲学，他只发表了《斯巴达精神或色诺芬的品味》（*The*

[①] 参施特劳斯，《论柏拉图政治哲学新说之一种》（*On a New Interpretation of Plato's Political Philosophy*），载 *Social Research* 13（September 1946），页 326—367。

Spirit of Sparta or the Taste of Xenophon)① 和《论古典政治哲学》(*On Classical political Philosophy*),② 还没有发表《论僭政》（*On Tyranny*），更别说《自然权利与历史》(*Natural Right and History*)、《城邦与人》(*The City and Man*)、《色诺芬的苏格拉底言辞》（*Xenophon's Socratic Discourse*)、《色诺芬的苏格拉底》（*Xenophon's Socrates*)、《柏拉图〈法义〉中的论辩和情节》(*The Argument and the Action of Plato's Laws*）和《柏拉图式的政治哲学研究》(*The Studies in Platonic Political Philosophy*)。但他知道自己在做什么，他也知道为了他自己，同时也为了告诫他的学生，需要考虑这么做将会带来的错误和危险。当然，我不是否认他的文章同时也是对怀尔德那本书的书评。那本书似乎为施特劳斯提供了几乎所有可能威胁到重建古典政治哲学的尝试的错误或者危险的例证（页367）。在这篇辛辣的评论里，他试图保护重建的尝试不受他眼中的"怀尔德的无能和不负责任"的不良影响。不过，我确实认为施特劳斯不仅仅在批评怀尔德本身。这篇书评可以对应于马克思那份著名的关于他自己不是马克思主义者的声明。

但正是因为施特劳斯的计划还基本没有展开，而且几乎不为人知，这篇书评就必须不仅限于批评他的计划所面临的错误和危险。尤其作为一种对柏拉图政治哲学的新解读，它

---

① 参《社会研究》(*Social Research*)，1939年，11月，第6期，页502—536。
② 参《社会研究》(*Social Research*)，1945年，2月，第12期，页98—117。

也是对他的计划的一份声明。也就是说，施特劳斯文章的标题［《论柏拉图政治哲学新说之一种》（*On A New Interpretation of Plato's Political Philosophy*）］亦是反讽的或含糊的：至少这篇文章在反驳怀尔德的解读的同时，也严肃地关涉到阐明施特劳斯对柏拉图的新解读。它包含施特劳斯对如何解读柏拉图所作的一些最好的和最精巧的说明，以及对柏拉图政治哲学的核心问题——哲学与政治的关系或洞穴喻的意义——的一种简要处理（页348—355、360—362）。

在得到我认为权威的确证之前，我就已经怀疑，施特劳斯在写这篇书评时心里已有了他自己的计划。在这篇书评的第一段，施特劳斯写道："当下，没什么人可以接受他（怀尔德）的基本前提（古典哲学是真正的教诲）。但可以想见，他的著作在这个国家所引发的这场运动或许在多年后影响会日益深远和重要。"（页326）书评在结尾处充分地表明了这本书最好应被遗忘，但却对这样一本书作出了这种令人惊奇的预见，当1983年《哲学独立杂志》（*Independent Journal of Philosophy*）出版了现存的施特劳斯和洛维特（Lowith）在1946年的通信时，这种预见的意义得以揭晓。[1] 在一封显然已经遗失的信里，洛维特似乎以某种方式反对这个奇怪的

---

[1] 参施特劳斯，《关于现代性的通信》（*Correspondence Concerning Modernity*），Susanne Klein、George Eliott Tucker 译，载 *Independent Journal of Philosophy* 4 (1983)，页105—119。中译见施特劳斯，《回归古典政治哲学：施特劳斯通信集》，朱雁冰等译，北京：华夏出版社，2006年，页324—335。

预见。施特劳斯在1946年8月15日的信中回复道：

> 您不妨设想，我知道，有这么两三个人在致力于恢复古典哲学，其著作将在未来十年之内陆续问世，他们对论题也有所了解。到那时，偶然被怀尔德首先公开在美国提出的命题，说不准将获得比它目前所具有的更为巨大的影响和重要性。我可是并非预言时尚呵……

施特劳斯总结说"总之，您低估了我的嘲弄口吻"。① 在我看来，这相当于肯定了我们有权这么猜想：施特劳斯在写这篇书评时心里想着他自己［也许还有他的朋友克莱因（Jacob Klein）和第三个人？］以及他的计划。由于他在书评的开头作出奇怪的预见时想的是他自己而非怀尔德，那么我们可以怀疑他在接下来的书评中作出批评时，想的更多的是他自己的计划。在这封给洛维特的回信的结尾，施特劳斯写道："容我再次回到我的文章，我本来是为学生（施特劳斯自己加的着重号）写的。我要用一个典型的事例让他们看到，《纽约时报》（Times）、《论坛报》（Tribune）等报纸的白痴们（idiots）吹捧的是怎样一堆秽物（rubbish），以便让他们变得小心一些。我不单单为学生而写的唯一一段，是对《第七封信》（Seventh Letter）中某种意义上关键性的一段话

---

① 参施特劳斯，《关于现代性的通信》，前揭，页106。

的解释。"既然施特劳斯的嘲弄口吻被洛维特低估了,那么也许施特劳斯并不仅仅在这一方面希望学生们"更小心一些"。

现在,这篇评论被理解为施特劳斯"对施特劳斯主义的批评",让我们简要地重新思考这篇评论的要点。对于轻率地阅读施特劳斯的读者,以古典政治哲学来解决现代政治问题会带来错误和危险——这样的警告似乎直接针对施特劳斯本人的著作。施特劳斯确实利用我们对现代政治问题(他称之为西方危机)的意识来引起他的读者对于古典政治哲学潜在的真理性和有效性的兴趣。但恰恰是通过这么做,施特劳斯后来重申了他对怀尔德提出的反对意见。在《城邦与人》的导言部分,他写道:

> 我们没有理由期待一种对古典政治哲学的新式理解会为我们今日的使用提供处方。因为相应的现代政治哲学的成功已经带来了一种对古典来说完全未知的社会,古典所阐述和构想的古典原则不能直接应用于这种社会。只有我们活在当下才可能找到解决今天的问题的方法。然而,充分理解古典所构想的原则也许是我们得以充分分析当今社会的典型特征,并智慧地将这些原则应用于我们的任务的起点。①

---

① Strauss, *The City and Man*, p. 11.

因此，施特劳斯认识到了这种危险：他提出的重返古典政治哲学可能会变成寻找当代政治混合物的古典处方。不过，施特劳斯不仅关注这一计划在政治上的危险后果，还关注，当这个计划没有"严肃地进行，即没有兼顾我们当前的困境"时，对重返古典政治哲学所造成的扭曲。[①] 认为我们不能在古典政治哲学中找到现代政治问题的可行解决之道，这只是施特劳斯不同于韦尔德的次要方面；首要方面在于，对于为现代政治问题寻找可行的解决之道这一目的而言，施特劳斯根本不为所动，这一点对于他的一些批评者和追随者来说都似乎难以把握。

在这个方面，施特劳斯的行为与他对柏拉图的解读一致，柏拉图无法解决现代政治问题或为自由民主提供一个哲学基础，这只是碰巧与施特劳斯的根本目的相一致，这个目的不在于寻找任何政治问题的解决之道或者为某一政制提供一个哲学基础。施特劳斯在这篇书评中写道，

> 柏拉图以这样的方式来编织他的作品：他防止这些作品在任何时候被用作权威的教科书……在最后的分析中，他的作品不能被用作除哲学活动以外的任何目的。尤其是，任何曾经存在或者将要存在的社会秩序或政党都不能正确地宣称柏拉图为他们的保护人（页351）。

[①] Strauss, *The City and Man*, p. 11.

施特劳斯更明确或更含混地承认柏拉图《王制》（*Republic*）中的政治乌托邦"不能指导政治行为（除了意义含混的所谓'激发'政治行为）"（页362注49）。

在我们解释施特劳斯后来的一些说明之时，比如"与共产主义和法西斯主义相反，自由民主制的有力支持来自一种决不能被称为现代的思之方式：我们西方传统之前现代思想"，[①] 我们必须考虑到上述事实，并与施特劳斯的书评所强调的那个事实相结合——现代政治哲学第一次为自由民主的诉求提供了一种哲学基础。

施特劳斯对怀尔德的批评也迫使我们提出这样的问题：施特劳斯自己的著作是否公正地对待了现代哲学，严肃地考虑了古典哲学的困境，这种困境由圣经对现代哲学的影响和现代自然科学的成功所体现。然而，圣经对现代哲学的影响和现代科学的成功并不是施特劳斯在他的古今政治哲学之争中强调或详细阐述的明显主题。

比起圣经和哲学本身的关系、现代哲学对圣经的批判以及现代性的世俗、道德、政治或哲学根源，施特劳斯较少倾向于谈论圣经对现代哲学拒斥古典哲学这一行为的影响。可以说施特劳斯像怀尔德一样"在谈到现代与古代哲学决裂

---

① 参施特劳斯，《政治哲学导论》（*Introduction to Political Philosophy*），前揭，页98。[译按] 中译见《苏格拉底问题与现代性——施特劳斯讲演与论文集：卷二》，彭磊、丁耘等译，华夏出版社，2008年，页46。

时，极少提到宗教改革"（页338）。① 施特劳斯倾向于强调古典哲学和圣经之间明显与现代哲学对立的共同基础。他的确不总是以这样的方式——让圣经的教诲对现代政治哲学的影响"直接成为关注的焦点"（页328）——来引导他的古今政治哲学之争。然而，在他对怀尔德的批评的启示下，我们意识到，施特劳斯强调古今之争可能暗示着，正如他在向洛维特解释书评时所写的那样——"现代哲学本质上与基督教—中世纪哲学是一致的"（见页328）。② 他此时与洛维特的通信也表明，他这么说不是为了附和十九世纪那个方便好用的神话——启蒙受到了"基督教式的推动"。③ 他的暗示看起来更像是说，一位全能、全知和神秘的上帝创造了世界，这种圣经教义可能会引导现代哲学家们去怀疑人类对事物之真实所是的知识是否可能，同时引导他们去寻找一种新的基础，在以此为基础，保护知识的可能性，抵抗怀疑。在施特劳斯对怀尔德的批评的启示下，我们也被引导着去严肃地关注这样的问题：比如，施特劳斯后来解读他所说的马基雅维利对"耶稣的模仿"，将基督教的宣传理解为现代启蒙运动的榜样。

至于现代自然科学的成功所带给古典哲学的困境，不仅

---

① 参施特劳斯，《自然权利与历史》，前揭，页60—61，注22。关于这一点，见Ralph C. Hancock,《加尔文和现代政治的诸基础》（*Calvin and the Foundations of Modern Politics*, Ithaca: Cornell University Press, 1989），页164—177。
② 参施特劳斯，《关于现代性的通信》，前揭，页106。
③ 参施特劳斯，《关于现代性的通信》，前揭，页112。

体现在施特劳斯对现代自然科学的偶然提起，而且还包括他对古典哲学的全部解读，这些都必须被我们视为一种探寻古典哲学是否在严格意义上依靠某些前提——尤其是被那种科学的成功所质疑的自然神学——的努力。他对怀尔德的评论，终究对回应现代自然科学显赫的成功留下了两种可能性：尝试将自然神学重建为一种真正的科学（施特劳斯在明面上对这样做的必要条件"什么也没说"）或者另一种可能（只是暗示性地），研究"古典哲学最终依靠于可能作为一种科学的自然神学"这一说法是否只是一种误导性的简化（页338－339）。施特劳斯确实在那里说道："不用说，[①] 在柏拉图的教诲中，神学的位置并不是'树立一些规范，这些规范决定了哲学的总体形式，韦尔德标明自己所谓的神学是神话学，他就离柏拉图近了一些"（页363）。

至于"柏拉图与亚里士多德的根本对立"，可以说，施特劳斯和怀尔德一样，"极少提到"（页346）亚里士多德关于柏拉图教诲的传达。不过，从施特劳斯的书评本身可以看到他尝试在两位哲人之间建立一种根本和谐，这一尝试与怀尔德失败的尝试相对立。怀尔德曾试图表明亚里士多德和柏拉图都认为哲学生活本质上是实践的或道德的，却未能成功，而施特劳斯则试图表明柏拉图和亚里士多德都认为理论的或哲学的生活道路在根本上不同于并且完全超越实践的生活道路（页347－348、页354－355）。无论如何，对怀尔德

---

① ［译按］原译文漏译"不用说"。

的评论警醒我们，施特劳斯已经在什么程度上认为他有意重建古典政治哲学是在尝试建立"两种哲学之间的一种根本和谐"[页345；短语"两种哲学之间的和谐"指向了先于施特劳斯作出这方面尝试的法拉比（Farabi），而且它不仅指向柏拉图和亚里士多德的关系，还指向理论哲学与实践哲学的关系，显白和隐微哲学教诲的关系]。①

对于这篇书评，我将考虑的最后一点是，对一种蔑视历史探究并且将哲学从历史中区分开来的哲学进行哲学的历史探究所具有的矛盾性。② 这一点，换一种方式说，就是施特劳斯本人的著作所具有的明显的历史性和他所说的历史主义之间的关系问题。施特劳斯本人的著作的历史性是否在精神上更接近他所批判的历史主义对历史和哲学的融合，而非他试图重建的古典政治哲学对历史和哲学的区分？

在对怀尔德的评论中，施特劳斯对柏拉图释读所作的讨论暗示着，哲学和历史即便在理论上不同，却在实践上不可分离。一方面，他的评论指出，对现代原则进行自由重审的哲学必要性，必然要求对古典哲学的充足的历史理解，"在当前的情势下，坚持哲学和史学之间的根本区别——正是这一区别决定着哲学的存废——或许令人甚为困惑，甚至对哲

---

① 参施特劳斯，《法拉比的柏拉图》（*Farabi's Plato*），载 Louis Ginzberg Jubilee Volume, New York: American Academy for Jewish Research, 1945，页357—393。
② 参拙著《哲学和历史：施特劳斯著作中的传统和解释》（*Philosophy and History: Tradition and Interpretation in the Work of Leo Strauss*），载 Polity 16: 1 (Fall 1983)，页20—29。

学自身是危险的"（页 332）。① 在今天，一个人不能离开历史探究来进行哲思。另一方面，这篇评论提醒我们，柏拉图迫使我们在解读他的作品时，不仅要依靠历史解读，还要依靠我们自己的哲思（页 351）。一个人不能从事一种离开哲思的历史探究。另外，施特劳斯在评论中断言，柏拉图对某某人的思想不感兴趣，或他从未写过一本关于他人学说的书（页 333）——在某种意义上，那恰是柏拉图在他的对话里所做的一切（页 348－353），这种断言在某种意义上，显然是荒谬的或讽刺性的。

对于施特劳斯来说，追求历史真实需要哲学活动。它首先不得不从一种哲学式的对无知的认识开始。他在对怀尔德的评论中说道，在史学家能够恢复那指引先前哲人的"路标"之前，他难免"陷入一种彻底的困惑：他惊觉自己处身于黑暗之中，只有他的无知之知在照亮"（页 331）。② 施特劳斯认为，这种对无知或惊异的体验依赖于先前的哲学努力，即努力去意识到习俗的或传统的假设，并使自身从中解放出来。一种"古文物研究的"或"历史的"兴趣是不够的；根据对怀尔德的评论，一个人需要"哲学的激情""一种哲学的动力""一种对真正的历史努力的哲学动机"去理解过去的哲学思想（页 329、332、331）。

---

① ［译按］原译文为"在当前的情势下，坚持哲学和史学之间的根本区别，这或许令人甚为困惑，甚至对哲学自身是危险的，然而，正是这一区别决定着哲学的存废"，译者根据原文进行调整，使译文更符合上下文的逻辑。
② ［译按］原译文漏译"一种彻底的"。

这并不表明，史学家必然从当今思想的角度去批判过去的思想。① 的确，"他踏上了一场旅途，而这场旅途的终点完全杳不可见。启程离开我们时代的疆域，他就不会不为所动地返回那里"（页331）。教条主义妨碍了真正的哲思或真正的历史解读。对过程的信仰也许是历史解读的教条主义最糟糕的形式，但历史主义教条——过去（非历史主义）的思想是错误的与古代高于现代的教条——比如我们在怀尔德的例子中看到的，同样是无用的（页329—332）。②

历史解释需要一种非常特别的动力。只有生活在一个智识衰败时代的人，或者至少那些认为他们可能生活在这样一个时代的人，才拥有足够的动力来解释过去的思想。③ 那种充分解释古典哲学所需的哲学动机"首次在几代人中"出现，他们需要对现代原则进行一种哲学重审（页332）。

对文本声称的事实进行哲学关注是必要的，它不仅是历史解读活动的动力，也是其中的一部分。施特劳斯写道，"柏拉图的思想据称是对整全的某种模仿。若看不到原件，就不可能理解模仿品。"对文本目的的哲学关注，受文本的指引，是解读的需要。施特劳斯指出，"如果不去思想，也就是说，如果不清楚的表达出柏拉图所思考的各个主题，就

---

① 参施特劳斯，《评柯林伍德的历史哲学》（*On Collingwood's Philosophy of History*），载 Review of Metaphysics 5（June 1952）：页559—586，尤其是页583。
② 参施特劳斯，《什么是政治哲学》，前揭，页66—68；71，266；《评柯林伍德的历史哲学》，前揭，页574—575。
③ 参施特劳斯，《评柯林伍德的历史哲学》，前揭，页576、585。

不可能理解柏拉图的思想。"①

柏拉图对话的文学性增加了哲学活动的必要性，这种必要性在不同程度上，为了不同的目的，被分散于施特劳斯解读过的大部分作品中。他在对怀尔德的评论中解释说，柏拉图对话"的作用不在于向'一些人'传达而在于向他们提示最重要的真理，同时对话还有一项更为显见的作用，即为所有人带来有益的（教化的、人性的、宣泄净化的）影响"（页350）。因此，根据施特劳斯的说法，"对柏拉图教诲的解释是不能由历史证据得到充分证明的。对于其解读中的核心部分，解释者不得不转而依靠个人的才学：柏拉图并没有免于让解读者自己来发现论证的核心部分"（页351）。对此类作品进行充足的历史解读需要哲思。

对于施特劳斯来说，不仅历史解读可能需要哲思，而且哲学也可能需要历史探究。施特劳斯可以说"在当前的情势下，坚持哲学和史学之间的根本区别——正是这一区别决定着哲学的存废——或许令人甚为困惑，甚至对哲学自身是危险的"（页332），因为坚持两者的理论区别，也许会被理解为是在表明两者的实践区别的必要性，但并不该如此。政治哲学总是依赖某些历史来获得"对政治制度和政治信念的多样性体验"。然而，这样的历史，"只是政治哲学的预备和辅助，它不可能成为政治哲学的组成部分"。但在我们的时代，政治哲学对历史的依赖要根本得多。今天的政治哲学需要它

---

① 参施特劳斯，《评柯林伍德的历史哲学》，前揭，页582—584。

自己的历史"作为自身研究的组成部分"。①

对现代文明原则的持续理论攻击在不断增长，它要求一种对现代原则自由且公正的重审。但现代原则是"在与古典原则的对立中，并借由对古典哲学原则的改造、发展而来"的（页327）。现代原则在其特征上尤为传统，若不正视古典原则，现代原则就不能被重审，也不能被理解或被评判（页328）。而且，与这种正视相伴的，不能是某种对古典原则的现代理解，而必须是对古典原则的原初理解（页328—329）。

施特劳斯评论说，历史主义的得势使哲学显得不可能，以至于"只有通过搜集哲学在过去历史上的意义，才可能得到哲学的原初意义"。哲学不再是在它的"自然境况（natural situation）"之下，面对非哲学的整全记录（nonphilosophic accounts of the whole），而是在一种人为的境况下，面对来自一种看起来是哲学的事物对于记录整全的可能性的否定。这首先意味着，哲学面临的不是启示，而是历史主义，施特劳斯对此作出的暗示也许令人惊讶——历史主义可以被理解为一种对启蒙的改造。施特劳斯用一种柏拉图的比喻来表达这种境况：如今，哲学不是从柏拉图所面临的"自然洞穴"肇始，而是始于一个"洞穴之下"的人造洞穴中。仅仅从那里走到自然洞穴，就要求一种详尽的人为的历史调查。②

---

① 参施特劳斯，《什么是政治哲学》，前揭，页56—57、77。
② 参施特劳斯，《迫害与写作技艺》，前揭，页155—157。

那种调查在某种程度上是历史主义对其自身的运用。①这最终要求一种非历史主义者对历史主义起源的记录,这种记录来自于先前的非历史主义者的思想。对非历史主义者思想的历史理解将一个人从历史主义中解放出来,至少,使得一个人能看到它的问题性,看到所有那些哲学的可能性所要求的东西。②这就是"历史主义的自我毁灭"。③

施特劳斯所描绘的对历史主义的逃离具有双重历史性,它使得在历史境况下做历史研究成为必须。但认识到对我们来说"哲学问题和历史问题的融合"在一定限度上"不可避免",却并不等于历史主义本身。施特劳斯不仅尤其否认了他的巨大历史成就可使他超越无需历史成就的古典哲人,甚至超越了自己的"穴居祖先",相反他肯定哲学没有改变;改变的只是哲学的序曲。④

这一点在与洛维特的通信中得到澄清。洛维特显然不同意施特劳斯在对怀尔德的评论中写下的那个句子:"在当前的情势下,坚持哲学和史学之间的根本区别——正是这一区别决定着哲学的存废——或许令人甚为困惑,甚至对哲学自身是危险的。"施特劳斯在回信中写道:

---

① 参施特劳斯,《什么是政治哲学》,前揭,页72—73、77;施特劳斯,《自然权利与历史》,前揭,页26。
② 参施特劳斯,《自然权利与历史》,前揭,页32—33。
③ 参施特劳斯,《迫害与写作技艺》,前揭,页158。
④ 参施特劳斯,《什么是政治哲学》,页77;施特劳斯,《迫害与写作技艺》前揭,页155—156。

今天需要历史的反思，我们在这一点上是一致的，只是我坚持认为，这既非进步，也不是无可奈何地承受的命运，而是克服现代性的一种不可避免的手段。要克服现代性，不可用现代手段，这只是在我们还具有自然理智的自然本质时才是如此；但是，在我们身上，自然理智的思维手段已经丧失，像我和我这类人一样的寻常人，不可能凭借自己的手段重新得到它：我们尝试着向古人学习。①

当洛维特反对道，"发生了变化的不仅是历史的意识，还有我们的历史的存在"，施特劳斯回复道，"当然了！不过，如果这些变化基于错误的前提，我们就不可以无所作为，必须竭尽全力去消除它……并非从社会和政治上，而是从极其私人的方面。"② 因此，施特劳斯尝试给出的并不是历史的替代物而是对哲学的自然体验的一种历史解读。

在对怀尔德的评论的最后一部分，开头与结尾的表述都暗示了怀尔德之外的作家。它是这样开头的："假托讨论柏拉图的政治哲学来讨论我们时代的政治问题，这情有可原。尽管这样的著作作为对柏拉图的诠释是糟糕透顶，但或许可以作为我们时代困境之中的一位出色的向导。"③ 施特劳斯自

---

① [译按] 引文出自施特劳斯，《回归古典政治哲学：施特劳斯通信集》，前揭，页 325，译文略有调整。
② 参施特劳斯，《关于现代性的通信》，前揭，页 106—107、109、114。
③ 参施特劳斯，《什么是政治哲学》，前揭，页 263—264。

己将要为受困之人指点迷津吗？相反的是，他坚称他遵循了历史确切性的标准。他所写的柏拉图政治哲学研究是从我们时代的政治问题中上升而来的吗？

在评论的最后，施特劳斯写道："一个人自称是一位柏拉图分子，而且在这个时候在这个国家发表了一部论述柏拉图的政治哲学的著作，那他所承担的就比每位作家所承担的普通责任更多"，并继而指责了怀尔德没有尽到那种责任（页367）。施特劳斯自己后来担起了那种责任，并尝试去履行对柏拉图和对他当时的祖国的职责。

图书在版编目（CIP）数据

论施特劳斯的思索和写作/［美］塔科夫著；崔嵬编. —成都：四川人民出版社，2021.11
（"经典与解释"西方经典/刘小枫主编）
ISBN 978-7-220-12362-7

Ⅰ.①论… Ⅱ.①塔…②崔… Ⅲ.①施特劳斯(Strauss，Leo 1899-1973)-政治哲学-研究 Ⅳ.①B712.59

中国版本图书馆CIP数据核字（2021）第142385号

LUN SHITELAOSI DE SISUO HE XIEZUO
论施特劳斯的思索和写作
［美］塔科夫 著 崔嵬 编 李孟阳 曾俣璇 等译

出 品 人	黄立新
策划统筹	封 龙
责任编辑	葛 天 冯 珺
封面设计	李其飞
版式设计	戴雨虹
责任印制	周 奇
出版发行	四川人民出版社（成都槐树街2号）
网 址	http://www.scpph.com
E-mail	scrmcbs@sina.com
新浪微博	@四川人民出版社
微信公众号	四川人民出版社
发行部业务电话	(028) 86259624 86259453
防盗版举报电话	(028) 86259624
照 排	四川胜翔数码印务设计有限公司
印 刷	成都东江印务有限公司
成品尺寸	145mm×210mm
印 张	12.25
字 数	240千
版 次	2021年11月第1版
印 次	2021年11月第1次印刷
书 号	ISBN 978-7-220-12362-7
定 价	86.00元

■版权所有·侵权必究

本书若出现印装质量问题，请与我社发行部联系调换
电话：(028) 86259453

壹卷
YE BOOK

让 思 想 流 动 起 来

官方微博：@壹卷YeBook
官方豆瓣：壹卷YeBook
微信公众号：壹卷YeBook
媒体联系：yebook2019@163.com

壹卷工作室
微信公众号